本书为广东外语外贸大学所承担省“211 工程”三期重点学科建设项目“人文学中心建设——比较文化视野的文学通化研究”系列成果之一

广东外语外贸大学校级重点文科基地招标项目

人文学丛书

人文学丛书　第二辑

主编　栾　栋

得道的幸福

庄子审美体验研究

王　焱　著

暨南大学出版社
JINAN UNIVERSITY PRESS

中国·广州

图书在版编目（CIP）数据

得道的幸福：庄子审美体验研究/王焱著. —广州：暨南大学出版社，2012.8
（人文学丛书·第二辑）
ISBN 978-7-5668-0254-5

Ⅰ.①得… Ⅱ.①王… Ⅲ.①庄周（前369—前286）—美学思想—研究 Ⅳ.①B223.55②B83-092

中国版本图书馆CIP数据核字（2012）第153232号

……………………………………………………………………………………

得道的幸福：庄子审美体验研究
著　　者：王　焱

丛书策划：史小军
责任编辑：杜晓杰
责任校对：郝　文

地　　址：中国广州暨南大学
电　　话：总编室（8620）85221601
　　　　　营销部（8620）85225284　85228291　85228292（邮购）
传　　真：（8620）85221583（办公室）　85223774（营销部）
邮　　编：510630
网　　址：http://www.jnupress.com　http://press.jnu.edu.cn
排　　版：广州市广海照排设计中心
印　　刷：佛山市浩文彩色印刷有限公司
开　　本：787mm×960mm　1/16
印　　张：15.875
字　　数：271千
版　　次：2012年8月第1版
印　　次：2012年8月第1次
定　　价：35.00元

总　序

栾　栋

克服“单面人”生产和突破“块垒式”教学，探索宽基础、大口径、深层次培养通识通才的途径，是世界所有高校的重大难题，也是广东省建设文教大省不可回避的关隘之一。近几年我们以省重点扶持学科——比较文学为依托，进行了集约性融通的尝试，一系列成果聚焦于“人文学中心建设——比较文化视野的文学通化研究”。2008 年底，我们以此为题，获省“211 工程”三期重点学科建设工程立项，一个融通人文学科的核心实践在广东外语外贸大学拉开序幕。

何谓人文学？从学科脉络上讲，她是研究文史哲互根的学问；从学术本质上看，她是求索中西学融会的艺术；从学理辐射而论，她是探讨教科文贯通的方略；从学丛变数展望，她是文科大类场域趋通的津渡。我们将之作为文学化感通变的“核心加速器”，从“比较文化视野”多向度运作，以推动中外语言文学的通化性研究。这是我们创新团队数十年的精心设计，是我校长期师资建设和学术积累的集成绽放，是我校比较文学在本科、硕士、博士学位授权点和博士后流动站配套后的新拓展，尤其是我校作为省属涉外型重点大学对“明德尚行，学贯中西”校训的认真践履。

“人文学中心”是广东省文科基地重点项目建设的一个工作站。本中心面向海内外招聘学术带头人和教研骨干，大力推动国内外同行间的多向交流，旨在打破近代以来人文领域分科治学人为分界的局限，同时坚守合理的规则，以具有长远规划、长期积累和趋向性影响的重大项目实施，带动人文主干学科多面建设。

从省文科基地已经完成的“人文学研究”成果和全校人文力量的整合情况来看，以“人文学中心建设——比较文化视野的文学通化研究”为题，全面推进省“211工程”三期重点学科建设项目的效率日益加强。广东外语外贸大学的人文人为学校、全省和全国高教界践履这一历史使命的努力正在稳步付诸实施。

本团队积极进行中外语言文学的教研改革，力求在人文学探索上有较大的突破，把中心建成教学科研、学术交流和资料信息的综合平台，努力实现省内领先、国内出色的目标，扩大在国际学术界的知名度。增强实力，协调运作，承担对本学科发展具有中长期导向作用的重大课题，使中心成为在国内外有一定影响力的人文学高层次人才培养基地和文史哲通化研究的资料中心。

“人文学丛书”是“人文学中心”建设的一个信息窗口，她将本项目的水平标高展现给社会。“人文学丛书”也是“文学通化研究”的一个交流平台，她把本团队融贯文史哲和勾兑中西学的成败利钝呈现出来，与学界同仁品鉴。这套丛书包含三个方面的内容，其一是人文学原理与方法探要，其二是中外文史通义问题求索，其三是中外文学通化现象研究。毋庸讳言，这样一套丛书的编著，连同上述“人文学中心”建设的重大任务，都属于既“吃螃蟹”也“尝蜘蛛”的艰险行动。但是全球化的历史潮流迫使我们斗胆进取，面对国际教科文演变的一道难题，中国的人文学者总得交出自己的答卷。

“人文学丛书”第一辑的十部著作已于2011年出版发行，此次第二辑十部著作整装待发。本辑的第一本是栾栋教授主编的《人文学概论》。这部书稿既是一本研究性的著作，也是一种人文学的切题教材。绪论部分首先从学科发生学体察，循序渐进地揭示了人文学的生态概观；其次是从古代艺文志逆推，道动于反地回溯了人文学的古根远源；再次从学术场合论发凡，圆观宏照地擘画了人文学的毗邻大类；最后从学术集约论综述，深入浅出地阐明了人文学的学品基质。正文部分共分三编，以栾栋教授关于“文史哲互根”的命题作为提纲挈领的聚焦点，钻仰古今人文学术大师的人文深衷和思想智慧，把握人文学作为重大研究领域的时代精神。第一编是对华夏人文化成的探索，主要揭示《周易》、《道德经》、《论语》、《庄子》、《史记》、《文心雕龙》等古代典籍的人文思想，说具体点，是从人文学的角度，阐发中国文史通义的学术精华。第二编主要以现代人文大师作为研究对象，我们选取蔡元培、王国维、陈寅恪、鲁迅、钱穆、唐君毅、钱锺书作为钻仰的楷模。大师级的学者远不止这七位，仰泰山朝北斗，是概而论之。人文巨擘是人文学园地的参天大树，是人文学建设的光辉灯塔。他们给了我们榜样，给了我们智慧，照亮了我们前进的方向。第三编是对西方人文学发展的回溯与解析，尤其对西方人文学思想的萌芽期（大致经历了古典人文主义）、兴盛期（近现代人文主义）和重构期（后现代人文主义）作了擘肌分理的研究。从古希腊、文艺复兴到现代主义以及后现代主义，西方的人文学在宗教中洗练，在主义中磨合，在科技中陶冶，有如江河千回百转而入海，在人文学的节点上找到了重审人文的平台。简单地讲，这本《人文学概论》是对人文学历史、现状及各类形态的透视，也是对古今人文学术大师的一次瞻拜。人文学作为一个重大研究领域正在悄然兴起，这本概论既是一次学术巡礼，也是一种教材建设。我们将这本著作献给高校的学科建设，虔诚地祝福人文学。

第二本是陈桐生教授的《〈论语〉十论》。如题所示，全书共探讨了十个论题。“《论语》成书论”力求真实地还原孔门七十子后学“记”、“辑”、“论纂”的情形；“《论语》地位论”试图纠正“《论语》之外，免谈孔子”的偏颇；“《论语》分期论”将全书四百八十六章语录划分为四个时期；“《论语》文体论”探讨《论语》文体渊源及其创新；“《论语》渊源论”追溯孔子学术思想渊源；“《论语》仁学论”论述孔子仁学及其他伦理概念；“《论语》礼乐论”研究孔子的礼乐思想；“《论语》孔子论”讨论《论语》中的孔子自述和弟子时人对孔子的评论；“《论语》人性论”研讨孔子的人性学说；“《论语》教育论”探讨孔子教育言论的方法论意义。在十个论题后面，附有《论语》简注。陈教授研究孔子及其思想多年，在《论语》研究方面的造诣尤其深厚。他通过上述论题的探讨，旨在帮助读者了解《论语》的相关知识及其思想内涵，可谓大手笔撰写国学的通识著作，对儒学研究者是不可多得的参考书，对普通读者更属案头必备。

第三本是王焱副教授的《得道的幸福——庄子审美体验研究》。以幸福问题作为庄学的价值取向在国内外尚不多见。本书是一个耐人寻味的学术探索。作者以审美体验为中心，以实现幸福为旨归，对庄子体道的内在机制与外部效应进行全方位的考察。庄子的审美体验即得道体验，而得道正是庄子所认为的终极幸福。本书对庄子审美体验的发生基点、获得途径、呈现特质、终极依据等进行了系统研究，并对庄子审美体验学说的外部效应，即其历史与现实意义进行了尽可能广泛的扫描式和深入的揭示。古老的思想在本书中变为现代美学话语，诸如，何为得道，为何得道，如何得道，都讲得通俗易懂。得道即领会宇宙精神，达致最高境界。得道之人能享有“至乐”、“逍遥游”、“与物为春”的生命体验。得道是对本性的回归，是对自我与世界原初亲密关联的恢复。要达至体道之境，不仅需要运用高明的处世之方安顿生命，还需要有特别的精神修炼术，使心灵免于无谓的痛苦，重返空明。庄子的审美体验学说能为现代人提供谋求幸福的生命智慧，同时也蕴涵着自身的危机。我们相信，读者不仅能从其中领会庄子的人文思想，同时可以体悟得道的幸福和谋幸福的门径。

第四本是肖四新教授的《欧洲文学与基督教》。基督教在近两千年的发展过程中，已经积淀为一种对欧洲社会的价值观念、伦理准则和生存方式产生巨大影响的文化现象，也构成了欧洲文学的精神底蕴。但基督教的内涵是复杂的，而且是一个动态的历史概念，有其发展变化的历程，这种复杂性与动态性也体现在欧洲文学中。本书在对基督教内涵进行辨析的基础上，以欧洲文学发展史为线，欧洲文学中的经典作家作品为点，从基督教内涵在欧洲文学中的嬗变这一角度出发，对欧洲文学与基督教的关系进行梳理与辨析。本书认为，自中世纪以来，欧洲文学在其发展过程中走过了一条对基督教“顶礼膜拜—反思与反叛—回归与超越”的变迁之路。作者对欧洲文学与基督教关系的解读体现出西方人文主义思想的总体导向。基督教不是文学，但是基督教孕育和孵化了欧洲两千多年来的一种信仰性的文学。信仰性的文学不是宗教，然而信仰性的文学包蕴同时也披露了文学与宗教之间复杂的关系。肖四新教授的解读深入浅出，脉络分明，为读者提供了打开欧洲文学与基督教关系的一把钥匙。

第五本是李亚旭博士的《走向熔铸：全球化时代的文学研究》。如题所示，该书论述的重点问题是全球化时代的文学研究，其基本主张是全球化时代的文学研究应该走“熔铸”之路。作者对比较文学学科发展史与全球化的内在联系作了全面、系统的考察，并从全球化进程各个阶段的特点出发对比较文学法国学派、美国学派与中国学派的学科理论给予“了解之同情”和平实之阐释。他认为，文学的世界性交流与世界市场不断扩展的历史相互影响、相互塑造。简言之，比较文学的学科发展史，是比较文学研究领域从有影响关系的跨国别文学到没有影响关系的跨国别文学、跨学科领域扩展的历史，其世界文学视野从有共同文学源头的欧洲文学，扩展到了东西方跨异质文学的比较研究。这一发展历程是对全球化从以欧洲为中心的资本主义全球化，向以美国为中心的东西方（世界性）全球化推进的反映。本书在讨论比较文学与全球化的“能量流动”的基础上，提出比较文学的一个新趋势，即走向栾栋教授所主张的“熔铸性研究”，并进而论证了此举对于中国软实力建设的必要性与可行性。

第六本是法国让·贝西埃的《文学理论的原理》。贝西埃是巴黎新索邦大学比较文学教授，曾任国际比较文学学会会长。该书是他的代表作之一。作者发现文学研究的危机与人们对作品的某种盲视相关，这种盲视又与文学本身的模糊性和不确定性有密切的关系。本书从哲学、历史和修辞学的多重视野，翻检欧洲文学的重大文类（les grands genres）、重要诗学和文学思潮。第一部分聚焦于作品之场；第二部分探讨作品之体；第三部分解析作品之行；第四部分论述作品自立性、体裁、作者和读者之间的关系。该书是西方高校文学研究的必读书，翻译者是著名教授史忠义先生。史先生是我们外国文学文化研究中心的兼职研究员。他曾先后在洛桑大学和巴黎大学就读，获两所名校的两个博士学位。贝西埃先生行文诡异，尽量不用名词，而用代词和关系从句。其风格既与文学的复杂性和多样性盘根错节，也与他本人的思想特点互为表里。史教授的译文深得贝西埃原著的精神气质。如果说贝西埃的这部著作为我们提供了西方文学理论变化的一个范例，那么史忠义教授的译文则为我们提供了解读贝西埃以及西方文论变化的一个绿色通道。

第七本是外国文学文化研究中心的兼职研究员刘介民教授和广州市华夏学院刘小晨老师的著作《哈拉维赛博格理论研究——学术分析与诗化想象》。西方著名的跨学科学者堂娜·哈拉维（Donna Haraway）思想激进且前卫。她的“赛博格宣言”（The Cyborg Manifesto）是当代重要的一股文化思潮，影响遍及西方社会的方方面面。本书是对当代赛博格理论和方法的专题研究。论域涵括以下主要问题：当代赛博格的理论构思、学术话语、科学哲学等相关方面。作者对这些问题作了深入、严格而又简明的论证。譬如对哈拉维思想体系围绕着“人的本质是什么”这个核心问题的探讨；又如对连接大脑与机器的赛博格系统是否可以用机器替换人体的思维模式研究；再如对人体越来越受到现代科学技术的影响，特别是生物技术和信息技术的发展趋势的影响研究。作者对哈拉维赛博格理论的探讨相当深入，将之放到西方后现代人文思潮的大背景中进行阐发和评介，这对读者理解哈拉维赛博格理论及其在整个外国文学发展进程中的意义很有帮助。从本书的字里行间，我们还可以感受到作者传介西方科学哲学思想的良苦用心，读者或可从中获得如何自主创新的学术启发。

第八本是吴云霞博士的《文化传承的隐形力量——越南的妇女生活与女神信仰》。在地域分布上，包含中、日、韩、越的东亚文明是一个可以互相阐释的整体，本书依据对越南民俗的实地考察，从女神信仰这一视角切入东亚精神的内核。作者主要采用民族志的研究方法，考察了越南北部红河三角洲地区一个古老村落的日常生活与风俗场景，勾勒出越南妇女的生计模式、家庭分工、信仰空间与精神传统。由于广泛参与家庭及公共事务，妇女的权威性得以彰显，逐步形成与儒释道思想并存的女神信仰传统。传说与民俗的互补共建令越南女神体系异彩纷呈。本书梳理了女神信仰的故事源头与思想脉络，展现了越南本土文化的特色。东亚文明以儒家文化为内核，结合各国本土观念，形成了独特的民俗。以越南女神信仰为代表的东亚女神信仰融合了儒释道思想，成为一种巫俗，而东亚妇女在衣食住行、婚丧嫁娶等生活层面则切实传承着各自的民族文化，这是以往被忽略的文化潜流。作者侧重研讨越南妇女民俗，分析女神信仰对女性人格的塑造作用，提出“母性精神”在当代社会对女性发展的指导价值。作者从神话语境中探寻越南女神信仰的脉络，于妇女民俗叙述中揭示越南女性的成长。本书的笔调自然流畅，从神话与越俗虚实相生的评介中，展示了女神与女性之间彼此互释的研究路径。

第九本是张竞生博士的《卢梭教育理论之古代源头》。张竞生是我国民国时期第一批留洋（法国）博士，广东籍的新文化运动名人。该书原著是法文。著名作家张培忠先生对张竞生及其著作非常关注，他积极谋划，多方运筹，从法国发掘采编，并请莫旭强教授将之翻译成了中文。作者系统地揭示了启蒙运动思想家卢梭教育思想的古代源头，对于理解卢梭及其思想具有重要的价值。作为“五四”时期的弄潮儿，张竞生将其思想在大江南北广为传播。鲁迅、林语堂等同代人都给予张竞生以相当高的评价。作为北大名教授和“五四”时期的思想家，张竞生是我国新人文研究不可或缺的一位学术人物。本书在前两章对卢梭教育思想的古代源头进行了清晰的总体理论梳理，并分别用智力教育、道德教育、宗教教育、政治教育、女子教育共五章对卢梭教育理论的形成详加分析，以历史考证的方法，揭示了卢梭的学说体系及其与柏拉图、普鲁塔克、亚里士多德、法沃里努斯、西塞罗、色诺芬、瓦罗等古代思想家的异同。在张竞生眼里，卢梭是一个伟人，是一位天才。然而，他并不满足于仅仅寻找和理清卢梭教育学说的源头，一味赞颂启蒙运动的巨人。他对卢梭思想的局限性和诸多缺憾，也有批评指陈。卢梭的教育思想对西方乃至全世界都具有极大的影响。相信读者通过对本书的阅读，可以加深对卢梭的人本教育和自然教育思想的理解。

第十本是强海燕教授和郭葆玲老师主编的《北美大学人文课程研究》。强海燕教授是国内外知名的教育学专家。她是华南师范大学教育学博士生导师，是广东外语外贸大学的客座教授，也是外国文学文化研究中心的兼职研究员。本书是强教授率领我们团队的中青年骨干教师共同攻关的学术成果之一，也是大学人文通识教育专题研究方面颇具参考价值的学术结晶。作者从跨文化比较的视角，探讨了北美十所知名大学人文教育课程的理念、目的、传统与现代发展，特别关注其中所体现的人文精神。“人文教育课程”研究在通识教育的框架下展开，主要探讨文史哲、艺术与社会科学、写作等科目对“完整的人”的形成所起的至关重要的作用。其中历史篇为读者展示北美国家高等教育及其人文教育课程演变的历史脉络；个案篇对十所选样大学逐一进行微观考察；比较篇分别对世界一流大学、综合性大学、理工科大学、本科教学型大学的人文教育课程进行比较分析，总结不同类型大学人文教育课程的独特性。结语部分揭示了北美大学人文教育课程本质属性的变化和发展，在课程设置模式上的多元性，在课程内容上的动态性和时代感，以及在课程结构和层次水平设计上的科学性，在人文课程两种导向上的利弊问题等普遍性特点。这些发现与思考将对我国大学人文教育课程的建设起到参考、对照、启发和借鉴作用。

上述十种论著从不同角度阐发了人文学的一些大的方面。从表面上看，这些著作云行雨施，各有所专，与建设人文学中心的主旨若即若离，实际上它们都很切近人文学思想的大主题，每部书都从治学理路上体现“文史哲互根”的思想，从学术格局上追求“中西学融通”的大端，在学科交叉上体现“教科文通化”的愿景。细心的读者可以从每本书的字里行间看到历史与人文的磨砺，看到思想与逻辑的扭结，看到学问与学科的切磋。这些都昭示着人文学在起根发苗。

这套丛书的主编是广东外语外贸大学外国文学文化研究中心主任栾栋

教授。他是广东省“211 工程”三期重点学科建设项目“人文学中心建设——比较文化视野的文学通化研究”的首席科学家。该丛书的总策划是暨南大学出版社总编辑史小军教授。

“人文学丛书”的出版渐入佳境。人文学中心建设的四个创新团队在夜以继日地工作。在本辑的十部著作付梓之时，第三辑的撰写正有条不紊地进行。此外，人文学研究走出去的思路也在酝酿中。对于广东外语外贸大学的人文学者而言，人文学中心建设是一个持之以恒的学术追求，人文学研究未有穷期。

2012 年 8 月 1 日

于广州白云山麓

序

李咏吟

王焱是我指导的第二届博士生，也是我的学生中做中国古典哲学美学研究的代表，而我的大多数博士生皆以西方古典美学研究为主。虽然他们的研究方向有所不同，但是，研究主旨却是相同的，那就是默认了我自设的一个不成文的规定："做博士论文必须研读经典著作或经典思想家，即使没有任何新意也在所不惜。"为什么要这样呢？因为我深深知道，如果不利用博士生求学的机会来研究经典著作，一个青年学子在日后将很难再沉下心来研究它。事实上，许多学者一生往往没有细读过一部经典，因为根本没有这样的闲暇。在这项规定下，王焱愉快地选择了《庄子》作为研究对象。实事求是地说，她有很好的古文功底，但是，最初读庄子时并没有找到顺畅的研究思路，所以，我们几次进行可行性论证，论证到一半，我就提前终止了，因为她没法说服我，我也没法说服她，只好鼓励她先大胆地假设或实验。终于，有一天，她打电话跟我说，她找到了好的视角，她要研究庄子的审美体验论。当我听到这个题目时，心中甚喜，不仅因为这个题目暗合吾意，而且这个视角把握了庄子美学的根本。于是，我们赶紧进行学术论证。她很顺利地通过了选题，论文写作进展也极为顺利。因为当选题论证完成和问题展开的逻辑顺序确立之后，我就不再干涉学生的写作自由，放手让她自己去写。事先我还不知道，在她答辩完成时，我方才晓得，她比别的同学提前了半年时间毕业，这在浙江大学是很少见的。而且，她的论文还被《中国哲学史》杂志选用，要知道，这本刊物上的文章，没有相当长时间的古文训练是不可能发表的。

看来，我的指导方法是行之有效的。事实上，这一方法再次获得了学术证明。王焱相当受用这一要求，她不仅通过“庄子研究”形成了相对成熟的思想，而且通过“庄子研究”获得了特殊的思想史视野。所以，她毕业后到广东外语外贸大学工作，表现得非常出色，不仅科研成果出众，而且讲课特别受学生欢迎，我在网上已经看到了她的学生对她的积极评价，作为导师，自然非常为她高兴，心中窃喜，我又为国家培养了一个合格人才。此时，我只有一个强烈的愿望，希望她的学术道路更加顺利。

回顾十年来的博士生指导历程，应该承认，我指导的博士生皆有相当良好的表现。胡友峰博士、李志雄博士硕果累累，已在工作单位中崭露头角；胡孝根、张秀宁、吕立群的博士论文得到了专家好评；几个在读博士生刘红莉、唐妙琴、张娜、秦莹莹的论文选题也颇具研究价值。这些博士与博士候选人，就是我在浙江大学“十年树人”的成果。如果把他们的博士论文放在一起，将显得极为壮观。应该说，我的人生梦想在不知不觉中已经实现了一半，而且，这些博士在自觉自由的学术活动中已经传承了人类精神的火种，所以，我特别欣赏自己所带的博士生。无论他聪明与否，只要能考得进来，我就鼓励他有所得、有所为。如今，我已到上海交通大学哲学系工作，我希望在这个新的人生舞台上也能多多地培养优秀的博士，完成生命的再次跨越。

客观地说，《庄子》是一部被反复研究的经典，对其进行创造性的解释有相当难度。令人欣喜的是，在王焱的博士论文中，我看到了她在庄子美学研究领域的学术前景。该书有几个亮点需要特别指出：一是明晰的思路。王焱以审美体验为中心进入庄子美学的解读，具体探讨了审美体验之发生基点、获得途径、呈现特质和终极依据，这样，庄子的思想获得了现代解释者的主体性建构。二是力避陈说，对庄子的处世态度，“齐物”与“逍遥”之意，庄子的天论、道论、物论，《庄子》的作者问题等作出了创造性的阐释。三是对庄学研究中的一些思想性难题，比如，庄子对天人关系与天道关系、对死亡、对“物”、对“知”、对“美”的看似矛盾的论述等进行了言之成理的解释。四是对庄子美学超旷空灵背后的沉重底色，即其隐秘复杂的一面进行了独到的分析。我相信，作者的创造性解释以及对经典文本的内在逻辑的把握，能够给读者提供有益的参照。

当王焱的博士论文将要出版时，我心中有着极为神圣的祝福：希望她与许许多多的青年学子一样，为了民族国家的繁荣昌盛，继续探索“美丽与自由的思想”，并最终能够形成民族国家自由美好生活的精神立法。此刻，当我直面窗外，仰望南洋园中“人文楼”与“媒体楼”间那三株高大的白杨树随风婆娑的身影，听那树叶沙沙作响的音乐，欣赏这幅如诗如画的图像时，心中若有所思：“美丽即神圣！”“美丽即永恒！”

2010年6月2日

于美丽的“南洋园”

目　录

引论

庄子的审美体验即得道体验，而得道正是庄子所认为的终极幸福。本书以审美体验为中心建构庄子的美学体系，对庄子审美体验的整个内在机制，即审美体验的发生基点、获得途径、呈现特质、终极依据等进行系统研究，并对庄子审美体验学说的外部效应，即其历史与现实意义进行了揭示。

在现代美学的学科视野下，本书旨在解决以下朴素而重要的命题：何为得道、为何得道、如何得道。得道即领会宇宙精神，达致最高境界。得道之人能享有“至乐”、“逍遥游”、“与物为春”的生命体验。得道是对本性的回归，是对自我与世界原初亲密关联的恢复。要达致体道之境，不仅需要运用高明的处世之方安顿生命；还需要有特别的精神修炼术，使心灵免于无谓的痛苦，重返空明。庄子的审美体验学说能为现代人提供谋求幸福的生命智慧，同时也蕴涵着自身的危机。

第一节　题解

一、何为庄子

1. 棘手的历史难题

何为庄子？或曰庄子是谁？对于一般人而言，这似乎不构成一个“问题”：庄子不就是那个写就《庄子》的人吗？然而，这样的回答似乎没有考虑到《庄子》一书是否成书于一人、是否受到后人染指乃至伪托羼入的问题，即《庄子》一书中究竟哪些内容为庄子所作、哪些内容非庄子所作的问题。文献学的常识告诉我们：先秦子书并非一人一时一地之作，大多是一个学派的作品集，其创作时间甚至绵延数百年之久。因此，在回答“何为庄子”这个问题之前，我们有必要对今本《庄子》一书的历史形成过程有一个基本的了解。

据班固《汉书·艺文志》及高诱《吕氏春秋·必己》注记载，《庄子》五十二篇，这大概就是司马迁《史记》所谓“著书十余万言”的古本《庄子》。这古本五十二篇《庄子》，据唐人陆德明《经典释文·序录》所说，即魏晋时“司马彪、孟氏所注是也”。孟氏注本早亡，而司马彪注本于《隋志》、《两唐书》、郑樵《通志》均有著录，大约南宋时乃亡。可见五十二篇本《庄子》在汉魏时通行，在唐代还可看到，可惜今已不存。

今本三十三篇《庄子》为西晋郭象所注，分为内篇七、外篇十五、杂篇十一，约七万字，其篇目和字数比古本少了三分之一。据《晋书·郭象传》及《世说新语·文学篇》记载，在郭象之前，注《庄子》者已有数十家。见诸记载者，除孟氏、司马彪外，都对古本《庄子》“以意去取”，从而形成各种版本：崔譔注二十七篇，向秀注二十六篇（一作二十七篇，一作二十八篇），李颐注三十篇（一作三十五篇）等。郭象三十三篇本亦是对古本《庄子》删略裁减的结果，日本镰仓时代高山寺所藏《庄子》残钞本的《天下》篇末尾跋语对此作了交代：

然庄子闳才命世，诚多英文伟词，正言若反，故一曲之士，不能畅其弘旨，而妄窜奇说，若《阏弈》、《意修》之首，《卮言》、《游凫》、《子胥》之篇，凡诸巧杂，若此之数，十分有三，或牵之令近，或迂之令诞，或似《山海经》，或似占梦书，或出《淮南》，或辨形名，而参之高韵，龙蛇并御，而辞气鄙背，竟无深奥，而徒难知，以困后蒙，令沈滞失平流，岂所求庄子之意哉？故皆略而不存。今唯裁取其长，达致全乎大体者焉为三十三篇者。①

另，陆德明《经典释文·序录》所引“故郭子玄云：‘一曲之士，妄窜奇说，若《阏弈》、《意修》之首，《卮言》、《游凫》、《子胥》之篇，凡诸巧杂，十分有三’……言多诡诞，或似《山海经》，或类占梦书。故注者以意去取”②，与此大抵相符，可以互相印证。

由于种种原因，郭本成为后世最为通行的注本，亦是现存的唯一注本。在郭象之后的较长一段历史时期内，对于《庄子》是否为庄子一人所作，即庄书的真伪问题，均未有人提出疑义。然而自唐尤其是宋后，有关《庄子》的辨伪工作又逐渐浮出历史水面。据归有光、文震孟《南华真经评注》引，韩愈尝疑《盗跖》、《说剑》非庄子自著，或为其事之滥觞。接着，苏东坡又对其发难，在《庄子祠堂记》中提出外杂篇中的《让王》、《说剑》、《渔父》、《盗跖》四篇非庄子所作。明清之际，更是代有其人，

① 转引自刘文典：《庄子补正》，安徽大学出版社、云南大学出版社 1999 年版，第 899 页。
② （清）郭庆藩撰，王孝鱼点校：《庄子集释·经典释文序录》，中华书局 2004 年版，第 4 页。

大多认为内篇为庄子自著，如王夫之。到了近代，疑古辨伪之风愈演愈烈，20 世纪 60 年代以来，矛盾尤为激化，以致庄子是不是内篇的作者都成了问题。如傅斯年就认为《齐物论》的作者是慎到而非庄子。[①] 更有甚者，如依据顾颉刚旧说，《庄子》整部书都是伪书，他说："庄子是战国秦汉间论道之人所作的单篇文字的总集，正如儒家所作的单篇文字总集为礼记一样。"[②] 张京华曾指出当今庄子研究中存在的一个尴尬现象："有些学者在论述庄子哲学时，对庄子二字无法下笔，作为哲学家与作为典籍均不可，而又不能不说，于是便在二字上加引号，甚者则连忙作注，声名此庄子为假定的某物。"[③] 由此可见，"何为庄子"这一问题，不仅绝非想当然尔，而且是庄子研究中一个非常棘手的历史难题。

2．学界四说

"何为庄子"之所以会成为一个历史难题，是因为它牵涉《庄子》一书是否成书于一人、是否受到后人染指乃至伪托羼入、内外杂篇的划分以及年代先后等诸多问题。纵观各家观点，对于"何为庄子"这一问题，学界主要有以下四种认识[④]：

其一，认为庄子乃《庄子》内篇的作者，因为内篇早于外杂篇，而外杂篇乃庄子后学所作。此说簇拥者甚众，是当今学界最为普遍的一种认识。其主要依据如下：一是据陆德明《经典释文·序录》记载，各家版本"其内篇众家并同，自余或有外而无杂"[⑤]，这说明内篇在魏晋时已定型，被认作是《庄子》的精华所在，且内篇较之于外杂篇而言更为精深，当为庄子自著；二是外杂篇与内篇多有不相一致甚至矛盾之处，而《天下》篇所描述的庄子的思想特点及文风与内篇更相符，因此外杂篇非庄子自著；三是依据刘笑敢的研究成果，内篇中只有道、德、命、精、神等概念，没有道德、性命、精神这样的复合概念，而在外杂篇中，这三个复合概念却出现三十多次。依据汉语词汇先有单纯词再有复合词的规律，内篇早于外

---

① 参见傅斯年：《谁是〈齐物论〉之作者》，《史学方法导论——傅斯年史学文辑》，雷颐点校，中国人民大学出版社 2004 年版，第 277 ~ 291 页。

② 参见顾颉刚：《古史辨》（第一册），上海古籍出版社 1982 年版，第 282 页。

③ 张京华：《评近十余年出版的四部庄子研究博士论文》，《河南科技大学学报》（社会科学版）2003 年第 3 期，第 34 页。

④ 更多介绍可参见张岱年：《中国哲学史史料学》，生活·读书·新知三联书店 1982 年版，第 64 ~ 70 页；崔大华：《庄子研究》，人民出版社 1992 年版，第 43 ~ 104 页。

⑤ （清）郭庆藩撰，王孝鱼点校：《庄子集释·经典释文序录》，中华书局 2004 年版，第 4 页。

杂篇。①

其二，认为庄子乃《庄子》外杂篇的作者，因为外杂篇早于内篇，而内篇乃汉初后期庄学所作。此说以任继愈为代表。其主要根据有三：一是司马迁《史记·老庄申韩列传》说庄子“作《渔父》、《盗跖》、《胠箧》以诋訿孔子之徒”，而这些篇都不在内篇，那么，和这些篇在思想上有极大差异的内篇就不应记在庄子名下；二是外杂篇以篇首几字为题，保持古例，而内篇有了题目，应晚于外篇，且内篇篇名离奇，从篇名到内容，都“带有浓厚的汉代宗教神学方术的特色”，因此内篇应是后期庄学的作品；三是荀子评论庄子“蔽于天而不知人”，与此评论相关的篇章是《天道》、《天地》、《天运》等，而这些篇也不在《内篇》；四是思想发展的顺序是从简单到复杂，从浅陋到精致，因此外杂篇应在内篇之先。②

其三，认为庄子乃《庄子》中一部分内容的作者，因为内篇与外杂篇已被郭象搞乱。此说以冯友兰为代表。冯先生反对内外杂篇三分天下的传统说法，他以章学诚《文史通义·言公》以来关于先秦子书序例的说明为依据：既然《庄子》也是某人总其始、他人续之、再有人狗尾续貂、后人总集之编纂之，排除不了修订删改的嫌疑，所以想要搞清楚某篇的作者从根本上说不可能，而只能是一种揣测。进而，冯先生提出，研究庄子思想应以《逍遥游》、《齐物论》两篇“庄之所以为庄者”为依据，打破内外杂篇的界限，其理由有二：一是庄子对后来的影响以此两篇为最；二是《天下》篇对庄子思想的综述以此两篇为据。③

其四，认为庄子乃《庄子》一书的作者，即《庄子》基本上由庄子所作。周通旦提出外杂篇是庄子早期的作品，内篇是庄子晚年的作品。其主要依据有二：一是外杂篇以篇首字为题，内篇以概意为题，正是年代有先后的证明。二是外杂篇语气激烈，受他派学说影响，思想体系尚未形成，正是年轻时代的表现；内篇消极悲观、恬淡调和，正是饱经忧患、思想自成体系的晚年的特征。④ 陆钦亦持此说，认为对内外杂篇不必加以区别。⑤

---

① 参见刘笑敢：《庄子哲学及其演变》，中国社会科学出版社 1993 年版，第 1 页。

② 任继愈编：《中国哲学发展史（先秦）》，人民出版社 1983 年版，第 386 页。

③ 冯友兰：《中国哲学史新编》，人民出版社 1965 年版，第 365 页。

④ 周通旦：《关于〈庄子〉外杂篇和内篇的作者问题》，《哈尔滨师范学院学报》1961 年第 1 期。

⑤ 陆钦：《庄周思想研究》，河南人民出版社 1983 年版，第 1 页。

3．献疑

以上四说虽各有其理，但细察之则发现悬揣臆测居多，缺乏实证。在此，笔者不揣冒昧，对其主要依据略作反驳，献疑如下：

（1）驳内篇精深、外杂篇浅俗，故内篇为庄子自著说。

不可否认，庄书如同历史上的任何一部书一样，其内容确有良莠之分，既有文意精深幽微者，亦有文意浅近直白者，既有辞气恣肆含蓄者，亦有辞气简俗粗疏者。现在学术界最普遍的看法是：内篇精深，外杂篇浅俗。然而，笔者并不以为然。首先，内外杂篇是否已被郭象搞乱的问题暂且不论①，而何为精深、何为浅俗，这个标准本身就存在相对性，难以确定。历史上常有注庄者感慨，认为外杂篇中有不少篇章在思想内容的深度和广度上绝不逊于内篇。例如林希逸说："此篇（笔者按：指《庚桑楚》篇）文字何异于内篇，或日外篇文粗，内篇文精，误矣！"（《南华真经口义》）陆西星说："读《南华》者，《知北游》最为肯綮。"（《南华真经副墨》）陈深说："独此篇（笔者按：指《秋水》篇）说义理阔大精辟，有前所未发。"（《庄子品节》）马定国亦说："吾读漆园书，《秋水》一篇足。安用十万言，磊落载其腹。"（《读庄子》）可见，内外篇的高下之别并不是绝对的，而且，即便我们退一步，承认内篇精深、外杂篇浅俗，也很难确定到底哪一部分为庄子自著。因为从这一前提出发，至少存在四种解释的可能：一如高亨的内篇自著说②；二如任继愈的外杂自著说；三是内篇早年、外杂篇晚年说；四是内篇晚年、外杂篇早年说。而内篇自著说，只是诸多可能中的一种，且在现有文献的条件下缺乏有力的证明。此说的逻辑困难和主观臆断性由此可见一斑。

（2）驳内篇与外杂篇不一致乃至矛盾，故内篇与外杂篇必有一伪说。

内篇与外杂篇之间的确存在一些不一致乃至矛盾之处，但并不能由此得出内篇与外杂篇必有一伪的结论。首先，不一致乃至矛盾并不仅存在于内篇与外杂篇之间，而且也存在于内篇各篇之间。如《逍遥游》宣扬的崇

---

① 内外杂篇已被郭象搞混乱最为有力的证明是王叔岷的观点，他认为"郭本内外杂篇之区别，盖随意升降"、"以私意去取"。参见王叔岷：《庄子校释》，商务印书馆 1947 年版，第 1 页。

② 高亨说："内篇文辞雄浑磅礴，气象万千。外篇杂篇虽多有奇横诙诡之处，然骨力较内篇为弱，风格较内篇为卑，显非出于一人之手。"参见高亨：《诸子新笺》，山东人民出版社 1962 年版，第 51 页。

大抑小，与《齐物论》宣扬的大小齐一就存在一定的抵牾。[①] 其次，《庄子》中的某些不一致与矛盾只是表面，其深层并不矛盾；或者说只是表达上的含混，而不是意义上的矛盾。如《人间世》中所说的“去知”与《缮性》中所说的“以知养恬”，《齐物论》中所说的“死生无变于己”与《在宥》中所说的“长生”。更重要的是，这种认识的错误在于：将庄子预先规定为只有一种纯粹思维的人，从而忽略了庄子本人的变化性和复杂性。《庄子》中说：“蘧伯玉行年六十而六十化，未尝不始于是之，而卒诎之以非也。未知今之所谓是之非五十九非也。”（《则阳》）类似的话在《寓言》篇中也曾出现。何以见得庄子本人的思想没有“六十化”的可能？庄子本人的思想究竟包含什么内容尚不能确定，而且庄子的思想与任何人一样，都是矛盾的统一体。矛盾不仅会出现在一个人一生的不同阶段，如通常存在的前期与晚期差异，也会发生在他一生的同一时刻，不可能在任何时候都一成不变。比如，柳宗元是唯物主义者，却推崇佛教；朱熹既讲过理先气后，又讲过理气本无先后；康德也一直在唯理论与经验论、纯粹美与依存美之间跳摇摆舞。正如刘笑敢所说：“一个人的思想可能是多侧面的，也必然是有一个发展变化过程的，而不可能是凝固不变的，这样，在一个人的作品中就会出现某种不尽一致的思想观点，这是不足为怪的。”[②] 因此，对于庄书中那些实在暂时无法协调的矛盾，最稳妥审慎的办法就是把矛盾真实地呈现出来，以备后来者研究，而不是简单地采取去矛留盾、动辄指伪的做法。

（3）驳刘笑敢来自汉语词汇发展规律的证明。

刘笑敢的研究成果在学界影响非常大，得到广泛推崇，张岱年称其使“《庄子》书中内外杂篇的先后早晚得到无可争辩的证明”[③]。诚然，刘先生运用语言学的理论，为《庄子》考据研究所做的艰巨而富有开创性的工作，的确令人尊敬，但笔者还是不得不指出，其观点并非无懈可击。

首先，外杂篇二十六篇中只有十三篇用过“道德”等复合词概念，那么其他十三篇是否为庄子自著，又如何证明？其实，刘先生自己已注意到这个问题。他解释说：“不能孤立地就《庄子》书中某一篇某一段来进行

---

① 可参见尚永亮：《矛盾的庄子与庄子的悖论——〈逍遥游〉的“小大之辩”及其它》，《苏州大学学报》（哲学社会科学版）2001 年第 1 期，第 77～83 页。

② 刘笑敢：《庄子哲学及其演变》，中国社会科学出版社 1993 年版，第 26～27 页。

③ 刘笑敢：《庄子哲学及其演变·序》，中国社会科学出版社 1993 年版，第 1 页。

概念的比较，只能在若干类作品之间进行考察。”① 笔者以为，这盖是刘先生的无奈托词，因为他还是拿不出说明内外杂篇未被郭象搞乱的有力证据。尽管刘先生对王叔岷的几个代表性论据进行了一些反驳②，但终觉还是推测居多，缺乏实证。这正如杨国荣所指出的：“王氏的观点固然未必可作为定论，但刘笑敢的反驳也只是建立在假定与可能之上，换言之，他是以一种‘可能’来怀疑另一种‘可能’。这种情况从另一方面显示，以目前所见的材料，对《庄子》各篇作严格分类尚缺乏充分的根据。”③

其次，1993 年湖北荆门郭店楚墓竹简的出土，亦对刘笑敢的结论构成了严峻挑战。丁四新指出：郭店简书《唐虞之道》第十一简“养眚命之正”中所谓的“眚命”就是“性命”的假借，这就证明“‘性命’一词在战国中期偏晚，即在孟庄的时代已经流行开来了”④。由此极大地动摇了刘笑敢所说的该词到了战国后期，即大约在荀子的时代，才开始出现并流传开来的结论。

更为关键的是，即便我们认同刘先生的说法，即在战国中期，也就是在孟子及孟子以前的时代，还没有人使用过内篇中所没有的“道德”等复合词，只是到了战国后期，大约在荀子生活的时代，才开始出现并流传开来，也不能由此合乎逻辑地推论出外杂篇并非庄子所作。因为事实上完全存在另一种可能：即内篇为庄子早年所作，外杂篇为其晚年所作。由于庄子生活在孟子与荀子之间的年代，而且孟子与荀子生活的年代只不过相差几十年，加之庄子本人又是一位旷世奇绝的语言大师，完全有可能在其晚年创造性地使用某些复合概念，从而产生了某种导向性的意义。综上可知，刘笑敢的研究成果亦缺乏过硬的证据和严密的论证。

4. 庄子作为《庄子》的作者符号

庄学研究领域较普遍地存在一种现象，就是研究者们只研究他们认定的属于庄子自著的部分，或外加那些与该部分相仿无忤的部分，而将那些与该部分相异有违的部分排除在研究视野之外。笔者认为，这样的做法不免有失轻率。

尽管今本《庄子》在流传过程中绝对不排除有被后人染指羼入的嫌

---

① 刘笑敢：《庄子哲学及其演变》，中国社会科学出版社 1993 年版，第 13 页。

② 刘笑敢：《庄子哲学及其演变》，中国社会科学出版社 1993 年版，第 28 页。

③ 杨国荣：《庄子的思想世界》，北京大学出版社 2006 年版，第 13 页。

④ 丁四新：《郭店楚墓竹简思想研究》，东方出版社 2000 年版，第 25～26 页。

疑，但正如上文献疑部分所表明的，学界有关“何为庄子”的四种认识均存在较大漏洞。换言之，持此四说的研究者们根据有限而真伪杂陈的历史文献，凭借推理与悬揣所构筑出的对庄子的历史还原，是经不起推敲的。这就意味着，基于目前的考据学研究成果，历史上那个叫作“庄子”的人究竟是《庄子》中哪些内容的作者这一问题，还没有真正得以解决。既然目前尚不清楚“庄子究竟自著了哪些内容”，我们就没有足够的理由将《庄子》中的任何一部分内容挡在研究视野之外，而应对其作整体观照。严北溟曾一再重申，分析庄子思想应从整部《庄子》出发，反对片面割裂，只根据内篇或外杂篇，甚或限定某一种思想公式、某一种文章风格作为评定庄学的标准①，反对对书篇作者为谁的问题去作茫无结果的考证。张松辉也指出：对于《庄子》这样年代久远的典籍，不必像有些学者讲的那样，要一篇一篇、一段一段地去辨其真伪，“越是这样‘斤斤计较’，越容易出差错，倒不如整体观之，反而不会出现大的失误”②。这些都是很有见地的看法。的确，由于没有确凿的原始文献可以依傍，还原庄子的工作就像韩非子所说画鬼之事，难有定论。据此，我们也就不应轻易否定庄书中各部分内容作为反映庄子思想的文献材料的资格。否则，任何缺乏确凿依据的判断，都很可能会使一些原本非常重要的文献材料遗漏在我们的研究视野之外。

况且，现存《庄子》只有三十三篇本一种，庄子思想正是通过该本对中国传统文化的发展产生了巨大而深远的影响，正如徐克谦所说：“就其在后来中国思想史、文化史上的意义和影响而言，人们所谓庄子思想，也就是《庄子》这部书的思想。所谓‘庄子思想’是以《庄子》这部书的形式面向人们而‘存在’的，而实际存在于中国思想文化史的阐释和理解中的庄学思想传统，也主要是以《庄子》这部书，而非历史上庄子那个人为源头的。”③ 更为关键的是，《庄子》一书，无论内、外、杂篇，皆有极富原创性与极其深刻的论述，硬要从中挤出历史上那个叫作“庄子”的人的思想，很可能会损害《庄子》自身的魅力与思想共创性。因此，我们对庄子的研究，只能以书为单位，不能以人为单位，即把研究对象确定为今本《庄子》一书，而不是历史上那个叫作“庄子”的人的思想。

---

① 严北溟：《如何评价庄子的哲学思想》，《文汇报》，1962 年 6 月 19 日。
② 张松辉：《庄子考辨》，岳麓书社 1997 年版，第 28 页。
③ 徐克谦：《庄子哲学新探——道·言·自由与美》，中华书局 2005 年版，第 18 ~ 19 页。

综上所述，基于相对稳妥审慎的考虑，我们不妨将庄子视为写就今本《庄子》一书的作者符号。至于“庄子”究竟是一个人，还是一群人，这只能疑而存之，因为迄今为止，学术界也没有提供确切的答案。但不管是一个人，还是一群人，我们都可以将其看作《庄子》文本统一组织下的一个作者符号。

庄子究竟是谁？表面上看，本书经过一番驳证与分析，似乎仅仅是回到了篇首所列问题答案的原点，即庄子就是写就《庄子》的人，与一般性认识无异，但实际上，二者却有着本质上的区别。其一，一般性认识对《庄子》一书的历史形成过程缺乏思考，而本书观点却是建立在对《庄子》成书过程充分了解的基础之上的。其二，一般性认识认为庄子就是历史上那个叫作“庄子”的人，是一个人；而本书观点却是将庄子看作一个符号，这个符号有可能是一个人，也有可能是一群人，即共同参与了创作《庄子》的人。

二、何为审美体验

审美体验，有的学者又将其称作“审美经验”、“美感经验”。“审美体验”（the aesthetic experience）这个术语，在西方传统美学中很少使用，因为西方传统美学研究的重点是美的本质问题，即对“美是什么”作哲学探讨。斯托尔尼兹在其《艺术批评的美学和哲学》中说：“传统美学很少像我们这样去问‘什么是审美经验’？传统美学把‘审美’的东西看作是某些对象所固有的特质，由于这些特质的存在，对象就是美的。”① 而近现代之后，“审美体验”这一术语逐渐被普遍采用，成为现当代西方美学研究的一个核心问题。正如朱光潜所说：“近代美学所侧重的问题是：‘在美感经验中我们的心理活动是什么样？’至于一般人所喜欢问的‘什么样的事物才能算是美’的问题还在其次。”②

审美体验是一个偏正词组，“审美”是修饰“体验”的。顾名思义，审美体验就是进入审美状态中的一种特殊的体验活动。这也就意味着，审美体验包含了两个基本含义：一是审美，二是体验。首先，审美体验中的“审美”一义，表明其不同于一般的非审美体验；其次，审美体验中的

---

① 转引自朱狄：《当代西方美学》，人民出版社 1996 年版，第 242 页。

② 朱光潜：《文艺心理学》，安徽教育出版社 1996 年版，第 9 页。

“体验”一义，又表明其不同于一般经验。那么，审美体验中的“审美”与“体验”到底具体指涉什么呢？

1. 何为“审美”

何为“审美”？这实在是一个相当复杂的问题，因为不同学派的美学家对于“审美”的理解千差万别，言人人殊。莫里斯·韦兹在其所编的《美学问题》中说：“‘审美的’这个词语被康德的前辈鲍姆嘉通赋予了新的活力，并用这个词语来解释特定的一种经验，它几乎成了对艺术或美的反映的一个同义词。”① 那我们不妨从美学之父鲍姆嘉通开始，对西方美学史上有代表性的一些观点进行简单的回顾。

鲍姆嘉通将审美定义为一种完善的感性认识，即一种具有像理性一样明晰的感性。对于这种特别的感性，鲍姆嘉通给了它一个特殊的名字——Aesthetic。该词源于希腊文，词根含义为“感觉”、“感兴趣”、“感性的”。鲍姆嘉通用来称呼美学的 Aesthetic，并不是拉丁语中现成的词汇，而是他从希腊语 aithesis 翻译过来的。拉丁语本有的 aithesis 对应的词是 sensus。为什么他不用已有的 sensus 作美学的名称，而要生造一个 Aesthetic 呢？原来希腊语 aithesis 包含两层意思：一是指与感官相关的外在感性，二是指与心灵相关的内在感性，而拉丁词 sensus 只有第一层意思。鲍姆嘉通之所以要生造 Aesthetic，就是要强调 aithesis 所包含的源自心灵的内在感性的意思②，而这种源自心灵的内在感性，指的就是一种情感③。

理性主义与经验主义的调和者康德，按照他在认识论中对于悟性所规定的四项范畴，对审美判断进行了分析。从质的范畴看，审美判断是不涉利害的愉快；从量的范畴看，审美判断不依赖概念而具有普遍性；从关系的范畴看，审美判断具有无目的的合目的性；从情状的范畴看，审美判断具有没有概念的必然性。不涉概念，不涉利害，只涉快感。康德沿袭了鲍姆嘉通的做法，把哲学分为逻辑学、伦理学、美学三大组成部分，分别对应于知（思想）、情（情感）、意（意志）三个不同方面的心理功能，纯粹理

---

① 转引自彭立勋：《审美经验论》，人民出版社 1999 年版，第 4 ~ 5 页。

② 有关考证参见蒋一民：《鲍姆嘉通》，阎国忠编：《西方著名美学家平评传》，安徽教育出版社 1991 年版，第 280 ~ 285 页。

③ 对于这一点，康德说得更为明确，他将联系到客体表象上的感觉称之为“感觉”(sensation)，将联系到主观感受上的感觉称为“情感”（feeling），认为后者才是真正的审美感受。参见彭锋：《完美的自然》，北京大学出版社 2005 年版，第 36 页。

性、实践理性、审美判断力三种不同的心智能力，真、善、美三个不同领域。可见，审美判断是联系主体情感的判断。

近代心理学美学家立普斯认为，所谓审美，实质上是一个移情的过程。人们设身处地地站在对象的境地，将自己的生命灌注在对象上，将本来属于主体的情感、感觉外射到对象身上，使之成为对象的属性，再被这种仿佛有情感的对象所打动，达到物我同一的境界。他说："审美的欣赏并非对于一个对象的欣赏，而是对于一个自我的欣赏。它是一种位于人自己身上的直接的价值感觉，而不是一种涉及对象的感觉。"① 另一位心理学美学家谷鲁斯认为，所谓审美，就是审美主体在内心世界摹仿外界事物精神上或者物质上的特点，在心灵中产生一种主动的幻觉，即把自我加以变形，投射在对象中去，从而得到一种由摹仿得来的心理愉悦。

现代实用主义美学家杜威认为，审美经验与日常经验之间不存在本质性差异，审美经验是日常经验的延伸和连续，任何一种完整、统一而有强度的经验，都具有审美性质。这种审美性质是"情感的"，而不是"知性的"或"实践的"。他认为，审美经验萌发于生命与环境之间的相互作用，或者说，审美经验产生于生命竭力地去恢复它与环境之间被破坏了的平衡的那一瞬间。"生命不断失去与周围环境的平衡，又不断重新建立平衡，如此反复不已，从失调转向协调的一刹那，正是生命最剧烈的一刹那"，"人生经验中有节奏地出现了人们感到心情舒畅的间隔，这种间隔标志着完成时刻的来临"。② 杜威所说的"心情舒畅的间隔"，指的就是审美经验。

现象学美学家杜夫海纳将审美经验视为人生在世的原初经验，视为一种最直接的、不能再还原的经验，从而明确将审美经验与现象学还原直接等同起来。他说："审美经验在它最纯粹的那一瞬间，完成了现象学的还原"，"在人类经历的各条道路的起点上，都可能找出审美经验：它开辟通向科学和行动的途径。原因是：它处于根源部位上，处于人类与万物混杂中感受到自己与世界的亲密关系的这一点上"。③ 杜夫海纳认为，审美活动的意义与其他活动如认识或实践活动的意义完全不同，后者总是超出它的感性对象而指向抽象的概念；而前者则固定在感性之中，展示感性自身的

① ［德］立普斯：《论移情作用》，《古典文艺理论译丛》（第八册），人民文学出版社 1964 年版，第 44 页。

② 蒋孔阳编：《二十世纪西方美学名著选》（上），复旦大学出版社 1987 年版，第 341 页。

③ ［法］杜夫海纳著，孙非译：《美学与哲学》，中国社会科学出版社 1985 年版，第 53、8 页。

内在结构。这种内在于感性的意义，就好像一种环绕感性的情感氛围，而正是这种弥漫于审美世界中的情感特质，将审美世界中的各部分统一成整体，让审美对象充满表现力。

以上美学家对“审美”的认识显然各不相同：鲍姆加嘉通强调审美的感性与完善特征；康德强调审美的无功利、普遍与愉悦特征；立普斯和谷鲁斯强调审美的物我同一性心理特征；杜威强调审美的日常性特征；杜夫海纳强调审美的原初性特征。然而，在这种种差异中，我们仍能发现其深层次的一致性，即审美的情感性。也就是说，尽管美学家们对于“何为审美”这一问题持不同见解，但在“审美判断是一种情感判断”这一点上，他们是通约的。这说明，美学家们普遍意识到，情感是审美活动中最为活跃、最为根本的因素，也是审美活动区别于其他非审美活动，如科学活动、道德活动的一个最为显著的特点。彭立勋曾对审美中的情感活动作了较为细致的分析：“美感中的情感活动包括以下三个层次：一、由审美对象所引起的各种复杂的情绪和情感活动；二、通过美的认识以及各种审美心理因素的综合作用而形成的美感的愉快的情感；三、与审美理想相联系的审美情趣。”① 可见，情感活动贯穿于整个审美过程，审美活动须臾离不开情感的参与，没有情感，便无所谓审美。在审美过程中，主体把对对象的情感个人化，同时又把主体的情感客体化。审美发源于人类的情感机制，是人类各种情感形式交汇的核心，也是人类情感的最高层次和最强形态。正因为此，笔者愿意把“审美”理解为主体心灵的一种情感激发。

2. 何为“体验”

何为“体验”？这同样是一个需要进行历史梳理的概念。“体验”一词在西方并不是自古而存，虽然有关体验的思想可以上溯到古希腊柏拉图的“迷狂”说，但“体验”一词在西方语境中的真正出场是19世纪以后的事。据伽达默尔考证，“体验”（Erlebnis）这个词，在18世纪还根本不存在，直到19世纪70年代才出现。②

最先将“体验”一词引入美学领域的，是19世纪德国生命哲学家狄尔泰。“体验”是狄尔泰生命哲学的一个核心范畴，始终贯穿于他对审美活动的研究中。狄尔泰认为，每一种体验都是一种直觉，它与理性相对

---

① 彭立勋：《审美经验论》，人民出版社1999年版，第177页。

② 参见［德］伽达默尔著，洪汉鼎译：《真理与方法》（上），上海译文出版社1999年版，第77页。

立，产生于生命之内，与生命血肉相连。他说：“我们通过体验和理解所领会的，是作为把人类包含于其中的脉络而存在的生命。”① 在狄尔泰看来，生命等于体验，生命的宝贵所在都包含在体验之中，而生命本身也包含着赖以揭示一切经验的关联。狄尔泰尤其看重艺术，因为他认为艺术是人类对生命冲动、内在体验的一种最真实的外在表达，艺术体验是人类对自身生命意义的一种阐释。可见，狄尔泰所理解的“体验”，其实就是“生命体验”。他说：“我把我们在其中检验生命和各种事物所具有的价值的、由各种过程构成的脉络，称之为生命体验。它以有关那些存在的东西的知识为预设前提，因此，它是以我们对于这个客观世界的理解为预设前提的。”② 在狄尔泰那里，认识的基本前提已存在于生命之中，从体验中可以发掘出主观世界和客观世界的全部财富。正因为此，狄尔泰把体验看作是构成个人生命经验的基石，认为世界的意义就是由生命体验创造出来的。

现象学学派创始人胡塞尔从“时间性”和“意向性”入手，也对体验问题作了深入分析。在他看来，“时间性”作为体验的一个特性，不仅属于单一体验，而且也是把体验与体验结合在一起的一种必然形式。他说：“每一现实的体验都必然是一种持续的体验；而且它随此绵延存在于一种无限的绵延连续体中。”“不论诸体验在本质上如何彼此相异，它们仍然被构成一个时间流，被构成一个现象学时间中的组成片断。”③ 基于此，他提出了“体验流”的概念，强调体验的完整性、交融性、本原性和无限生成性。“意向性”是胡塞尔赋予体验的另一个本质特性。体验的意向结构包括三个方面，即体验的意向性行为主体、体验的意向性行为构造物和体验的意向性行为的相关物。他说：“每一种意向性体验由于其意向作用的因素都正好是意象作用的；其本质在于在自身内包含某种意义或多重意义，并依据此意义给予作用和与此一致实行其它功能，这些功能正因此意义给予作用而成为充满意义的。”④ 可见，正是体验的意向性使整个体验活动成为主体的精神活动，而人正是通过体验才认识了外部世界，并赋予它意义。

---

① ［德］狄尔泰著，艾彦等译：《历史中的意义》，中国城市出版社2002年版，第10页。
② ［德］狄尔泰著，艾彦等译：《历史中的意义》，中国城市出版社2002年版，第210页。
③ ［德］胡塞尔著，李幼蒸译：《纯粹现象学通论》，商务印书馆1992年版，第205、291页。
④ ［德］胡塞尔著，李幼蒸译：《纯粹现象学通论》，商务印馆1992年版，第223页。

存在主义哲学家海德格尔从“存在”出发，对体验进行了探讨。海德格尔认为，存在不是实在，也不是存在者，而是存在之为存在的那种东西，是一切存在者的本源。存在的意义要经由此在——人的生存和体验才能敞开、表现。他说：“唯就存在者被包含和吸纳入这种生命之中而言，亦即，唯就存在者被体验（er－lebt）和成为体验（Er－bnis）而言，存在者才被看作存在着的。”① 这里所指的生命，是在其存在中的存在者整体意义上的生命。可见，海德格尔把体验视为存在者存在的前提。按照他的理解，体验者所体验的不是一个对象的存在，而是体验在存在自身中真理的发生。海德格尔所说的“真理”，并不是指知识和事实一致或者相符的正确性，而是存在自身的显露、敞开和照亮。海德格尔还指出了体验对于艺术的意义：“艺术成了体验（Erleben）的对象，艺术因此被视为人类生命的表达。”② 这就是说，艺术只有诉诸体验，才能实现其自身的意义，成为存在者生命的象征。

哲学解释学创始人伽达默尔对体验亦有深入研究。在《真理与方法》中，他对“体验”这一概念的语义发展史作了详尽的阐述。他指出，“体验”（Erlebnis）一词是从“经历”（Erleben）一词发展过来的，包含着“经历”一词的意义，即所发生的事情还继续进行着，这种进行是在人的生命中进行的，它同那种道听途说、推导、猜测等不同，是主体亲自直接参与的东西。如果某个东西不仅被经历过，还获得了一种使自身具有永久意义的特征，那么这种东西就属于体验。由此，伽达默尔说：“对‘体验’这个词的创造是以两个意义方面为依据的，其一，是一种直接性，这种直接性是在所有解释、处理或传达之前发生的……其二，是从直接性中获得的收获，即直接性留存一下来的结果。”③ 可见，体验是主体从直接性经历中所收获的意义。伽达默尔特别看重艺术体验，他认为在艺术体验中，存在着一种意义的充满，这种意义的充满不单属于一种特殊的对象，而且更多的是具有无限意义的生命整体。在伽达默尔看来，体验和生命是一个统一体，“每一个体验都是由生活的延续性中产生，并且同时与其自身生命的整体相连”④，在体验中所表现出的就是生命。

---

① 孙周兴编：《海德格尔选集》（下），上海三联书店1996年版，第903页。

② 孙周兴编：《海德格尔选集》（下），上海三联书店1996年版，第885～886页。

③ ［德］伽达默尔著，洪汉鼎译：《真理与方法》（上），上海译文出版社1999年版，第78页。

④ ［德］伽达默尔著，洪汉鼎译：《真理与方法》（上），上海译文出版社1999年版，第78页。

从以上梳理可以看出，虽然哲学家们对“体验”一词的认识各有偏重：狄尔泰强调体验的生命性，胡塞尔强调体验的时间性和意向性，海德格尔强调体验的存在本体性，伽达默尔强调体验的直接性和意义性，但他们对体验的理解仍然存在极大的相似性，即体验的生命意蕴。而且，从“体验”一词的构成中，也可以看出体验与生命之间的密切关联。“体验”一词的德文原作 Erlebenis，源于 Erleben。在德文中，Leben 的意思是生命，可见，“体验”一词就是在“生命”一词前加上一个只有能动意味的前缀。另外，从我国当今学界对体验的界说中，我们也可以看出生命对于体验的突出意义。童庆炳说：“体验就是主体（人）带有强烈情感色彩的、活生生的、对于生命之价值与意义的感性把握。”① 李咏吟说：“‘体验’是生命主体的一种全身心的自由活动。”② 王元骧指出：“一切体验总是在生命个体的心理层面上发生。”③ 基于以上认识，笔者愿意把“体验”理解为生命个体对于生命意义的一种“以身体之、以心验之”的领悟。

经过以上对“审美”和“体验”两个概念的分别解析，“审美体验”的含义也就呼之欲出了，它是指生命个体对于生命意义的一种情感体悟。这种审美体验，在中西不同的美学家那里获得了不同的命名：“畅神”（宗炳）、“应感之会”（陆机）、“兴”（刘勰）、“妙悟”（严羽）、“现量”（王夫之）、“迷狂”（柏拉图）、“游戏”（席勒）、“高峰体验”（马斯洛）④。那么，审美体验在《庄子》文本中是否存在呢？根据笔者在前文中对审美体验所作的界定，答案应该是肯定的。所谓审美体验，就是生命个体对于生命意义的一种情感体悟。而对于庄子而言，生命个体的生命意义就根植于道之中，因为道是世界万物的终极依据。⑤ 这就意味着，庄子的审美体验其实就是生命个体对道的一种情感体悟。⑥ 由此我们说，审美体验在庄子这里就是得道体验，而得道正是庄子所以为的终极幸福。

---

① 童庆炳：《现代心理美学》，中国社会科学出版社 1993 年版，第 52 页。

② 李咏吟：《诗学解释学》，上海人民出版社 2003 年版，第 141 页。

③ 王元骧：《文学理论与当今时代》，浙江大学出版社 2002 年版，第 180 页。

④ 当然，这并不是说以上命名的含义相互等同，而只是说它们都是审美体验的一种形态。

⑤ 关于这一点，还将在本书第四章中详论。

⑥ 朱良志、涂波等都将庄子的悟道看作一种审美体验论。请参阅朱良志：《庄子的悟“道”与审美体验》，《齐鲁学刊》1988 年第 4 期，第 18 ~ 23 页；涂波：《〈庄子〉审美体验论新解》，《人文杂志》1999 年第 6 期，第 96 ~ 100 页。

第二节 研究意义

一个选题的意义和价值，应该从学术意义和现实意义两个方面来衡量。学术意义体现一个选题的创造性。学术之生命在于创新，而创新的表现是多方面的，既可以是领域的创新、观点的创新，亦可以是视角的创新、方法的创新。概言之，即发前人之所未发，或矫他人之所误发，而现实意义则体现了一个选题的重要性。不应否认，再精深的学术也应该以服务人自身的生存为旨归。也就是说，现实意义是一个选题最终的价值，单纯为求知而求知的研究是奢侈而无益的。下面笔者将从学术意义与现实意义两方面，对本书选题的研究意义进行说明。

一、学术意义

1. 对于美学研究的意义

如前所述，审美体验是现代美学研究的一个中心问题。围绕这一问题，西方出现了大量的研究成果，如 Vivas，E. 的“A Definition of the Esthetic Experience”（*Journal of Philosophy*，XXXIV，1937），对审美体验的内涵进行了界定；Colemen，E. J. 编的 *Varieties of Aesthetic Experience*（University Press of America，1983），对审美体验的不同类型进行了分析；Maquet，J. 的 *The Aesthetic Experience*：*An Anthropologist Looks at Visual Arts*（Yale University Press，1986）和 Jauss，H. R. 的 *Aesthetic Experience and Literary Hermeneutics*（University of Minnesota Press，1982）分别从人类学与解释学的角度对审美体验进行了考察；Ingarden，R. 的“Aesthetic Experience and Aesthetic Object”（*Philosophy and Phenomenological Research*，Vol. 21，1961）与 Dufrenne，M. 的 *Phe’nomenologie de L’Expe’rience Esthetique*（Paris，1953），则以现象学的视野揭示了审美体验的奥秘，等等。① 其中，Jauss，H. R. 与 Dufrenne，M. 的论著影响较大，已翻译成

---

① 更多国外的有关成果，可参阅彭立勋《审美经验论》中“国外有关审美经验研究论著目录”一节。彭立勋：《审美经验论》，人民出版社 1999 年版，第 280 ~ 296 页。

中文。[1]

与此相呼应，自20世纪80年代始，国内也涌现出大量有关审美体验的论著。皮朝纲早在1984年就对中国古典美学中的审美体验问题进行了探讨，把审美体验归于审美心理学的范畴，提出中国古典美学是用“味”这个概念来表示审美体验的。[2] 1986年，胡经之与王岳川联名发表了审美体验的系列论文，如《中西审美体验论》一文，对西方审美体验学说中的关键范畴与中国古典审美体验学说中的核心层次间的异同进行了比较[3]；再如《论审美体验》一文，提出审美体验的探讨是解决艺术之为艺术的内在结构的根本性问题，是区别艺术与非艺术的根本界限。[4] 此后，学界对审美体验的研究持续升温，蔚为壮观：例如，杨健民指出，审美体验是以原型体验（即对于对象外在形式的外部体验）为基础，走向拥有宇宙感、自由感和哲学感的深层体验[5]；杨匡汉对审美体验与日常生活体验、科学体验、宗教体验、道德体验、人生体验进行了区分[6]；周述成比较了禅体验和审美体验间的异同[7]；潘知常考察了审美体验如何可能的逻辑结构[8]；徐岱分析了审美体验中的神秘感[9]；叶华探讨了艺术创作中审美体验的个体性与普遍性的问题[10]。此外，还有不少学者以心理学为方法论，对文艺活动中的心理现象进行了研究，虽然这些研究并非都冠以审美体验之名，但其实已直接涉及审美体验的相关问题，如朱光潜的《文艺心理学》（上海文艺出版社1982年版）、金开诚的《文艺心理学论稿》（北京大学出版社1982年版）、鲁枢元的《创作心理研究》（黄河文艺出版社1985年版）、腾守尧的《审美心

---

① 分别为［德］耀斯著，顾建光等译：《审美经验与文学解释学》，上海译文出版社1997年版；［法］杜夫海纳著，韩树站译：《审美经验现象学》，文化艺术出版社1996年版。

② 皮朝纲：《中国古典美学关于审美体验的探讨》，《四川师范大学学报》（社会科学版）1984年第4期，第19～58页。

③ 胡经之、王岳川：《中西审美体验论》，《文艺研究》1986年第2期，第14～31页。

④ 胡经之、王岳川：《论审美体验》，《北京大学学报》（哲学社会科学版）1986年第4期，第1～9页。

⑤ 杨健民：《审美体验论——原型体验与深层体验》，《文艺理论研究》1988年第3期，第41～48页。

⑥ 杨匡汉：《论情感体验的形式》，《当代文坛》1990年第3期，第13～16页。

⑦ 周述成：《论“悟”及其特征——禅体验和审美体验之异同》，《四川大学学报》（哲学社会科学版）1993年第2期，第65～71页。

⑧ 潘知常：《试论审美体验的逻辑结构》，《文艺理论研究》1995年第6期，第23～28页。

⑨ 徐岱：《论神秘——审美反应的体验性阐述》，《文学评论》1997年第3期，第134～143页。

⑩ 叶华：《艺术创作中的审美体验》，《文艺研究》2004年第5期，第143页。

理描述》（中国社会科学出版社1985年版）、刘兆吉的《文艺心理与美育心理》（西南师范大学出版社1987年版）、王先霈的《文艺心理学概论》（华中师范大学出版社1988年版）、童庆炳的《艺术创作与审美心理》（百花文艺出版社1990年版）等。

自20世纪90年代开始，有关审美体验的专著逐渐问世，其中的代表作有王一川的《审美体验论》（百花文艺出版社1999年版），该书考察了审美体验与审美意识、审美创造的关系，提出审美体验是一种深层而令人难忘的生存体验，是人生意义的瞬间生成；彭立勋的《审美经验论》（人民出版社1999年版），探讨了审美经验和艺术活动的特点和规律；李咏吟的《审美价值体验综论》（中国社会科学出版社2009年版），对审美体验与价值体验、道德体验的内在关联进行了阐发。此外，大部分的美学教材，如朱立元的《美学》（高等教育出版社2001年版）、王旭晓的《美学原理》（上海人民出版社2000年版）等也都辟出专章对审美体验及其相关问题进行了探讨。

当今学界对审美体验这一复杂而又特殊的人类经验给予了卓有成效的解释，但同时也存在一些缺憾，比如过于偏重宏大理论叙事而缺乏具体系统的个案研究。当然，这个缺憾并不仅仅存在于审美体验的研究当中，更是当前整个美学研究中普遍存在的问题。在2004年“全国审美文化学术研讨会”上，针对当前审美文化研究中存在的浮泛的文化空谈与低水平重复的弊病，与会学者不约而同地指出了个案研究的重要性。[①] 当今学界之所以如此强调个案研究，是因为个案中所蕴涵的个体性、丰富性和多样性能够帮助我们重新审视、检验、修正以往的美学理论，使美学理论更具包容性和有效性，更符合我们自身的经验；而缺少个案研究，美学理论容易落入宏大叙事的牢笼之中而缺乏牢固的基础。正是基于这一认识，本书将以庄子为研究个案，同时借鉴相关理论研究的优秀成果，对其审美体验产生、呈现的机制进行具体考察。

之所以要选择庄子作为个案研究的对象，除了考虑到庄子在中国美学史上具有开源发流的意义之外，亦缘于庄子的审美体验具有超出现代美学理论适用性的独特性。这种独特性主要表现为以下两点：

其一，现代美学理论主要是从文学艺术的角度去解释审美体验，而庄

---

① 参见龙争：《深化对审美文化研究的对象与范围的认识——“全国审美文化学术研讨会”综述》，《文艺研究》2005年第1期，第157页。

子的审美体验却由人生问题引发，是纯粹以生存为基点与目的建构起来的。只需浏览一下现今国内主流美学教材中有关审美体验的论述就能发现，目前的一种普遍认识是：审美体验的研究虽然并非仅限于文学艺术范围之内，却又应当而且必须以文学艺术为中心，因为审美体验的特性在文艺活动中表现得尤为集中和突出。杜夫海纳指出：“审美对象即使不仅仅是，至少首先是审美经验所把握的艺术作品。”① 彭立勋更是声称：“艺术构成人们主要的审美对象，审美经验主要发生于艺术之中。这已经是一个不容争辩的客观事实。”② 正是基于这一认识，现今大多数学者对审美体验的研究是专门针对文艺进行的。诚然，这种做法对于文艺活动中审美体验的解释是非常有效的，但对于非文艺审美体验的解释则显得有些无力。而经验恰恰又表明，审美体验的获得其实更多地来自于人们非文艺的生存活动当中，比如在日常生活中对某种人生境遇的体悟。对于这一经验与解释的脱节，刘小枫早有觉察，他说：“审美精神是一种生存论和世界观的主张，它体现为对某种无条件的绝对感性的追寻……然而，随着审美问题被无数美学家们变成一种‘文艺学问’，审美精神的现代性实质转化了。审美问题被转换成文艺理论问题。”③ 徐复观曾指出，庄子与一般美学家的最大不同点在于“庄子系由人生的修养工夫而得；在一般美学家，则多系由特定艺术对象、作品的体认，加以推演、扩大而来”④。故而，对庄子的审美体验进行研究，恰好能够帮助我们缝合审美理论与现实经验的一些错位，更新、深化我们对审美体验的认识，弥补现代审美体验理论过于偏重文艺阐释而忽略生存经验的不足，从而为当代美学由传统的文艺美学拓展为存在论美学提供一种示范。

其二，现代美学理论大多是从认识论和审美主体的角度去解释审美体验，而要解释庄子的审美体验，则必须把古典美学的本质论与现代美学的认识论结合起来。近代以降，西方哲学的研究重点发生了重大转变，即从本体论转向认识论，从认识客体转向认识主体。与此相适应，西方美学的研究重点也逐步从审美客体转向审美主体，而审美体验研究的热潮也正是

---

① ［法］杜夫海纳著，韩树站译：《审美经验现象学》，文化艺术出版社 1996 年版，第 27 页。

② 彭立勋：《审美经验论》，人民出版社 1999 年版，第 11 页。

③ 刘小枫编：《人类困境中的审美精神——哲人、诗人论美文选·前言》，东方出版社 1994 年版，第 1 页。

④ 徐复观：《中国艺术精神》，春风文艺出版社 1987 年版，第 114 ~ 115 页。

在这一背景下兴起的。我们知道，西方古典美学主要探讨的是美的本质问题，无论是苏格拉底的“美是效用”说，柏拉图的“美是理念”说，还是亚里士多德的“美是形式”说，都倾向于把考察的重心放在审美客体上。而近代以来，对审美体验的分析开始取代对美的本质的分析，成为美学研究中的主体。推动这种美学研究重点转变的，首先是英国经验论派的美学家，他们侧重于从心理学和生理学的角度对审美主体的美感经验进行分析，而放弃或者忽视对美的本质问题进行形而上的哲学探讨。经验论派美学家的这一做法影响非常深远，以致现今仍有许多学者沿袭他们的思路，将审美体验的研究集中于审美主体，尤其是审美主体的心理结构分析之上，而对审美体验发生的根源问题，即美的本质问题，采取回避的态度。美的本质问题在两千多年的美学发展史中一直是个众说纷纭、无法求证的难题，而这也正是诸多当代学者回避探讨这一问题的缘由所在。当然，对于研究一般美感经验而言，将美的本质问题悬置起来也许并无大碍，但这样的做法对于研究庄子的审美体验来说并不适用，因为庄子审美体验的终极依据即形而上的“道”，道乃美的本质所在，撇开道来研究庄子的审美体验，即使分析得再细致精微，也是一种舍本逐末的行为。因此，从这个意义上说，对庄子的审美体验进行研究，能够弥补现代审美体验理论过于偏重审美主体而忽略审美客体的不足，从而为我们在研究理念上谋求古典美学本质论与现代美学认识论的深度整合提供一条路径。

2．对于庄学研究的意义

《庄子》作为中国历史上“人鲜不读，读鲜不嗜，往往与之俱化”的旷世奇书（刘熙载《艺概·文概》），两千年来，对其进行注解的作品层出不穷，可谓汗牛充栋，直至今日仍方兴未艾。历代学者注庄解庄，从总体上讲可分为文字层面的治庄和义理层面的治庄两类。前者着力于音义校释、文意疏通、生平考辨、版本考订、去谬正伪等语言学训诂和史学考证；后者着力于理论阐发、思想挖掘、本体诠释、主题发挥、比较论述等哲学建构。此两种治庄方法，经过漫长的历史积累，均已成熟并达到了相当高度。由于在现今文献条件下，考据校释的工作已经很难再有新的突破，因此文字层面的治庄可供后来人发挥的余地非常之小。比较而言，义理层面的治庄所留待的研究空间则相对较大。也正因为此，越来越多的学者将注意力投向对庄子的义理解释。

庄子思想对整个中华文化的建构作用是全方位的，它广泛而深远地影响了中华民族的哲学观、政治观、历史观、美学观等方方面面的观念。相应地，对庄子的义理解释势必也应是多学科视野的。其中，庄子的美学解释产生较晚，于20世纪初才出现在世人的视野当中。20世纪上半叶，王国维、宗白华等一批学贯中西的学者，在治学过程中不自觉地将庄子的某些思想与西方美学沟通起来，可视为庄子美学解释的滥觞。而真正意义上的庄子美学研究，则肇始于台湾学者徐复观于1966年出版的《中国艺术精神》一书。该书以“孔子的艺术精神”两倍多的篇幅论述庄子，并称后者为“中国艺术精神之主体”。另外，徐复观还引入了诸多西方美学家的学说，与庄子进行沟通，极大地拓展了庄子的解释维度。自此以后，庄子的美学研究遂有沛兴之势。稍晚于徐复观，美国华裔学者叶维廉在庄子美学研究方面亦有硕果。叶维廉浓重的庄子情结主要是在他的中西比较诗学中体现出来的。在叶维廉看来，中国诗学主要是道家特别是庄子所开创的诗学传统。因此，他的比较诗学重在寻求庄子影响下的中国传统美学与西方传统美学的差异，以及与西方现象学美学的汇通。此后，海外的庄子美学研究基本上都是沿着徐、叶二人开辟的道路稳步前进的。

中国大陆由于客观历史原因，迟至20世纪80年代初，伴随着美学热的升温，庄子美学研究才开始起步。1985年，李泽厚在其著名的《漫述庄禅》一文中明确提出“庄子哲学即美学”，认为“从所谓宇宙观，认识论去说明理解庄子，似不如从美学上才能真正把握住庄子哲学的整体实质”①。这一观点得到了国内学界的广泛认同与阐发，庄子美学研究成果层出不穷，出现了若干系统研究的专著。例如，刘绍瑾的《庄子与中国美学》（广东高等教育出版社1989年版），为国内首部庄子文艺美学专书，重点探讨了庄子对中国后世文学、美学思想的影响，并将庄子美学与西方美学进行了汇通比较；张利群的《庄子美学》（广西师范大学出版社1992年版），从审美关系论、本质论、特征论、真实论、境界论、心态论、形象论、方式论、艺术论、创造论等十个方面考察了庄子的美学系统结构；陶东风的《超迈与随俗——庄子与中国美学》（首都师范大学出版社1995年版），分上下两编，上编为“庄子人生哲学的超越性结构”，以“此在论”的起点、“无为”的终点，以及“齐物”、“虚静”的超越中介来描画庄子人生哲学的超越结构；下编为“中国古典美学中的庄学精神及其现代诠释”，集中

① 李泽厚：《漫述庄禅》，《中国社会科学》1985年第1期，第131页。

论述庄学精神对中国古典美学的渗透，并结合现代西方学术思想发掘庄学的现代意义。此外，王凯的《逍遥游：庄子美学的现代解释》（武汉大学出版社 2003 年版），从心灵、自然、语言、人生、生态等不同的维度，对“庄子美学思想的主线”——逍遥游进行了考察；包兆会的《庄子生存论美学研究》（南京大学出版社 2004 年版），从思想与言说两个层次论述了庄子生存美学；时晓丽的《庄子审美生存思想研究》（商务印书馆 2006 年版），从思想渊源、世界观、人生观的角度考察了庄子的审美生存思想。

除专著外，散见于单篇学术论文之中的庄子美学研究成果亦非常多。如陈书录的《直致任真、率情而往——试谈〈庄子〉的审美情感论》（《学术月刊》1986 年第 5 期），对庄子审美情感的特征、塑造、本源等进行了考察；史可扬的《庄子审美心胸理论析要》（《内蒙古大学学报》（人文社会科学版）1991 年第 3 期），提出庄子审美心胸理论是庄子美学的出发点和核心，是中国古典美学中最具近代形态的美学体系；陈望衡的《庄子审美自由论》（《学术月刊》1991 年第 12 期），提出审美自由论是庄子美学的核心，并主要通过“逍遥游”的哲学来体现；陈引驰的《〈庄子〉“天”“性”脉络与美的生成》（《学术月刊》1994 年第 8 期），对庄子美论的本体进行了思考，指出研究庄子美学，由“道”切入不如由“天”切入，“天”、“性”不仅是庄学思想的内在脉络，也是它关于本原性艺术观念的基本理路。

此外，大部分的中国美学史著作，如李泽厚、刘纲纪的《中国美学史》（中国社会科学出版社 1984 年版）、叶朗的《中国美学史大纲》（上海人民出版社 1985 年版）等，也都着重论述了庄子的美学思想。以上这些学术成果的问世表明，庄子美学研究无论是在整体风貌的展示上，还是在理论体系的建构上，抑或是在精神底蕴的发掘上，都取得了长足进展，成绩斐然。

随着审美体验在现代美学体系中重要性的日益凸显，庄子的审美体验学说亦逐渐为学界所关注。这些研究既有宏观层面的对庄子审美体验学说所进行的整体观照，亦有微观层面的对庄子审美体验学说组成部分的具体考察。宏观研究方面较薄弱，尚无相关专著问世，仅有如下几篇论文：朱良志的《庄子的悟“道”与审美体验》（《齐鲁学刊》1988 年第 4 期），涂波的《〈庄子〉审美体验论新解》（《人文杂志》1999 年第 6 期），李建盛的《庄子的闻天乐与审美体验新解》（《山东师范大学学报》（社会科学版）1996 年第 5 期），吴建民的《庄子的审美体验理论系统》（《长春师范学院学报》2003 年第 3 期），强中华的《〈庄子〉与审美高峰体验及其社会理性缺失之批判》

（《天水师范学院学报》2004年第4期）。从以上研究成果中主要能够归纳出以下两个基本观点：其一，庄子的得道体验即审美体验。如朱良志明确提出，“庄子的‘悟道’可以看作一种审美体验论”[①]；涂波认为，作为哲学文本的《庄子》，其核心在体道功夫，作为美学文本的《庄子》，其核心在审美体验，而体道功夫实际即是审美体验[②]；李建盛亦指出，庄子对“天乐”（即不可言说的道）的闻听，就是一种审美体验[③]。其二，庄子的审美体验表现为一个渐次发生的心理系统。如朱良志将庄子审美体验的程序分为虚静、共感、物化三个阶段；吴建民指出：“心斋”审美体验的心理条件，“神遇”是审美体验的主要方式，“物化”是审美体验的最高层次。[④] 微观层面的研究则相当多，如对《庄子》中“道”、“天”、“心斋”、“坐忘”、“逍遥”、“游”、“虚静”、“物化”等概念的分析，其代表性的研究成果将在本书各章节的分析中加以述评，虽然绝大多数的研究者并未有意识地将这些概念纳入到审美体验系统中加以考察，但事实上却与审美体验的问题直接相关。

尽管目前的庄子审美体验研究无论在宏观层面还是微观层面都有一定的理论积累，但仍存在不足：由于宏观层面的研究仅出现在单篇的学术论文之中，限于篇幅，对审美体验系统每个环节的分析自然无法得以全面论及与深入展开，对审美体验发生的历史语境、终极依据以及外部效应较少涉及，“见林不见树”；而微观层面仅侧重局部研究，未能对庄子审美体验学说进行立体观照，更无力揭示学说的内部逻辑结构，“见树不见林”。有鉴于此，既以审美体验为中心进入《庄子》文本进行解读，建构庄子审美体验的逻辑体系，同时又对庄子审美体验学说的每个具体环节，即审美体验的发生基点、获得途径、呈现特质、终极依据、历史与现实意义等进行全方位的细致考察，借此把握审美体验的整个内在机制与外部效应，做到“林中有树”，便是本书的任务。

还需指出的是，以往的庄子美学研究在一定程度上存在一个弊病，就

---

① 朱良志：《庄子的悟“道”与审美体验》，《齐鲁学刊》1988年第4期，第18～23页。

② 涂波：《〈庄子〉审美体验论新解》，《人文杂志》1999年第6期，第96～100页。

③ 李建盛：《庄子的闻天乐与审美体验新解》，《山东师范大学学报》（社会科学版）1996年第5期，第95～99页。

④ 吴建民：《庄子的审美体验理论系统》，《长春师范学院学报》2003年第3期，第63～65页。

是过于强调庄子的超越性，总倾向于把庄子描述成一个不食人间烟火、遗世独立的超脱之人。诚然，庄子是有其“独与天地精神往来”的一面，但这超旷空灵的背后是有其沉重底色的。《庄子》书中多次出现的“不得已”、“不可奈何”、“命”等字眼，足以让人们的心情变得凝重。庄子推崇真人、神人、至人，但他本身却是凡人。庄子身处现实社会之中，因而必定要面对包括死生、贫富、毁誉、穷达等在内的诸多现实问题，而这也正是一般人最为关心的问题以及烦恼与痛苦的缘由。当然，庄子是一名非凡的智者和达者，因此能够以自己特有的方式对这些现实问题进行超越，但这并不意味着庄子从来没有过这方面的切身经验。相反，庄子之所以能够超越，正是基于对这些现实问题的独特体认。这就是说，庄子的审美体验之所以能够发生，必然有其起点和条件，那就是庄子对这些现实问题与既定境遇所持的一种态度。因此，如果回避对庄子的这种态度进行探究，那么庄子的超旷空灵将会流于苍白与虚妄。正基于此，本书将着重对以上问题进行考察，突出庄子思想中隐秘与复杂的一面，以期勾勒出一个有着真实气息的庄子。

另外，笔者还想指出本书在研究方法上的一些较独特之处，即基于以庄解庄之上的思想重构。[①] 对于庄子，主要存在两种研究路径：其一为分段注释，其二为系统解释。前一种方式有着坚实的文本基石，但往往失于支离，看不清思想的脉络；后一种方式有着清晰的理论体系，但常常失于空疏，游离于文本之外。本书在研究方法上综合了二者的优长，即通过寻求《庄子》篇章结构间的关联，理出其内在逻辑，然后按照这一逻辑将隐匿在汪洋恣肆的文本背后的散乱的《庄子》纳入本书所建构的问题轨道与发问体系中，使之成为脉络清晰的理论体系，同时又将这种重构建立在扎实的文本基础之上。换言之，就是根据《庄子》来重构庄子。基于此，本文将以审美体验为中心建构庄子的思想体系，所有论述都将围绕一个核心主题——得道（审美），并按照一个明晰的逻辑结构：为何得道（审美体验之发生基点）、如何得道（审美体验之获得途径）、何为得道（审美体验之呈现特质、终极依据）而展开，同时力图做到穷尽《庄子》中所有相关材料，作为论点的依据与支撑。

---

① 该方法受益于研究分析哲学的韩林合先生的启发，特此致谢。参见韩林合：《虚己以游世——〈庄子〉哲学研究》，北京大学出版社2006年版。

为了获得一种开放性的研究视域，本书在写作中引入了中西两个参照系：一是先秦诸子、魏晋玄学、佛教禅宗、宋明理学等中国传统思想比较坐标；二是西方古希腊哲学、德国古典哲学、浪漫主义、现象学、存在主义等异域跨文化比较坐标，庄子审美体验学说的普适性和特异性将在与两个参照系的异同比较、参证中得以揭示。笔者相信，这样的“他山之石”将有助于我们更深入地理解庄子。

二、现实意义

1. 对庄子审美体验的研究有助于幸福人生的建构

宋人叶适曾对后人厚爱庄子的原因作出了如下解释：“自周之书出，世之悦而好之者有四焉：好文者资其辞，求道者意其妙，汩俗者遣其累，奸邪者济其欲。”（《水心别集》六）可谓各有所求、各取所需。而笔者以为，后世的文人、士大夫们之所以如此钟情庄子，最主要还是想从庄子那里求得对人生苦难的消解和困境中的身心安顿。徐克谦曾指出：“庄子哲学，盖缘于对个人在世界中所处的种种困境的困惑不解和烦恼苦闷意识……而庄子哲学就是要试图寻找摆脱这种困惑与烦恼的道路。”[①] 刘绍瑾亦称《庄子》是一种“解脱的哲学”，“庄子从对生命意识的体验出发，面对大动乱时代人的苦难、忧患和自我异化，旨在谋求一种超越苦难、忧患、消除自我异化而自由快乐的人生境界”。[②] 以上的研究者都不约而同地发现庄子思想中包蕴着一种解脱人生苦难的药剂。

的确，庄子对个体生命所承受的苦难有着深深的悲悯。在他心目中，苦难是世人普遍体认到的一种弥漫性情绪，所谓“人之生也，与忧俱生”[③]（《至乐》）。庄子认为，一般人所遭遇的苦难主要包括三个方面：情欲之困、生死之困、无道之困。“情欲之困”是指因自我的名利声色智巧之欲与喜怒哀乐爱恨之情的裹挟驱迫所带来的精神负累和心灵痛苦。《至乐》篇中，庄子所说的“夫天下之所尊者，富贵寿善也；所乐者，身安厚味美服好色音声也；所下者，贫贱夭恶也。所苦者，身不得安逸，口不得厚味，形不得美服，目不得好色，耳不得音声，若不得者，则大忧以惧”，就是对世

---

① 徐克谦：《庄子哲学新探——道·言·自由与美》，中华书局2005年版，第134页。

② 刘绍瑾：《庄子与中国美学》，广东高等教育出版社1989年版，第9页。

③ 本书中《庄子》引文，如不特别注明，皆出自（清）郭庆藩撰，王孝鱼点校：《庄子集释》，中华书局2004年版，以下仅列篇名。

人“情欲之困”的刻画。“生死之困”是指因“生”的脆弱而短暂与“死”的无法逃避所引发的茫然、哀伤、忧虑和恐惧。《知北游》篇中，庄子所讲的“人生天地之间，若白驹之过隙，忽然而已。注然勃然，莫不出焉；油然漻然，莫不入焉。已化而生，又化而死。生物哀之，人类悲之”，就是对世人“生死之困”的描述。“无道之困”是指主要由强权集团的贪婪、暴虐、煽诱、愚弄所导致的道德沦丧与生存危难。《人间世》篇中，庄子借楚狂接舆之口所唱的“凤兮凤兮，何如德之衰也！来世不可待，往世不可追也。天下有道，圣人成焉；天下无道，圣人生焉。方今之时，仅免刑焉。福轻乎羽，莫之知载；祸重乎地，莫之知避”，就是对世人“无道之困”的哀叹。尽管庄子所处的时代距今已有两千年之遥，且当时社会现实的动荡性和残酷性不能与今日同日而语，然而，庄子在那个时代所遭遇的人生苦难，仍在一定程度上困扰着现代人；而且，庄子对生存困境的思考本身就是根底性的、超越时代的。正因为此，探求庄子对人生苦难的态度及消解方式，具有重大的现实意义。

通常而言，欲摆脱这三大人生苦难，人们总是求助于宗教、政治与科技，希冀通过彼岸观念与宗教信仰抚平内心的欲望、承诺来世的幸福，通过仁政、民主、法治解决国家的治乱问题，通过医疗技术的昌明增强生命机体抵御疾病的强度。而庄子的独特之处在于，他对苦难的超越与消解是在审美体验中实现的。正如王凯所说：“通过体道、悟道、达道，实现对生命的困境和现实的超越，其实质就是审美的超越。通过这一超越，使人的精神得以升华、人性得以解放，这充分体现了庄子美学的人生意义。”[①]庄子认为，如果个体生命的心灵获得了没有任何精神负累的恬静与自由，也就是一种与道相契的审美体验，那么人生的苦难也就自行消解。这就是说，对人生苦难的过滤、消解与超越，是伴随着庄子审美体验的过程进行的。

历史上，许多学者都曾就审美对苦难心灵的慰藉作用进行过论述。例如，叔本华认为，生命的痛苦可以通过审美暂时得以解脱，“艺术上对于美的观照，达到暂时的否定意志，暂时的忘我。所谓美的观照，就是消除物我之间的差别。物我合而为一，以达到忘我境界”[②]；耀斯亦曾指出：

① 王凯：《逍遥游——庄子美学的现代阐释》，武汉大学出版社2004年版，第248页。

② ［德］叔本华著，石冲白译：《作为意志和表象的世界》，商务印书馆1982年版，第731页。

"为了引导人们忘却社会中的实际苦难，统治当局可以利用审美经验对于人们想象力所具有的力量，向不满于宗教安抚的人们提供审美快感所能给予的满足。"① 这些都说明，审美体验的确可以缓解苦难对心灵造成的戕害，而庄子审美体验对人生苦难的消解效果则更为突显，因为对世人苦难的悲悯正是庄子审美体验学说得以生成的诱因。也就是说，庄子的审美体验学说正是为了超越和消解人生苦难而被"发明"出来的。

庄子的审美体验即得道体验，而得道正是庄子所以为的终极幸福。本书对审美体验所进行的系统研究，亦可视为有关庄子幸福学说的立体概括。本研究对庄子得道内涵的分析，能够促使人们进一步思考何为幸福以及人生的意义；本课题对庄子得道路径的揭示，亦是对通往宇宙精神与本真幸福的方法的揭示。无论在生态学、伦理学还是心理学意义上，本研究都能为现代人构筑幸福人生提供理论资源。正是从这个意义上，笔者相信，研究庄子的审美体验学说对于我们超越生存苦难、建构幸福人生而言定有裨益。②

2. 对庄子审美体验的研究有助于反拨工具理性

正如海德格尔所说，哲学的必要性就存在于当前时代的急难之中，而这也正是对庄子审美体验学说进行研究的意义所在。当今社会最大的急难，莫过于工具理性在日常生活中的霸权。工具理性是西方理性主义同现代科学技术相结合形成的技术理性主义文化理念，它以功利目标和技术手段为本质特征，关心手段的适用性与有效性，是人为实现某种目标而运用手段的价值取向观念。工具理性的发展自近代工业化特别是现代化以来，日益绝对化、极端化，几乎成为人类实践中唯一信奉的理念和依赖的力量。工具理性在给人类带来便捷的工业化与繁荣的现代化的同时，也带来了严重的负面效应。

这种负面效应首先表现为人与自然和谐关系的破坏。由于工具理性的过度膨胀，人类贪婪地向大自然索取掠夺，给自然和自身带来了毁灭性的灾难：生态平衡惨遭破坏、生存环境日趋恶劣、自然资源日益枯竭，不一

---

① ［德］耀斯著，顾建光等译：《审美经验与文学解释学》，上海译文出版社 1997 年版，第 3 页。

② 当然，庄子对苦难进行审美救赎的方式亦有着相当的局限性：只能停留在个体心灵层面，无力落实到现实公共层面，只能使世人从苦难中解脱出来，并不能真正解救世人。详细论述请参阅本书第五章第二节。

而足。此外，工具理性在人类精神领域产生的消极影响也十分明显。工具理性只关心以有效的方法计算投入和产出，以最佳的途径获取最好的收益，而对行动的终极价值却漠不关心。这一方面极大地刺激了人的物欲，使得人为物役、唯利是图；另一方面又导致了人的精神匮乏，使人成了“单面人”。这种对物欲的片面追求，不仅导致了人与人之间利害关系的紧张，而且在根本上抽空了人类生存的精神信仰。另外，随着工具理性对自然的征服和利用越来越有效，工具理性已经开始蜕变为压迫人的强大意识形态。人日益沦为一种工具，以致生命个体的主体性出现危机，独立判断能力、想象能力、自由精神大为削弱，美好的人性也随之丧失。正如汤林森所指出：“所有的现代社会，都根据一个特定而狭隘的理性观在运作……迄今为止的政治与历史记录却显示，其结果是惨不忍睹的失败状况……现代社会距离理性的允诺园地相去甚远。”① 的确，对于现代化进程中自然、社会以及个体的全方位异化与恶果，工具理性负有重大责任。正因如此，卢梭、席勒、黑格尔、尼采、柏格森、卢卡契以及法兰克福学派等都对工具理性崇拜导致的人性扭曲以及种种弊端进行过不同程度的批判。那么，如何才能对工具理性的扩张与霸权进行反拨呢？笔者相信，对庄子的审美体验学说进行研究或许能够带来一些启发。

虽然工具理性所造成的恶果表现各异，但其病灶的根源都在于人性的异化，而庄子正是世界上“最早的反异化的思想家”②。庄子生活在烽烟四起的战国时期，虽然那时人类文明还处于发轫期，但他已经敏锐地感知到人类社会日益严重的异化现象给心灵造成的伤害，并对此发出了强烈的抗议。在《天地》篇中，庄子对技术思维带来的人性异化给予了批判：“有机械者必有机事，有机事者必有机心。机心存于胸中，则纯白不备；纯白不备，则神生不定；神生不定者，道之所不载也。”而对于物欲给世人造成的精神畸变，庄子更是进行了激烈的鞭挞：“一受其成形，不亡以待尽。与物相刃相靡，其行尽如驰，而莫之能止，不亦悲乎！终身役役而不见其成功，然疲役而不知其所归，可不哀邪！”（《齐物论》）“自三代以下者，天下莫不以物易其性矣。”（《骈拇》）“悲夫，世人直为物逆旅耳！”（《知北游》）鞭挞的目的就在于唤醒世人在庸庸碌碌中迷失的本性。

---

① ［英］汤林森著，冯建三译：《文化帝国主义》，上海人民出版社 1999 年版，第 274 页。
② 李泽厚：《中国古代思想史论》，人民出版社 1985 年版，第 4 页。

那么，如何才能克服人性的异化呢？庄子既没有像宗教家那样预言彼岸世界的报应，亦没有像政治家那样给予某种现实的惩罚，也没有像道德家那样实施舆论的谴责，更没有像经济学家那样试图通过不断创造财富的方式去满足世人永远也满足不了的欲望。庄子认为，只有当人以一种超越世俗功利的态度来观照世界与人生时，人性的异化问题才能从根本上得以解决。正如刘绍瑾所说：“庄子思想正是要从实用和认知的执滞中解放出来，以达致审美的人生。”[①] 庄子倡导世人通过“心斋”、“坐忘”等内心修炼功夫，舍弃欲望与巧智，做到“吾丧我”（《齐物论》），回复到人的“天放”之心与“素朴”之性（《马蹄》），去领略“独与天地精神往来”（《天下》）的至美与至乐。不难发现，庄子开出的药方，其实是一种审美的解答。也就是说，在庄子看来，人性的种种异化在审美体验中通通能够得以自然修复。那么，庄子的审美体验学说是否真的具有如此功效呢？当然，仅仅将时代病的解决寄希望于庄子式的审美之路，显然是一种乌托邦。但无论如何，庄子从个体的心灵层面上寻求解救人性疾病的思路，对于我们反思与反拨当前最严重的时代急难——工具理性的霸权而言，无疑是一种宝贵的精神资源。

3. 对庄子审美体验的研究有助于理解中国传统艺术

很多学者都谈到了庄子思想对中国传统艺术审美走向的决定性作用。郭沫若指出：“秦汉以来的一部中国文学史差不多大半是在他（笔者按：指庄子）的影响之下发展的。”[②] 李泽厚等亦认为：“中国美学关于审美感受以及艺术创造中审美主体的心理特征和规律的观察研究，其基本的理论主要是由庄子美学所奠定的。”[③] 徐复观甚至提出：中国的纯艺术精神，实际系由庄子思想系统所导出。[④] 在徐先生的如下这段文字中，我们能够清晰地看到庄子在中国艺术史上烙下的深深印迹：“在中国的艺术活动中，人与自然的融合，常有意无意地，实以庄子的思想作其媒介。而形成中国艺术骨干的山水画，只要达到某一境界时，便于不知不觉中，常与庄子的精神相凑泊。甚至可以说，中国的山水画，是庄子精神的不期然而然地产品。……在庄子以后的文学家，其思想、情调，能不沾溉于庄子的，可以

---

① 刘绍瑾：《庄子与中国美学》，广东高等教育出版社1989年版，第3页。

② 郭沫若：《庄子与鲁迅》，《沫若文集》（卷十二），人民文学出版社1959年版，第59页。

③ 李泽厚、刘纲纪：《中国美学史》，中国社会科学出版社1984年版，第241页。

④ 参见徐复观：《中国艺术精神》，春风文艺出版社1987年版，第41页。

说是少之又少，尤其是在属陶渊明这一系统的诗人中，更为明显。”[①] 的确，庄子对中国传统艺术的影响堪称“真力弥满”、“俯拾皆是”。

然而，吊诡的是，庄子很少谈及艺术，即使谈及，如绘画上的“解衣般礴”（《田子方》）、音乐上的“咸池之乐”（《天运》）等，也都是从悟道这一角度进行的。也就是说，人生问题而非艺术问题才是庄子关注的重心。正如徐复观所言：在庄子思想起步的地方，“根本没有艺术的意欲，更不曾以某种具体艺术作为他们追求的对象”[②]。不仅如此，庄子甚至还对艺术的存在发出了激烈的抨击之词：“擢乱六律，铄绝竽瑟，塞瞽旷之耳，而天下始人含其聪矣；灭文章，散五采，胶离朱之目，而天下始人含其明矣。毁绝钩绳而弃规矩，攦工倕之指，而天下始人有其巧矣”（《胠箧》），俨然是一位艺术取消主义者。这样，问题就出来了：如此轻忽艺术，甚至否定艺术的庄子，为什么会对中国传统艺术产生如此深刻的影响呢？

对此，很多学者都作出了自己的解答。如徐复观说：“从他们（笔者按：指老庄）由修养的工夫所到达的人生境界去看，则他们所用的工夫，乃是一个伟大艺术家的修养工夫；他们由工夫所达到的人生境界，本无心于艺术，却不期然而然地会归于今日之所谓艺术精神之上，……当庄子把它（笔者按：指道）当作人生的体验而加以陈述，我们应对于这种人生体验而得到了悟时，这便是彻头彻尾的艺术精神。并且对中国艺术的发展，于不识不知之中，曾经发生了某种程度的影响。”[③] 朱荣智说：“庄子只是身处衰乱之世，亟思一套能够安顿人民生活、解脱人民困厄的办法，但是他所揭示的人生理性——自由自在，无拘无束的逍遥境界，也是美学的极致，艺术精神的最高表现。”[④] 刘绍瑾说：庄子“对‘道’的体验和境界与艺术的审美体验和境界不谋而合。由于这种相合，后世很自然地把这些带有审美色彩的哲学问题移植到对艺术的审美特征的理解中，从而使庄子的哲学命题获得了新的意义”[⑤]。以上看法均切中肯綮。的确，庄子对中国传统艺术发展道路的导向性意义，并不是通过庄子向后世文人传授某种关于艺术创作及欣赏的技巧表现出来的，而是通过后世文人将庄子对人生终极意

① 徐复观：《中国艺术精神》，春风文艺出版社1987年版，第116页。
② 徐复观：《中国艺术精神》，春风文艺出版社1987年版，第43页。
③ 徐复观：《中国艺术精神》，春风文艺出版社1987年版，第43~44页。
④ 朱荣智：《庄子的美学与文学》，明文书局1992年版，第36页。
⑤ 刘绍瑾：《庄子与中国美学》，广东高等教育出版社1989年版，第10页。

义的领会应用到艺术创作领域得以实现的。庄子对人生终极意义领会的过程，就是审美体验的过程。

通过庄子与中国传统艺术家之间的比较，我们可以清晰地看到庄子审美体验的内在机制在中国传统艺术领域中的投影。庄子审美体验的发生基点——“贵生”、“安命”的处世之道，以及庄子审美体验从准备期转向实质性阶段的中介——“游世”的理念，乃是后世文人的人生态度以及他们寄情艺术的缘由所在；庄子审美体验的获得途径——“虚”的体道功夫，亦为后世文人进行艺术创作的心理前提；庄子审美体验的呈现特质——“至乐”、“逍遥游”、“与物为春”的精神状态，恰是后世文人在艺术作品中所表现出的情感体验；而庄子审美体验的终极依据——对“本根之道”与“自然之天”的体认，正与后世许多文人所领悟到的最高艺术境界相融通。如此多的契合，绝非巧合，而是庄子在中国艺术史上留下深深烙印的明证。由此，笔者相信，对庄子的审美体验学说进行研究，有助于我们更深刻地理解中国艺术精神的生命向度与思想渊源。

第一章

审美体验之发生基点

王一川曾指出："美学家们对体验的意义的探索，总是首先基于对人生此在的具体境遇的思虑的。"[①] 这句话用于庄子身上尤为妥帖。的确，庄子的审美体验学说，绝不是凌空虚蹈，作为一种闲暇者的精神奢侈品而存在；相反，它是为了解决生命个体现实生存的困境，从社会土壤中生长出来的。庄子生逢乱世，作为一个普通的生命个体，他对人生中所遭遇的种种危难与痛苦深有体会。如何在危机四伏的生存环境中避免"中于机辟，死于罔罟"（《逍遥游》），保全性命，获得身心的安顿，是庄子思考的第一步，尔后才谈得上审美体验的实现。这也就意味着，庄子审美体验的发生有其自身的基点，那就是庄子为应对现实生存困境所提出的处世原则：贵生与安命。也正是这两种生存姿态，为庄子审美体验的发生提供了外在现实层面的保障。

第一节　贵生

一、贵生之义

顾名思义，"贵生"就是珍重生命。一般而言，世间罕有不贵生之人，而庄子的特别之处则在于，他将贵生推向了极致，即把生命[②]视为最高的价值存在。

人的一生总是被各种各样的价值所包裹，比如道德、金钱、权力、情感、信仰、名声、知识、生命等，而这些价值总是通过一定的序列呈现在人的意识中的，也就是说，每个人都会自觉或不自觉地对这些价值进行排序。有的把道德放在最重要的位置，提倡为仁而献身，如孔子所说的"志士仁人，无求生以害仁，有杀身以成仁"（《论语·卫灵公》），就宣示了道德的绝对优先价值；有的把财利摆在首位，所以才有了"人为财死，鸟为食亡"、"天下熙熙，皆为利来，天下攘攘，皆为利往"的说道；还有的把情感视为最高的追求，所以就有了梁山伯与祝英台以生命去捍卫爱情的一段

① 王一川：《意义的瞬间生成》，山东文艺出版社 1997 年版，第 27 页。

② 需着重指出的是，相比而言，庄子更为看重生命的质量和境界，而非生命的长度和形体。这一点在下文中将加以详论。

传奇。而对于庄子而言，生命才是其最为看重的，在生命的主题下，其他任何的世俗价值都只能处于次要和从属地位。正如《让王》篇中所言：

道之真以治身，其绪余以为国家，其土苴以治天下。由此观之，帝王之功，圣人之余事也，非所以完身养生也。今世俗之君子，多危身弃生以殉物，岂不悲哉！凡圣人之动作也，必察其所以之与其所以为。今且有人于此，以随侯之珠弹千仞之雀，世必笑之，是何也？则其所用者重而所要者轻也。夫生者，岂特随侯之重哉！

在庄子看来，道的精华部分是用来养生的，而残余和糟粕部分才用来治理国家。帝王的功业只不过是圣人的副业，而保全自己、颐养生命才是圣人的正业。因此，世人为追逐外物而危害生命的做法，是一种得不偿失的可悲行为，就像以一件非常贵重的东西（随侯的宝珠）为工具，去获取一件轻贱的东西（鸟雀）。

由此可见，庄子的“贵生”其实是相对于“贱物”而言的。“生”就是个体的生命，“物”就是生命之外的东西，包括名利、道德、知识、情感等。对于庄子而言，任何以生命为代价追求身外之物的行为，都无异于舍本逐末。在《骈拇》篇中，庄子写道：

小人则以身殉利，士则以身殉名，大夫则以身殉家，圣人则以身殉天下。故此数子者，事业不同，名声异号，其于伤性以身为殉，一也。

类似的观点在《盗跖》篇中也曾出现。庄子认为，平民百姓为追求财利而拼命，士人为攫取名声而牺牲，大夫为了家族的利益而献身，圣人为了赢得天下的权力而放弃生命，虽然以上几类人所追求的对象各不相同，拥有的名誉也无法相提并论，但都犯了本末倒置的错误。

通常，那些为了谋求个人财利而丢失生命的人，我们是不会为其扼腕叹息的，而对于那些舍生取义、杀身成仁的人，则怀有敬意。因为后者所追逐的对象——道德，在世人普遍看来具有正面的伦理价值；而前者所追逐的对象——财利，反而在一定程度上对正面的伦理价值构成威胁。然而，依庄子之见，前者和后者在本质上并无二致，因为他们都遗忘了生命。正如《骈拇》篇中所说：

伯夷死名于首阳之下，盗跖死利于东陵之上。二人者，所死不同，其于残生伤性均也。奚必伯夷之是而盗跖之非乎？天下尽殉也：彼其所殉仁义也，则俗谓之君子；其所殉货财也，则俗谓之小人。其殉一也，则有君子焉，有小人焉。若其残生损性，则盗跖亦伯夷已，又恶取君子小人于其间哉！

伯夷在世人心目中的地位通常是崇高的，被誉为品性高洁的“君子”，因为他为了坚守心中的道德理想而放弃了生命，是死得其所；而盗跖则被世人鄙视为品行不端的“小人”，因为他是为了掠夺财利才丢了性命的，是死有余辜。但在庄子看来，伯夷们的死同样不值得，因为伯夷们是“役人之役，适人之适，而不自适其适者也”（《大宗师》），他们不是为了自己而存在，而是为了别人所给予的虚妄的名誉。换言之，即把“身”当作博取身外之物的工具，将生命葬送于自己的手中。在这一点上，伯夷们和盗跖们不存在本质区别。

如果说道德的概念还显得模糊不清，每个时代有每个时代的道德，每个阶层有每个阶层的道德，儒家有儒家的道德，墨家有墨家的道德，不存在具体的超越时空的绝对道德律令，因此不值得世人用生命去换取。那么，与之相比，知识则是清晰确定的，一向为世人所信奉。然而即使这样，庄子同样认为，知识不能够凌驾于生命之上。庄子说：“吾生也有涯，而知也无涯。以有涯随无涯，殆已。”（《养生主》）这句话的后半部分常被掐掉，只用那前半部分“吾生也有涯，而知也无涯”来激励世人“学海无涯苦作舟”，发愤求学。殊不知，庄子在此所要表达的却正是一个相反的含义：沉溺于知识与沉溺于声色犬马并无本质区别，盲目求知会使人异化，会对生命构成戕害，知识永远不能够凌驾于生命之上。与个体短暂的生命相比，知识无穷无尽。有限的生命若是沉溺于对无限知识的追逐中，就如同一个渺小的人挑战无垠的大海，就好比夸父追日，自不量力，永无休止，身心俱疲。惠施就是典型的例子，“惠施多方，其书五车”（《天下》），博学而又善辩，对万物之理很有研究，是一个很有知识的人。然而在庄子看来，惠施不过是一个被万物之理牵引而时刻不得安宁的可怜人，因为惠施们对知识的追逐，就好比声与响的比拼、形与影的竞走，永无止境，所谓“逐万物而不反，是穷响以声，形与影竞走也”，“犹一蚊一虻之劳者”（《天下》），注定徒劳无果。

对于世俗的情感，庄子同样认为其应该让位于生命。在《齐物论》篇中，庄子写道：

泉涸，鱼相与处于陆，相呴以湿，相濡以沫，不如相忘于江湖。

“相濡以沫”，通常被用来形容男女之间艰难而又令人感动的爱情。在一般人看来，一段相濡以沫的感情是难能可贵的。然而，对于庄子而言，与其在死亡边缘靠互相扶持苦守着这样一份感情（“相呴以湿，相濡以沫”），还不如忘记这段情感，回到真正适合自己的自由天地（“相忘于江湖”）。因为以生命为代价换来的情感，即使再可歌可泣，也是不值得的。

总之，庄子反对将其他价值凌驾于生命之上的任何行为，而把是否有利于生命作为判定行为得失的依据和尺度。当然，庄子也并不是一味地贬低生命以外的其他价值而把生命视为唯一正确的价值所在。只是说，生命在庄子的心目中具有绝对优先地位，其他的价值应该服务于生命，以促进生命而存在，而不是相反。

庄子的贵生意识是与杨朱的“重生”、“贵己”一脉相承的。王博曾指出：“在哲学史上，杨朱第一个站在生命的一面突出了生命和外物的矛盾，这使他成为庄子的先驱。”[①] 在很多人的心目中，杨朱只不过是一个“拔一毛而利天下，不为也”（《孟子·尽心上》）的自私自利之人。然而，事实并非如此。《列子·杨朱》中对杨朱之所以不愿“拔一毛而利天下”作了如下解释：

禽子问杨朱曰：去子体之一毛，以济一世，汝为之乎？杨子曰：世固非一毛之所济。禽子曰：假济，为之乎？杨子弗应。禽子出语孟孙阳。孟孙阳曰：子不达夫子之心，吾请言之，有侵若肌肤获万金者，若为之乎？曰：为之。孟孙阳曰：有断若一节得一国，子为之乎？禽子默然有间。孟孙阳曰：一毛微于肌肤，肌肤微于一节，省矣。然则积一毛以成肌肤，积肌肤以成一节。一毛固一体万分中之一物，奈何轻之乎？

其一，杨朱认为拔己一毛不足以济世；其二，即使是一毛，也是生命

---

① 王博：《庄子哲学》，北京大学出版社2004年版，第4页。

的一部分，生命本身也就是千千万万的毛所构成的。由此看来，不愿“拔一毛而利天下”，只不过是杨朱“轻物重生”（《韩非子·显学》）思想的一个极端表达。杨朱反对任何以生命为代价的逐利行为，哪怕所逐之利为众人之公利。颜世安指出：“杨朱学说代表的应是对乱世中追求功名利禄深感厌倦，希望回到私人生活的那些人。”[①] 这是对杨朱学说十分准确的解读。正如《淮南子·汜论训》中所说：“全性保真，不以物累形：杨子之所立也”，杨朱之所以把个人的生命意义与外界的功名利禄对立起来，其目的并不是在流俗的层面上谋求个人私利，而是在反流俗的意义上反省什么才是自身最大的利益，而这正构成了庄子贵生意识的思考背景。这就意味着，庄子的贵生并不是市侩主义的自私自利，相反，庄子是在反对市侩哲学的基础上，为整个人类的生命终极意义重新寻找答案，这里面其实饱含着庄子的深深忧虑与拳拳之心。

二、贵生之由

接下来的问题是，庄子为何如此珍重个体生命，如此凸显个体生命的价值？贵生的处世原则与审美体验的实现之间究竟有何关联？这一部分的论述将围绕这些问题展开。

人存于世，总会自觉或不自觉地怀有一种生命理想，或求名，或逐利。而对于庄子而言，他的生命理想则是获得一种体道境界，也就是至乐、逍遥、与物为春的审美体验，正如张岱年所说：“庄子人生论之出发点，是全生保身，而其思想之归宿，则在于神秘的精神生活。”[②]《让王》篇中，庄子讲述了一个舜让天下与善卷、而善卷不受的故事：

> 舜以天下让善卷，善卷曰：“余立于宇宙之中，冬日衣皮毛，夏日衣葛絺。春耕种，形足以劳动；秋收敛，身足以休食。日出而作，日入而息，逍遥于天地之间，而心意自得。吾何以天下为哉！悲夫，子之不知余也。”遂不受。于是去而入深山，莫知其处。

在很多人看来，王位可以说是世界上最重要的东西，即使是庄子也承

① 颜世安：《庄子评传》，南京大学出版社 1999 年版，第 34 页。
② 张岱年：《中国哲学大纲》，中国社会科学出版社 1982 年版，第 297 页。

认其是“大器”（《让王》），但是善卷却不愿拥有它。而这正是善卷作为得道之人有别于一般人的地方，正如庄子所说：“天下大器也，而不以易生。此有道者之所以异乎俗者也。”（《让王》）因为在善卷心目中，“逍遥于天地之间，而心意自得”——一种宁静、自由、和豫的生命体验，才是其梦寐以求的生命理想。可见，自由快适而非功名权贵，才是庄子所倡导的生命意义。

要实现庄子的生命理想，就必须拥有实现理想的生命载体。庄子是一个自然主义者，他认为：“人之生，气之聚也。聚则为生，散则为死。”（《知北游》）人的出生与死亡不过是自然而然的过程，这就决定了他不可能有宗教的彼岸观念。庄子也不在乎身后的名望，以求得不朽，因为真正的“圣人”应该是“无名”（《逍遥游》）的。所谓“来世不可待，往世不可追”（《人间世》），庄子不相信有前生来世，更不屑于名垂青史，“此世”的生存才是他唯一所关怀的。而“此世”对于任何一个人来说，都仅有一次，不能逆转，不能代替，因而弥足珍贵。

更何况，庄子所处的时代是一个无道的乱世，凶险叵测，人人自危，正如陈鼓应所说：庄子“处于一个权谋狯诈的战乱时代，无辜者横遭杀戮，社会成了人吃人的陷阱”[①]。在这个统治者凶残暴虐、嗜杀成性的年代，“祸重乎地，莫之知避”（《人间世》），民众的生命贱如草芥、危如朝露，“死者以国量乎泽若蕉，民其无如矣”（《人间世》），“殊死者相枕也，桁杨者相推也，刑戮者相望也”（《在宥》）。个体生命随时可能成为政治暴力的牺牲品，被生生夺去，碾成齑粉。即便是圣人，也已经退至生存的最后一道防线，只求“生焉”（《人间世》），即全身保命，维持最低限度的生命之延续。这就意味着，乱世中的生命极其脆弱，因而要小心保全、倍加珍爱。正是在这种背景之下，贵生的提出尤显必要。

不仅如此，贵生还为庄子所倡导的生命理想/审美体验的实现扫清了心理障碍。也就是说，贵生能够使人自觉地规避各种外在因素对心灵的滋扰，从而获得心灵的宁静与自由。《庚桑楚》篇中，南荣趎问怎样才能达到理想的人生境界，庚桑楚回答说：“全汝形，抱汝生，无使汝思虑营营。”从中，我们不难发现贵生（“全汝形，抱汝生”）与宁静心灵（“无使汝思虑营营”）之间的内在关联。

---

① 陈鼓应注译：《庄子今注今释》，中华书局1983年版，第106页。

庄子认为，当一个人把生命放在一个很高的位置，那么他自然会小心规避各种外在因素，如功利、道德、知识、情感对生命的戕害。对于庄子而言，在这所有的外在因素当中，尤以名利对生命的戕害为甚。《骈拇》篇中云："小人则以身殉利，士则以身殉名，大夫则以身殉家，圣人则以身殉天下"，"伯夷死名"，"盗跖死利"，可见，这些人都是为了名利而殉身、而贵生，则能够使人自觉地摒除名利对心灵的蛊惑。《让王》篇中写道：

中山公子牟谓瞻子曰："身在江海之上，心居乎魏阙之下，奈何？"瞻子曰："重生。重生则利轻。"

中山公子牟虽隐居江湖，却仍然心系俗世的荣华富贵。为此，他向瞻子请教，怎样才能免受功名利禄对心灵的樱扰。瞻子开出了一个药方：重生。重生则利轻，与此相类似的表达还有"养形者忘利"（《让王》）。庄子认为，只有珍重生命的人，才能忘却名利，进而获得心灵的自由与宁静。相反，如果一个人不懂得珍重生命，自然会动辄轻用其身，沉溺于对名利等身外之物的追逐之中，心力交瘁而不能自拔，"与物相刃相靡，其行尽如驰而莫之能止"，"终身役役而不见其成功，苶然疲役而不知其所归"（《齐物论》），甚至不惜以生命为代价去换取身外之物，"弃生以殉物"（《让王》）。这样一来，连生命的喘息之机尚不可得，又如何能让生命逍遥。

当然，庄子倡导珍重个体生命，并不意味着他漠视社会的整体幸福。止庵曾指出："先秦哲学大多是讲如何统治或如何参与统治的，庄子哲学有所不同，它是关于个人的哲学。"① 这个说法大抵不错。庄子的确并不希求跻身统治集团，借政治权力实施自己的社会主张，他所关注的仅仅是个体的生存境遇。但是，这并不等于说庄子从来不关心社会问题。庄子清楚地意识到人是社会关系中的人，每个个体都是作为社会结构中的一个成员存在的。也就是说，不管个人愿意与否，社会状况都一定会在某种程度上影响到个人的生存。正因为这样，庄子从来就没有回避对社会问题进行思考。

然而，庄子思考社会问题的方式显然与众不同。一般的思想家总倾向

① 止庵：《樗下读庄·序》，东方出版社 1999 年版，第 6 页。

于强调个体与社会对立的一面，主张个体应为社会的整体幸福让渡或牺牲自己的幸福，所以就有了孔子所谓的“克己复礼为仁”（《论语·颜渊》）与荀子所谓的“化性而起伪”（《荀子·性恶》）。而庄子则强调个体与社会之间的一致性，认为只要每个个体都实现了自己的幸福①，那么整个社会就不会存在不幸。正如韩林合所说：“如果社会中的所有人都能够体道，那么所有的社会问题也便迎刃而解了。”② 的确，依庄子所见，只要每个个体都能获得自足、自由、和豫的生命体验，那么整个社会也就无治而治，自然达到和谐美满的状态。

在《在宥》篇中，庄子写道：“贵以身于为天下，则可以托天下，爱以身于为天下，则可以寄天下。”意思是说，只有把自己的生命看得比天下还珍贵的人，才能把天下托付给他。这句话来自《老子·十三章》：“贵以身为天下，若可寄天下；爱以身为天下者，若可托天下。”③ 在很多人看来，这种观点仿佛不可思议，因为在他们心目中，只有那些为百姓疾苦日夜萦怀、为国操劳而奋不顾身的人，才堪当治理天下之大任，比如为“养天下之形”而累得“股无胈，胫无毛”（大腿无肉，小腿无毛）的尧、舜（《在宥》）。但庄子并不这么看，他认为尧、舜这样的做法只会使“天下脊脊大乱”。尧、舜们之所以如此“劳形怵心”（《应帝王》），就是因为他们“愁其五藏以为仁义，矜其血气以规法度”（《在宥》），想尽一切办法标榜仁义，制定法度，惩恶举善，要结人心。然而这种做法不仅收效甚微，“犹涉海凿河而使蚊负山”（《应帝王》），而且扰乱了世人的自然本性，使得“喜怒相疑，愚知相欺，善否相非，诞信相讥，而天下衰矣”（《在宥》）。我们知道，庄子是一个无治主义者，因此他反对任何形式的基于权力机构或世俗道德体系之上的统治，认为为政之道应在于“无撄人心”（《在宥》），即顺应、不干涉自然人性；民众理想的社会生活形态应该是“在宥”（《在宥》），即自在、宽松。对于庄子而言，治人不若无治，无治方为上治。

在庄子看来，只有贵生的为政者才能真正做到“无治”。在《在宥》篇中，庄子讲述了一个黄帝问道的故事。黄帝问广成子什么是“至道之

---

① 庄子以为的幸福，乃是一种至乐、逍遥游、与物为春的审美体验/得道体验，与现代人所以为的世俗享乐绝不可同日而语。相关论述详见本书第三章。

② 韩林合：《虚己以游世——〈庄子〉哲学研究》，北京大学出版社2006年版，第294页。

③ 本书中《老子》引文，如不特别注明，皆出自陈鼓应注译：《老子今注今译》，商务印书馆2003年版。

精”，因为他想以道的精华“养民人”（即治理国家），谁知竟然遭到了广成子的呵斥，因为广成子认为黄帝的“治天下”之心恰恰是“佞人之心翦翦者”，只会使天下不得安宁。后来黄帝辞退了王位，三月后再次问道于广成子，不过这次的问题换成了“治身奈何而可以长久”，即怎样修身才能长生。广成子非常高兴，连忙称赞这个问题问得好。广成子说：“天地有官，阴阳有藏，慎守汝身，物将自壮。”天地各司其职，阴阳各居其所，只要谨慎地守护自己的身体，万物自然昌盛，天下自然太平。广成子认为这才是“上为皇而下为王”之治国之道。庄子在此借广成子之名，表达了自己的治国理念：只有贵己之身，才能无撄人心；只有无撄人心，才能天下自壮。成玄英疏曰：“贵身贱利，内我外物，保爱精神，不荡于世者，故可寄坐万物之上，托化于天下也。”① 范应元亦言：“贵以身为天下者，不轻身以徇物也；爱以身为天下者，不危身以掇患也。先不轻身以徇物，则可以付天下于自然，而各安所安；能不危身以掇患，然后可以寓天下，而无患矣。”② 依庄子之见，只有真正能够珍重一己生命的人，才能够做到珍重他人的生命；只有把天下人的生命而不是道德、名利等外物摆在首位的人，才能使天下人“安其性命之情”（《在宥》），和谐安定。

综上可知，庄子之所以吁请世人珍爱、善待自己的生命，乃是因为只有树立贵生的理念，才能在乱世中保有实现生命理想/审美体验的生命载体，才能为审美体验的实现扫清心理障碍，才能在根本上实现社会的整体幸福。可见，庄子的贵生，乃是出于对生命意义的思考，对生命独立价值的凸显，对生命理想的追寻，对天下在宥的向往，而并非仅仅出于对生命长度的留恋。

三、贵生之辨

还需着重指出的是，庄子的“贵生”绝不等于人为地增益寿命，“珍爱生命”也绝不是简单地意味着贪生怕死。在《德充符》篇中，庄子说道：“常因自然而不益生也。”所谓“益生”，就是人为地增益寿命，而这正是庄子所断然否定的。庄子并不主张在生命即将自然走向终结的时候强行留住生命的脚步，因为这有悖于自然。大而言之，庄书中所提到的死亡

---

① （清）郭庆藩撰，王孝鱼点校：《庄子集释》，中华书局2004年版，第370页。

② 转引自陈鼓应注译：《老子今注今译》，商务印书馆2003年版，第122页。

有两种方式：一曰不可避免的死亡，用庄子的话来说就是“终其天年”（《人间世》），即个人无法改变、属于命运支配的自然死亡[①]，如子桑户之死（《大宗师》）、庄妻之死（《至乐》）、庄子之将死（《列御寇》）；二曰可避免的死亡，也就是“中道夭”（《人间世》），即由本可以规避的外来祸害或主动选择所导致的生命提前终止，或由内心的紧张焦虑而导致的死亡进程的加速，如“龙逢诛”、“比干戮”、“恶来死”、“桀纣亡”（《外物》）、北人无择之“自投清泠之渊”（《让王》）、叶公子高之“阴阳之患”（《人间世》）。对于前者，庄子的态度是达观的，所谓“死生无变于己”（《齐物论》），因为生命的正常终结是气运造化的自然结果；而对于后者，庄子的态度则是反对的，因为在他看来，他们的死因，正在于他们对自我生命的漠视与戕害，换言之，他们的死亡在很大程度上都是由他们自己一手酿造的。由此可见，庄子之“贵生”乃是从避免非正常死亡、终其天年的意义上而言的，而并非一味贪生。正如王凯所说：庄子之贵生，“并不等于贪生怕死，而是让人们树立尊生贵己的观念，顺应自然之道，实现生命的自然展开，保护生命的自然顺畅，以求尽其天年，成就美丽人生”[②]。

朱大可曾在其著名的《亚细亚痛苦及其消解模式》一文中，对庄子的“贵生”进行了激烈的批判，他说：“这就是所谓‘贵生’原则，也就是在放弃生命质量的同时要求着人的生命数量，……走向一个‘无用’的长度。”[③] 朱先生的以上认识颇具代表性，持类似观点者也不乏其人，如孙津先生亦认为：庄子“不过是在讲‘好死不如赖活着’，是‘贪生怕死’，‘贵生贱死’”[④]，而这其实是对庄子的重大误解。

庄子绝非一个一味追求生命长度而罔顾生命质量的人。前文已指出，庄书中有两种死亡：一为不可避免的自然死亡，也就是“终其天年”；二为可避免的人为死亡，也就是“中道夭”。对于前者，庄子认为，生命的自然限度属于命运掌控的范围，所谓“死生……命之行也”（《德充符》），个人无法对生命的长度加以延长。据此，庄子怎么可能再去一味追求生命的长度？对于后者，表面上看，庄子的确是在劝说世人在险象环生的社会环境中延续生命的长度，但从上文对庄子贵生之由的分析中可以看出，庄

---

① 有关庄子对命运的界说与态度，详见本章第二节“安命”。

② 王凯：《逍遥游——庄子美学的现代阐释》，武汉大学出版社 2004 年版，第 228 页。

③ 朱大可：《聒噪的时代——在话语和信念的现场》，湖南文艺出版社 1988 年版，第 177 页。

④ 孙津：《死而不亡》，《读书》1994 年第 8 期，第 98 页。

子之所以劝说世人尽可能地维持其生命的延续，乃是因为生命的存在是实现生命质量，或曰生命理想的物质载体。正所谓“皮之不存，毛将焉附”，如果失去生命，何谈生命质量？

如果我们把生命分为“神”与“形”，那么，庄子更为看重的是生命之“神”，也就是生命的境界，而并非生命之“形”，也就是生命的形体。这也正是庄子与道教的重大区别之一，因为道教更为看重的是通过炼形而祈求长生。① 从《刻意》篇可知，对于“道引之士，养形之人，彭祖寿考者”所好的“吹呴呼吸，吐故纳新，熊经鸟申”等延年益寿养形之方术，庄子并不以为然；庄子所推崇的是“不道引而寿”、“淡然无极而众美从之”的“圣人”。在庄子看来，那些一味养形之人，表面上很珍重生命，其实并没有领悟生命的真谛。因为生命的真谛在于拥有“淡然无极而众美从之”的生命境界，并非追求形体的长生不死。故而从这个意义上说，那些仅仅止于保养生命形体而遗忘了生命最根本内容的“养形之人”，无异于买椟还珠。《让王》篇中说道：“养志者忘形。”这里的“志”，指的就是“神”。庄子认为，真正看重生命境界的人，自然会遗忘生命的形体。在《德充符》篇中，我们可以看到许多有德之人，比如兀者王骀、兀者申徒嘉、兀者叔山无趾、闉跂支离无脤、甕盎大瘿等，他们虽然在形体上遭受重创，但这并不妨碍他们保有一种宁静逍遥的生命体验。而且，当他们步入体道的生命境界时，也就自然地忘记了形体的伤残与痛苦，所谓“德有所长而形有所忘”。以上这些都说明，生命境界在庄子思想中所担任的角色比生命形体更为重要。②

庄子对生命的态度可概括为：“不伤生”、“乐然生”、“不贪生”、“安然死”。“不伤生”意味着小心规避各种因素对生命可能造成的伤害，比如不以任何外物戕害自己的生命，采取妥善的处世之道避免祸害；“乐然生”意味着在活着的每一刻都要享受生命的自适与逍遥；“不贪生”意味着达观面对不可避免的自然死亡；“安然死”意味着颐养天年、安然辞世。“不伤生”是“乐然生”的前提，“乐然生”是“不伤生”的目的，“不贪生”是“安然死”的保障，“安然死”是“乐然生”的归宿。

---

① 道教虽与庄子有着千丝万缕的渊源，但与庄子的思想已相去甚远。方东美对此有深入的分析，可参阅方东美：《原始儒家道家哲学》，台湾黎明文化事业公司 1985 年版，第 178 页。

② 当然，这并不意味着庄子漠视生命形体的重要性。庄子没有宗教的彼岸观念，因此他非常清楚，生命境界必须建立在形体存在之上，没有生命形体，生命境界就无从谈起。

在庄子对安顿生命的思考中，我们同时发现了沉重的色调与轻盈的气息，沉重的是其在无道乱世中的慎微与妥协，而轻盈的则是其对逍遥自适的生命境界的追寻。这两股相反的力量纠结在一起，使得庄子学说充满了生命的张力。林语堂曾言：中国哲学家是“一个用爱及温和的嘲讽来观察人生的人……他睁着一只眼，闭着一只眼，看穿了他周遭所发生的事情和他自己的努力的徒然，可是还保留着充分的现实感去走完人生的道路”①。这正是对庄子的传神写照。

由此，不难发现庄子的贵生与世俗之所谓“好死不如赖活着”之间的本质差异。其一，后者意味着简单地为活而活，苟全性命；而庄子劝说世人珍爱生命，绝非为了“赖活”，而是为了“好好活”。《齐物论》说得很清楚：“与物相刃相靡，其行尽如驰而莫之能止，不亦悲乎！终身役役而不见其成功，苶然疲役而不知其所归，可不哀邪！人谓之不死，奚益！”那种剑拔弩张、蝇营狗苟、心力交瘁的生活方式，是人生最大的悲哀，这样的“赖活”没有任何意义。其二，“好死不如赖活着”拒斥所有的死亡，而庄子对自然死亡并不拒斥，而是主张安顺。依庄子之见，善终与善始同样重要，如果一个人不能亲自丈量大道赋予他的每一段生命历程，不能安然地在自己的生命舞台上谢幕，或死于非命，或在极度的恐惧中死去，那么他的生命之旅是不圆满的，是有违大道流转的。

四、贵生之策

最后，我们来看贵生之策，即怎样才能避免非正常死亡，终其天年。庄子认为仅仅依赖于“养形”即保养形体是远远不够的。《达生》篇中写道：“世之人以为养形足以存生，而养形果不足以存生。”意思是说，世人都以为保养形体就能保住生命，但事实上并非如此。比如《达生》中所提到的鲁人单豹。单豹应该算得上是一个很懂得保养形体的人了，“岩居而水饮，不与民共利，行年七十而犹有婴儿之色”，但仍然不免于非正常死亡，“饿虎杀而食之”。“饿虎”在此比喻随时可能出现的外在危险。这说明在庄子看来，单纯地保养形体并不能真正地解决生命危机。追求延年益寿之术的养形之人，只是把人单纯地作为一个自然人来思考，从不在意他者对自己的影响，认为只要保养好自己的形体就能长寿。但庄子不同，他

---

① 林语堂：《生活的艺术》，北方文艺出版社 1987 年版，第 25 页。

始终把人放置在“人间世”的社会大背景之下，从“处世”的角度来思考生命的问题，正如姚汉荣等所说：“在庄子那里，养生与处世是密不可分的。……这是由于在庄子的时代，‘处世’、‘全身’是首要的难题，当时正逢乱世，生灵涂炭，伏尸千里，人的生命犹如蝼蚁似的没有保障，若无妥善的处世之道，随时可能引来杀身之祸。”① 也就是说，如何在一个错综复杂、荆棘遍地的社会环境中避免“中道夭”，才是庄子真正忧心的问题。为此，庄子提出了“无用之用”与“与物委蛇”这两种生存策略。需要说明的是，这两种生存策略的提出在很大程度上是庄子在乱世的社会大背景之下，出于降低死亡风险、增加生存机会的考虑而在形式上向外界妥协的结果。

1. 无用之用

“无用之用”出自《人间世》篇：“山木，自寇也；膏火，自煎也。桂可食，故伐之；漆可用，故割之。人皆知有用之用，而莫知无用之用也。”郭沫若说：“‘无用者’，无用于世；‘之用者’有用于己，全身、保身、养亲、尽年就是大用了。”② 应该说，这个解释是比较确切的。前一个“用”，指的是一般世俗意义上的对他人的实际功用，如桂可食、漆可用；后一个“用”，则是指庄子认为的自我根本“大用”，即保全生命、颐养天年、实现自我的生命理想。在庄子看来，世俗之用往往会给自身招徕灾难，以致丧失自身的根本大用。当然，自身具有世俗之用并非己之过错，但如果没有把自己的世俗之用小心地隐藏起来以防他人发现，反而锋芒毕现、唯恐他人不识，那就是己之过失了。正基于此，庄子提出了“无用之用”的生存策略，主张世人将自身的世俗之用掩盖起来，以免于祸害，最终实现自身的根本“大用”。

庄子以树木、人、动物、井等为喻，列举了大量事例，对“无用之用”的处世哲学进行了诠释，如：

今子有大树，患其无用，何不树之于无何有之乡，广莫之野，彷徨乎无为其侧，逍遥乎寝卧其下。不夭斤斧，物无害者，无所可用，安所困苦哉？（《逍遥游》）

---

① 姚汉荣等：《庄子直解》，复旦大学出版社 2000 年版，第 598～599 页。

② 郭沫若：《郭沫若全集·历史编》（第二卷），人民出版社 1982 年版，第 204 页。

支离疏者，颐隐于齐，肩高于顶，会撮指天，五管在上，两髀为胁。挫针治繲，足以糊口；鼓荚播精，足以食十人。上征武士，则支离攘臂于其间；上有大役，则支离以有常疾不受功；上与病者粟，则受三锺与十束薪。（《人间世》）

夫丰狐文豹，栖于山林，伏于岩穴，静也；夜行昼居，戒也；虽饥渴隐约，犹且胥疏于江湖之上而求食焉，定也。然且不免于罔罗机辟之患，是何罪之有哉？其皮为之灾也。

直木先伐，甘井先竭。（以上均出自《山木》）

“丰狐文豹”、“直木”、“甘井”等，莫不是因为其“有用”而“中道之夭于斧斤”、“不免于罔罗机辟之患”，最终“以其能苦其生”；而“大樗”、“栎社”、“支离疏”等，则正因为其“无用”而免于困苦、终其天年。可见，无所可用，故能成其大用。

“无用之用”的提出，体现了庄子对人沦落为工具这样一个可悲的社会现象的揭示，蕴涵着庄子对人际关系的深刻反思。在庄子看来，世俗之人心目中所谓的“有用”，实际上是一种负担和危险，因为自身的“用”，往往会被他者视为可供满足其私利的工具。我们知道，工具存在的意义就是为目的服务：目的实现的过程总是伴随着工具的损耗甚至牺牲；目的实现之后，工具也就丧失了自身的意义。也就是说，工具自身在其使用者看来没有任何独立的价值，工具终身役役、耗尽心血，只不过是为他人作嫁，更何况还有可能面临“舍卒保车”、“兔死狗烹”的厄运。正如本杰明·史华兹所指出的：人们时常将自身转变成为其他目的的工具，正是这一做法，才使得人们危及了自己的生命。[①] 因此，庄子绝不主张世人增益世俗之能、崭露锋芒；相反，他劝告世人把世俗之用掩埋起来，藏迹于众人之间，韬光养晦、和光同尘，就像意怠鸟一样：

其为鸟也，翂翂翐翐，而似无能；引援而飞，迫胁而栖，进不敢为前，退不敢为后；食不敢先尝，必取其绪。是故其行列不斥，而外人卒不得害，是以免于患。（《山木》）

① 参见［美］本杰明·史华兹著，程钢译：《古代中国的思想世界》，江苏人民出版社 2004 年版，第 244 页。

在庄子心目中，意怠鸟就是一个深谙全身之道、极具生命智慧的人的象征。它大智若愚、大巧若拙、谦卑柔弱、进退处中、不与物竞，因而能够远离祸害。

其实，庄子所处的年代，也是一个“不肖则欺”（《山木》）即无能就要受欺的年代，这就意味着，作为一个世俗意义上的“无用之人”，在实际生存中也一定会承受相当的苦难，然而庄子在衡量种种利弊得失之后，仍然决定把自己乔装成一个“无用者”。在那个诸侯混战、各国都急需人才成就霸业的时代，庄子目睹了太多崭露才智之人为统治者所役，心灵无法自主，精神不得独立，饱受紧张焦虑等“阴阳之患”（《人间世》）；而且伴君如伴虎，一朝不慎，就有可能遭受金木“外刑”（《列御寇》），甚至是灭顶之灾，自身性命难保，还要累及家人；即使侥幸为君主立下汗马功劳，还有可能因功高盖主、觊觎权位或陷入政治斗争的旋涡中，最后落得鸟尽弓藏、兔死狗烹的下场。历史上的商鞅、文仲、吕不韦等莫不如此。秦王宰相李斯在腰斩之际对儿子所说的那句“吾欲与若复牵黄犬俱出上蔡东门逐狡兔，岂可得乎”（《史记·李斯列传》），更是道尽了“有用者”的凄凉。依照庄子的理解，以上悲剧与自身“有用”的显露实在脱不开干系。

庄子的“无用”哲学在政治动荡的年岁里的确发挥了它的功用。据《资治通鉴》卷二〇八载：“武后诛唐宗室，有才德者先死。”武则天为了称帝，诛杀唐皇室，谁有才，就杀谁，无用而不成威胁的，就能保住性命。又，后唐庄宗时，奸臣当权，柳璨助纣为虐，欲将名臣一网打尽，以摧毁朝廷根基，于是把司空图召至京城任职。司空图故意在朝堂上装作连笏都拿不住的样子，且思维糊涂、言行粗野。柳璨认为这样一个行将就木的糊涂老人不足为虑，于是让他辞官回家。当时不少朝臣惨遭杀戮，而司空图正是以“无用”的方法逃避了政治灾难。

诚然，做一个世俗意义上的“无用者”，物质生活也许会很困窘，而且还会因此遭受他人的轻鄙，就像庄子自己，“处穷闾阨巷，困窘织屦，槁项黄馘”（《列御寇》），“衣大布而补之，正緳系履”（《山木》），非常贫穷，以至于要“贷粟于监河侯”（《外物》）却不可得；而做一个世俗意义上的“有用者”，则能尽享世间的富贵尊崇。但对于把生命视为最高价值的庄子而言，前者才是真正的胜者。因为后者的富贵尊崇正是以生命的损伤为代价换来的，他们受到的煎熬远远大于从中获得的快乐，而且随时面临着丧失生命的危险；而前者则设法将他人对自身的利用和戕害降到最低，最大可能地保全生命的完整与精神的自由。正如陈鼓应所说："庄子热爱生命，不肯把它耗费在立功立名的市场价值上。他高情远趣，创造一个辽阔的心灵世界。"① 是的，庄子宁愿做那"十步一啄，百步一饮，不蕲畜乎樊中"（《养生主》）的泽雉，虽然困顿艰难，却收获了内心的快适。

2. 与物委蛇

当然，庄子所提出的"无用之用"的生存策略，也并不是放之四海而皆准的。《山木》篇中，庄子就写了一个"主人之雁，以不材死"的故事：主人之鹅正是因为"无用"，即不能鸣而夭于斤斧。据《战国策·齐策》中记载，赵威后建议齐王使者杀于陵子仲，理由就是"此率民而出于无用者"，这正是"主人之雁死"的现实背景。可见，"无用"并非万能之策。

正因为此，庄子又提出了一个更具有普遍效用的全生之方："无誉无訾，一龙一蛇，与时俱化，而无肯专为，一上一下，以和为量，浮游乎万物之祖。"（《山木》）意思是说，没有美誉也没有毁辱，用舍随时，屈伸无定，随着时境的变化而变化，不偏执，知进退，以顺应自然为法则，自在畅游于虚无之境。这个处世之道，我们可以概括为"与物委蛇"。"与物委蛇"出自《庚桑楚》篇，南荣趎向老子请教养护生命的常道，老子答曰："行不知所之，据不知所为，与物委蛇，而同其波。是卫生之经已。"意思是说，行动的时候，并不是有意要到哪里去，停下来的时候，并不是有意要做什么，随顺无心，同波共流，这就是养生的原则。应该说，"与物委蛇"的提出，是对"无用之用"的扬弃与完善。

"与物委蛇"作为全生之道，主要具有两个特征：一是顺物，即根据外物的具体情况制定具体的应对方案，避免与他者发生正面的摩擦与冲突；二是循虚，即找寻矛盾与矛盾之间的空隙，在夹缝中求得最大的生存空间。顺物方能无刃，循虚方能无滞。此二者相辅相成，一体两面，试分述如下。

《人间世》篇中，颜阖被请去做生性残暴的卫灵公太子的老师，于是向蘧伯玉求教，蘧伯玉答曰：

戒之慎之，正女身也哉！形莫若就，心莫若和。虽然，之二者有患。就不欲入，和不欲出。形就而入，且为颠为灭，为崩为蹶。心和而出，且

① 陈鼓应：《老庄新论》，上海古籍出版社1992年版，第130页。

为声为名，为妖为孽。彼且为婴儿，亦与之为婴儿；彼且为无町畦，亦与之为无町畦；彼且为无崖，亦与之为无崖。达之，入于无疵。

紧接着，蘧伯玉又讲述了一个“虎之与人异类而媚养己者，顺也”的寓言：虎与人虽是异类，却驯服于饲养它的人，原因就在于养虎之人能够顺应虎之情性；而那些受到老虎伤害的人，就是因为他们触犯了虎之情性。庄子在此借蘧伯玉之口，申说了自己的处世之方：通过顺应而达到驾驭的目的。与人相处，一定要谨小慎微，尽管心中对某个人存有异议，有心想要引导他，但仍需在表面上表现出随顺迁就、谦柔亲和，而且要善于根据他者的性格特征，及时调整自己的行为方式，以与他者相合。因为只有顺应他者，才能够消除他者对自己的敌意和对抗，从而免于祸患。

在庄子看来，真正悟道之人一定深谙“顺物”之理。如《大宗师》篇中“不逆寡”的“古之真人”，真人不仅不违逆众人，就连少数个别人也不违逆，也就是说，对一切人都没有抵触；《应帝王》篇中“其德甚真”的“泰氏”，“一以己为马，一以己为牛”，即使他人把自己称为牛马，也因之任之；还有《德符充》篇中的有德之人哀骀它，“和而不唱”，“未尝有闻其唱者也，常和人而已矣”，没听到他倡导什么，只见他应和而已，结果却赢得了众人的拥戴，以至于“丈夫与之处者，思而不能去也。妇人见之，请于父母曰‘与为人妻，宁为夫子妾’”。可见，顺物之人，外物才能顺己，才能避免外物对自身的伤害。

“缘督以为经”是庄子在《养生主》中提出的一个养生处世的根本性原则。什么是“缘督”？成玄英疏曰：“缘，顺也。督，中也。经，常也。夫善恶两忘，刑名变迁，故能顺一中之道，处真常之德，虚夷任物，与世推迁。养生之妙，在乎兹矣。”① 王船山亦作如下解释：“身后之中脉曰‘督’。‘缘督’者，以清微织妙之气，循虚而行，止于所不可行，而行自顺，以适得其中。”② 可见，“缘督”其实就是“循虚”的另一种表达之义，即在各种矛盾如善恶、刑名之间寻找空隙，以此作为自己的伸展空间，逍遥游于其间，自得其所，避免与各种矛盾造成摩擦以及冲突，如山泉之自然流下，有注则蓄，有隙则行，行其所当行，止其所当止。《天下》

① （清）郭庆藩撰，王孝鱼点校：《庄子集释》，中华书局2004年版，第117页。
② （清）王夫之著，王孝鱼点校：《庄子解》，中华书局1985年版，第30~31页。

篇中所说的“不谴是非，以与世俗处”，就是对这种人生哲学的践行。庄子认为，只有做到“循虚”，方“可以保身，可以全生，可以养亲，可以尽年”（《养生主》）。正如张默生所解释的那样：“凡事当处之以虚，作为养生的常法，既不为恶，亦不为善。如此则名固不至，刑亦不及，可得从容之余地，以全其生命。”①

《养生主》中的另一则寓言“庖丁解牛”，同样揭示了“循虚”的道理。在寓言中，庄子向我们展现了三类厨子的不同命运：“良庖岁更刀，割也；族庖月更刀，折也。今臣之刀十九年矣，所解数千牛矣，而刀刃若新发于硎。”一般的厨子只知道用蛮力剁肉，不避骨节，解牛的过程对刀的损伤极大，因此他的刀只能用一个月；稍好一点的厨子懂得避开骨节，但尚不知筋肉的间隙，只会去割，仍然会对刀造成一定的损伤，故而只能用一年；而庖丁则深谙牛的内部构造，每遇到筋骨盘结的地方都谨慎专注，知道将刀导向骨节筋肉之间的空隙，因循这种间隙来解牛，因而他的刀用了十九年仍然像新磨的一样。不难发现，“牛”和“刀”分别喻指错综复杂的社会和极其脆弱的生命，“族庖”、“良庖”和“庖丁”则分别代表了持不同处世之道的人。一般的世人正是由于不懂得躲避冲突与矛盾，“与物相刃相靡”（《齐物论》），以至于早夭；而只有那些懂得在机关纠结中周旋腾挪、循虚而行、“以无厚入有间，恢恢乎其于游刃必有余地”的人，才能够在凶险多难的社会环境中不受伤害而又悠游自在、终其天年。

在此需着重指出的是，“顺物”只是庄子在乱世当中所提出的一种被动生存策略，而且庄子所说的顺物，是以其人格独立和精神自由为前提与归宿的，也就是所谓的“顺人而不失己”②（《外物》）。可见，庄子顺物的处世方法与见风使舵的滑头主义仍有本质之别，因为后者是为了满足个人私欲而主动采取的一种没有原则的市侩权术。

距离庄子所处的无道乱世，时光已跨越了两千余年，历史语境的巨变可谓沧海桑田。纵观庄子的贵生思想，其中虽不乏可供指摘之处，比如，庄子将具有公共伦理价值的“舍生取义”与不具备伦理正价值的“人为财死”等量齐观，有极端相对主义之虞；庄子对个体幸福与社会整体幸福之间关系的理解，也显得过于简单；庄子对个体价值的过分强调，容易导致

---

① 张默生原著，张翰勋校补：《庄子新释》，齐鲁书社 1993 年版，第 134 页。

② 这个问题将在本书第二章第一节中的“顺人而不失己”部分详论。

社会价值的虚无和社会责任感的缺失；庄子顺物哲学与市侩滑头主义在形式上往往难以区分，容易被利用，等等。尽管如此，如果我们能够对庄子抱有一种“同情式理解”，还是能够发现庄子对生命意义的思考、对公共政治的理解和对人际关系与人心的认识，在我们当下的生活中仍不失耐人寻思的深刻意义。

第二节　安命

“安命”也就是顺从命运。在“人定胜天”被尊为至理的今天，庄子的安命说常被视为消极的思想而被否定，殊不知这看似消极的背后其实蕴涵着深邃的生命智慧：庄子在命运领域的退让，是在为心灵领域的逍遥蓄势。

一、“命”的含义

作为命运之义的“命”，是庄子哲学中一个极为重要的概念，在庄书中多次出现，如：

> 死生、存亡、穷达、贫富、贤与不肖、毁誉、饥渴、寒暑，是事之变、命之行也。日夜相代乎前，而知不能规乎其始者也。（《德充符》）
>
> 我讳穷久矣，而不免，命也。求通久矣，而不得，时也。（《秋水》）
>
> 褚小者不可以怀大，绠短者不可以汲深。夫若是者，以为命有所成而形有所适也，夫不可损益。（《至乐》）

在庄子看来，一个人是生是死、是贫是富、是有本事还是没本事、是被人夸还是被人骂、是饥是渴，以及四时寒暑、万物形体性状、世道盛衰蹇通，都由命运主宰。可见，命运包含的范围非常广泛，个人之穷达祸福、万物之自然禀性、社会秩序之治乱等，都属于命运支配的范畴。

《人间世》篇中说道：“天下有大戒二：其一，命也。”“大戒”即人生足以为戒的根本法则。庄子认为，每个人自降生于世的那一刻起，就紧紧地与自己的命运捆绑在一起，被自己的命运束缚着，与生俱来，无法选择，不可抗拒，无所逃于天地之间。正如徐克谦所说："'命'随时随地都跟'我'在一起，'我'无论如何也逃脱不了这个'命'，所谓我的'命'其实就是'我'本身。但这个'命'却又不完全是'我'所能左右的，它根本上是一个外来的赋予。"① 可见，对于每个个体而言，命运就是一种内置于生命之中而又不可干预、不可损益、无可奈何的必然性力量。

对于命运，我们不仅无法违抗，而且无法探求其根本原因，正如《达生》篇中所说："不知吾所以然而然，命也。"这说明，"命"是一种超越于人的认识能力的先验性定数，无法在经验世界中获得解释。但如果实在要追问命运的终极根源，那就只能归结于形而上的原因。庄子从宇宙发生论的角度，对命运的来源问题进行了论述：

泰初有无，无有无名。一之所起，有一而未形。物得以生谓之德；未形者有分，且然无间谓之命。(《天地》)

徐复观对此疏解如下："未形之'一'，分散于各物（德）；每一物分得如此，就是如此（且然），毫无出入（无间）；这就是命。然则庄子之所谓命，乃指人秉生之初，从'一'那里所分得的限度。"② 徐先生对命运缘由问题的认识很有见地。的确，人的命运可以说就是对人的生命存在的限定，而这种规定性来自于形而上的终极力量。在庄子看来，"无"、"一"、"道"（三者同实而异名）是万物存在的终极依据，万物的命运都是从宇宙之道那里分有的自然禀赋决定的，人当然也不例外。《德充符》篇亦指出："受命于地，唯松柏独也在冬夏青青；受命于天，唯舜独也正，幸能正生，以正众生。"这也说明，万物（包括人）的命运都是由天地宇宙所赋予的。无论是"道"还是"天地"，都是指一种无意志目的、无私情偏爱的自然性力量。正因为此，庄子总是以自然现象来比喻和解释命运，如"死生，命也，其有夜旦之常，天也"（《大宗师》）。这意味着，庄子所以为的命运，就如同昼夜更迭等不以人之意志为转移的自然现象一样，完全是自然而然的。

根据庄子以上的思维逻辑，命运来自于道与天地的决定性作用，而由

---

① 徐克谦：《庄子哲学新探——道·言·自由与美》，中华书局2005年版，第179页。
② 徐复观：《中国人性论史》（先秦篇），上海三联书店2001年版，第334页。

于道和天地都是无意志、无目的的，因此庄子所谓的命运也没有任何道德赏罚的意味。《大宗师》篇中的一个寓言亦能够印证这一观点：

至子桑之门，则若歌若哭，鼓琴曰："父邪！母邪！天乎！人乎！"有不任其声而趋举其诗焉。子舆入，曰："子之歌诗，何故若是？"曰："吾思夫使我至此极者而弗得也。父母岂欲吾贫哉？天无私覆，地无私载，天地岂私贫我哉？求其为之者而不得也！然而至此极者，命也夫！"

子桑贫病之极，正处于不可忍受的边缘，于是追问其不幸的缘由何在。他百思不得其解，最终只能归之于命运。同时，子桑也明确指出：他的不幸命运并非源于天地针对某个特定个体的惩罚与警告，因为天地"无私"。由此可见，庄子所说的命运，绝非由某种具有意志目的或人格神色彩的外在力量，如上帝、神灵、天意等所主宰，正如刘笑敢所说："庄子所谓命只是'不知所以然而然'之事，并无前定的意义，很少宗教色彩。"① 而在殷商周时代，"命"都是作为一个宗教概念而存在，代表着至尊神——帝与上天的赏罚意志，如"有夏多罪，天命殛之"（《尚书·汤誓》）、"善之代不善，天命也"（《左传·襄公二十九年》）。应该说，庄子以"自然造化"之命代替"宗教赏罚"之命，是中国人命运观的一大进步，因为这切断了统治集团或宗教组织利用世人的命运观念为其自身的统治强权与现行秩序辩护、服务的理论可能性，代表着一种理性精神的觉醒。

值得指出的是，庄子所谓的命运，还有一层基于不知缘由、无可奈何而被假定存在的含义。《寓言》篇中说："天有历数，地有人据，吾恶乎求之？莫知其所终，若之何其无命也？莫知其所始，若之何其有命也？"对于天地，我们既不知其来源，亦不知其结局，因此追本溯源，命运之有无实难确定。对此，崔宜明解释说："命，仅仅是对不知道为什么会这样、又现实地已经就是这样的东西的称谓。"② 换言之，命运就是对不知缘由而已然存在之事的一种说法。《人间世》篇说："知其不可奈何而安之若命，德之至也。"《德充符》篇亦言："知不可奈何而安之若命，唯有德者能之。"以上两句中"安之若命"的"若"字不容忽略，正如张岱年所指出

① 刘笑敢：《庄子哲学及其演变》，中国社会科学出版社 1993 年版，第 131 页。

② 崔宜明：《生存与智慧——庄子哲学的现代阐释》，上海人民出版社 1996 年版，第 105 页。

的："到无可奈何的时候，只当安之若命。'安之若命'的'若'字最有意义，不过假定为命而已。"[1] 这说明，命运在一定程度上就是对那些无可奈何而又无法解释之事的一种姑且称谓。

综上所述，我们可以把庄子所谓的"命"理解为一种不知所以然而然的抽象必然性。这种必然既不同于宗教思想中的神之意志，亦不同于唯物主义所说的事物内在客观规律，而是庄子所认定的超出个人能力范围之外的一种无可奈何之事，它包括了穷通福祸等一切生存遭际，意味着某种不可知的、无意志的外在力量对人生的主宰。不可否认，庄子看到在现实生活中，每个自以为是、按照自己的意愿行动的人，其实都受到其他事物的推动影响，有赖于其他因素的存在变化，为一种异己的必然性力量所支配。也就是说，每个人的主观能动性都有其局限性，这是十分深刻的认识。但庄子又把这种必然性夸大为绝对，抹杀了人在一定范围内的主动性，从而陷入了某种荒谬。

二、安其性命之情

命运感的存在，对于尚未"祛魅"的古人来说，是一种较为普遍的情绪。然而，对于命运的态度，不同的思想家却大相径庭。在与其他不同命运观的对比当中，我们能够更好地把握庄子安命学说的特点。

西方的古希腊哲学家强调与命运相抗争。伊壁鸠鲁说，"命运则对于我们显得是一种不可挽回的必然"，但真正的人"不信有些人拿来当作万物之主的那个命运，他认为我们拥有决定事变的主要力量"，因为命运的"必然取消了责任，……而我们的行动是自由的，这种自由就形成了使我们承受褒贬的责任"。[2] 德谟克利特也说："勇气减轻了命运的打击。"[3] 可见，古希腊哲学家承认命运的存在，亦认同命运作为必然性是决定人的生存际遇的外在力量，但他们同时也主张人在对自身命运的抗争中应该表明自我的自由意志与尊严，因为主体的自由与尊严才是人之为人的内在本质。古希腊命运悲剧如《俄狄浦斯王》的主人公身上，总是弥漫着一种"知之不可为而为之"的屡抗屡败而又屡败屡抗的悲壮力量。不难发现，古希腊思想家选择的是一条完全不同于古代中国先哲沉思命运的思想

---

① 张岱年：《中国哲学大纲》，中国社会科学出版社 1982 年版，第 402 页。
② 北京大学哲学系编：《古希腊罗马哲学》，商务印书馆 1961 年版，第 369 页。
③ 北京大学哲学系编：《古希腊罗马哲学》，商务印书馆 1961 年版，第 116 页。

路线。

儒家对命运采取了一种敬畏的态度。与庄子一样，儒家言“命”，也包含着对生命际遇之不可知与不可抗的无奈。《论语·颜渊》记载子夏语：“死生有命，富贵在天。”意思是说，人的生死富贵，并不在人的掌控范围之内。《雍也》篇中说：“伯牛有疾，子问之，自牖执其手，曰，‘亡之，命矣夫！斯人也而有斯疾也！斯人也而有斯疾也！’”孔子对其弟子伯牛因患病行将去世感到非常痛惜，他认为，这么好的人却遭受如此不幸只能用命运去解释。《宪问》篇中孔子还讲到：“道之将行也与，命也。道之将废也与，命也。公伯寮其如命何！”在孔子看来，就连自己的政治理念最终能否实现也依赖于命运的安排，他人无法干预。虽然孔子的命运感根深蒂固，但据其弟子记载，孔子却很少主动去谈论命运。《子罕》篇中说：“子罕言利与命与仁。”之所以罕言，是因为孔子对命运抱有一种非常敬畏的态度。《季氏》篇中说：“君子有三畏：畏天命，畏大人，畏圣人之言。小人不知天命而不畏也。”《尧曰》篇中亦曰：“不知命，无以为君子也。”孔子认为，在君子所应敬畏的事物当中，天命居于首位，只有小人才不知道、不敬畏天命。从中可以看出，孔子对命运的接受，是建立在既敬且惧的心理情感基础之上的。而且更重要的是，正如黄克剑所说：“孔子从未因着‘畏天命’、‘知天命’把人引向对‘天命’的单向度的仰赖，他反倒是由对这‘畏’和‘知’的反省更大程度地肯定了人在天人之际的那份主动。”[①] 的确，孔子之言命并不废弃人事。在孔子看来，人事已尽，无力回天，方可谓之“命”，命运实以尽人事为条件。这一点，是孔庄命运态度的最大差异所在。

墨家则主张“非命”，反对命运观念的存在。在儒墨之争中，墨家对儒家进行批判的一项重要内容，就是指责儒家“以命为有”（《墨子·公孟》）。尽管墨家把儒家对于命运的态度完全解释为一种“命富则富，命贫则贫；命众则众，命寡则寡；命治则治，命乱则乱；命寿则寿，命夭则夭”（《非命上》）的命定论，其实是对主流儒家学说的误解，但墨家对命运的抵制态度是毋庸置疑的。墨家之所以要“非命”，是因为其认为命运不过是懒惰穷人自我安慰、昏庸暴君自我辩护的一种借口，于国于民都相当

① 黄克剑：《由“命”而“道”——老子、孔子前后中国古代哲学命意辨正》，《哲学研究》2002 年第 7 期，第 43 页。

危险。《非命上》篇曰："然则何以知命之为暴人之道？昔上世之穷民，贪于饮食，惰于从事，是以衣食之财不足，而饥寒冻馁之忧至，不知曰我罢不肖，从事不疾，必曰我命固且贫。昔上世暴王，不忍其耳目之淫，心涂之辟，不顺其亲戚，遂以亡失国家，倾覆社稷；不知曰我罢不肖，为政不善，必曰吾命固失之。"因此，墨家极力否定命运观念的价值，认为"命上不利于天，中不利于鬼，下不利于人。而强执此者，此特凶言之所自生，而暴人之道也"（《非命上》）。而要"兴天下之利、除天下之害"，就必须"不敢怠倦"，懂得"强必治"、"强必贵"、"强必富"（《非命下》），凭借自身的勤勉实现国富民强。

庄子对待命运的态度，与以上诸家皆有不同。他既不"抗"，亦不"畏"，更不"非"，而是"安"，用庄子自己的话来说就是"安其性命之情"（《在宥》）。

庄子从未像西方的古希腊哲学家那样倡导世人与命运抗争，因为他认为与命运相抗不但无济于事，还有可能招致更多的祸害。《大宗师》篇中庄子借因病将死之人——子来之口说了以下一段话：

> 父母于子，东西南北，唯命之从。阴阳于人，不翅于父母。彼近吾死而我不听，我则悍矣，彼何罪焉？夫大块以载我以形，劳我以生，佚我以老，息我以死。故善吾生者，乃所以善吾死也。今大冶铸金，金踊跃曰："我且必为镆铘！"大冶必以为不祥之金。今一犯人之形而曰："人耳！人耳！"夫造化者必以为不祥之人。今一以天地为大炉，以造化为大冶，恶乎往而不可哉！

庄子认为，人对命运的顺从应该胜过父母。无论命运将自己推向何种境地，哪怕是死亡，都应坦然面对，无所不适，无往不可，绝不能与命运对抗。倘若对抗，"造化者必以为不祥之人"。成玄英疏："祥，善也。"①为何不善？因为庄子最推崇的心理状态是"安时而处顺，哀乐不能入也"（《养生主》），这种安然的心态于生命最有益处，而与明知不可改变的命运去进行对抗，只能使自己变得更悲凉、更幽怨，从而"内伤其身"（《德充符》），故断不可取。

---

① （清）郭庆藩撰，王孝鱼点校：《庄子集释》，中华书局2004年版，第263页。

庄子也不像以孔子为代表的儒家那样畏惧自己的命运。庄子主张以旷达的态度接受既定的命运。《大宗师》篇说："不忘其所始，不求其所终；受而喜之，忘而复之，是之谓不以心捐道，不以人助天。"意思是说，生命来了就愉快地接受它，生命要回去了就把它忘了，绝不以人事去干涉天道赋予的命运。而且，庄子也不像孔子那样以尽人事为命运的条件。庄子认为，尽人事是在试图改变命运，而由于命运是不可改变的，因此，尽人事是徒劳的。这一点，《达生》篇表述得很明确："达命之情者，不务知之所无奈何。"通达命运的人，不会再费心力去思忖那些他所认定的属于命运支配范畴之内的事情。正如刘笑敢所说："孔子偶言命而不消极，庄子常言命而反人为。"① 也正因为此，个人的穷达、社会的治乱等话题，都主动地退出了庄子的心灵，因为这些话题非他所能关怀。而这些话题的退席，则为审美体验的发生预留了心灵空间。

以庄子的思想逻辑来衡量，墨子的"非命"思想亦是不可取的。其一，墨家所倡导的"强"（奋勉）恰恰是一种缺乏认知自身局限性的妄为。《大宗师》篇说："人之有所不得与，皆物之情也。"人总有自己干预不了的事情，这是常情。之所以干预不了，就是因为命运的规定性。其二，与墨家所主张的"强必治"、"强必贵"不同，庄子认为"强"也未必能实现"治"与"贵"。在《齐物论》篇中，庄子揭示了世人陷于人际纷争的旋涡中无以脱身的状态："其寐也魂交，其觉也形开。与接为构，日以心斗。……其溺之所为之，不可使复之也。"人一来到尘世，就被卷入到种种社会生活的是非湍流当中，被强大的外力推动，沉浮进退，身不由己。即使人们怀有抱负，也懂得奋勉劳作，也可能由于身处斗争的旋涡当中而很少能够达到预期的目的，所谓"终身役役而不见其成功"（《齐物论》）。其三，墨家之所以"非命"，是因为其认为命运的观念不利于国治民富，而所谓的治乱、贫富恰恰是庄子所认定的属于命运主宰的范围，个人无法干预，因此应该释怀，而心灵的宁静逍遥才是真正值得并且能够去追求的。

通过上述对比，庄子安命论的独特性已经显示出来。庄子认定命运是不可违背的必然性力量，因此主张世人顺从自己的命运，不要做任何无谓的抵抗。但这种顺从，并非源自庄子对神祇的敬仰或对命运的畏惧，而是

---

① 刘笑敢：《庄子哲学及其演变》，中国社会科学出版社 1993 年版，第 131 页。

来源于其对现实生活中无可奈何之必然性的观察和体会。

三、解脱生命痛苦

一般而言，命运观念源于经验理性所不能解释的极端痛苦。只有在不幸遭遇所产生的痛苦中，人们才会去把自己的生存状态自觉地意识为命运。诚如颜世安所言："痛苦的体验，是庄子思想的起点。"[①] 庄子的安命说也正是在解脱生命痛苦这一背景下产生的。

在庄子所处的时代，他深深意识到痛苦是世人的一种弥漫性情绪，所谓"人之生也，与忧俱生"(《至乐》)，并对这些痛苦的世人给予了深切的悲悯与关怀。在庄子看来，世人所遭遇的痛苦主要包括情欲之困、生死之困、无道之困三个方面。如果能将这诸种人生苦难视为一种不可抗拒、不可改变、不可解释的"命"的存在，并安于它，那么人生的痛苦感受就能自行得以消解。

1. 解脱情欲之困

在《至乐》篇中，庄子对因情欲无法满足而造成的痛苦进行了描述：

> 夫天下之所尊者，富贵寿善也；所乐者，身安厚味美服好色音声也；所下者，贫贱夭恶也；所苦者，身不得安逸，口不得厚味，形不得美服，目不得好色，耳不得音声，若不得者，则大忧以惧。

可以说，情欲之困是世人所面临的最日常的一种痛苦。因喜怒爱恨之情与名利声色之欲的裹挟驱迫，世人会对富贵、名望、享乐、安逸等情欲对象进行疯狂追逐。而一方面，由于追逐的目标基于种种原因往往很难实现，而且情欲对象对人心的满足往往只在社会的横向比较中才有意义，因此势必有人处于贫贱、穷窘、不肖的境地，从而感到生活的重压与痛苦；另一方面，即使是那些已经处于富贵、显达、贤能地位的人，也会受无限膨胀的情欲的驱使，不满既定情欲的实现，滋生出更进一步的情欲，从而在无止境的情欲链条中深受其累。

庄子认为，人之情欲的存在是扰乱本真心境、妨碍生命安顿的重要

---

① 颜世安：《庄子评传》，南京大学出版社1999年版，第50页。

因素：

> 贵富显严名利六者，悖志也；容动色理气意六者，谬心也；恶欲喜怒哀乐六者，累德也；去就取与知能六者，塞道也。此四六者不荡，胸中则正，正则静，静则明，明则虚，虚则无为而无不为也。（《庚桑楚》）

而世人对于情欲的追求，就像《盗跖》篇中“无足”所说的那样，“固不待师，此人之性也”，仿佛乃人之本性所固有，很难控制。然而要解脱情欲带来的痛苦，则必须自觉地对情欲加以约束。安命说正是这样一剂克服情欲的药方。

《德充符》篇中说，“穷达、贫富、贤与不肖、毁誉、饥渴、寒暑”皆“命之行也”。《山木》篇中也说：“贫也，非惫也，此所谓非遭时也。”依庄子所见，富贵、名望等情欲所追逐的对象，都属于命运支配的范围。换言之，我是富是贫、是贤是愚、是好名声还是坏名声，都是由命运决定好的。如若命中注定是贫是愚，那么个人再怎么努力，也无从改变，执念只会徒增烦恼，还不如顺其自然，安其现状，彻底释怀。这有点类似民间所讲的“命中有时终须有，命中无时莫强求”。既然情欲的对象不在自我意志的掌控范围之内，那么对情欲的追逐也就成了无意义的行为，故而，因情欲对象得不到满足而产生的痛苦也就不复存在。

2. 解脱生死之困

死亡所引发的悲恸，盖是人所最不能承受的一种痛苦。《知北游》篇中，庄子对生死所引发的痛苦进行了描述：

> 人生天地之间，若白驹之过隙，忽然而已。注然勃然，莫不出焉；油然漻然，莫不入焉。已化而生，又化而死。生物哀之，人类悲之。

人的一生是如此脆弱短暂，再辉煌、再健康的生命也不免一死，更何况还有那么多可能随时出现的疾病伤残。人们越是赞美生命的美好，就越会引发对生命的留恋，激起对死亡与疾病的恐惧。而安命则可以使人们从心理上摆脱对死亡的恐惧，坦然面对疾病与死亡。

《大宗师》篇中，子舆患了一种拘挛的怪病，“曲偻发背，上有五管，颐隐于齐，肩高于顶，句赘指天”，其丑陋与生理上的痛苦可想而知。然而当其好友子祀问他是否嫌恶时，他以诙谐的口吻回答说：

> 亡，予何恶！浸假而化予之左臂以为鸡，予因以求时夜；浸假而化予之右臂以为弹，予因以求鸮炙；浸假而化予之尻以为轮，以神为马，予因以乘之，岂更驾哉！且夫得者，时也；失者，顺也。安时而处顺，哀乐不能入也，此古之所谓县解也。而不能自解者，物有结之。且夫物不胜天久矣，吾又何恶焉！

子舆并不为自己的疾病感到痛苦，他认为生死都是命运的安排，人力无法违抗，所谓“物不胜天久矣”，因此无论命运给他的身体带来怎样的伤害，他都可以泰然处之。不难发现，子舆之所以能够“县解”，即从倒悬之苦中解脱出来，把生死超然度外，做到“心闲而无事”，就是因为他能够安于自己的命运。

更有甚者，在《至乐》篇中，庄子的妻子死了，庄子非但不哭，反而鼓盆而歌。惠子不解，庄子解释道：

> 察其始而本无生；非徒无生也，而本无形；非徒无形也，而本无气。杂乎芒芴之间，变而有气，气变而有形，形变而有生。今又变而之死。是相与为春秋冬夏四时行也。人且偃然寝于巨室，而我嗷然随而哭之，自以为不通乎命，故止也。

依庄子之见，生死不过是宇宙间气的聚散，“生也死之徒，死也生之始，孰知其纪！人之生，气之聚也。聚则为生，散则为死”（《知北游》）。也就是说，死亡属于自然造化的必然环节，是命中注定的，个人无能为力；而且，死亡并不意味着终结，而是新生命的开始。故而，与其迁怒于命运，为生命的逝去而悲痛，不如顺应命运的生死流转，安然处之。在此，庄子以言传身教的方式告诉世人，只有安命才能使自己从死亡的悲痛中解脱出来，获得心灵的安宁。这正如曹植诗中所写：“先民谁不死，知命复何忧。”（《箜篌引》）

3. 解脱无道之困

如果说情欲之困与生死之困是一种超越时代的痛苦，那么无道之困则在乱世中表现得尤为突出。《人间世》篇中，楚狂接舆唱道：

天下有道，圣人成焉；天下无道，圣人生焉。方今之时，仅免刑焉。福轻乎羽，莫之知载；祸重乎地，莫之知避。已乎，已乎！临人以德。殆乎，殆乎！画地而趋。迷阳迷阳，无伤吾行。吾行郤曲，无伤吾足。

这段哀叹反映了乱世中人的一种普遍性痛苦。庄子处于无道之乱世，昏君当政，道德沦丧，危机重重。从社会历史的角度分析，统治集团的昏庸暴虐应是乱世之祸首。强权者不仅贪婪专横、凶残暴虐，“轻用民死，死者以国量乎泽若蕉，民其无如矣”（《人间世》），而且实行愚民政策，煽诱人的利欲之心，逼人堕落犯罪，“匿为物而愚不识，大为难而罪不敢，重为任而罚不胜，远其途而诛不至。民知力竭，则以伪继之，日出多伪，士民安取不伪！夫力不足则伪，知不足则欺，财不足则盗”（《则阳》）。

在这种情况下，人们解脱苦难的一般性思维方式是劝谏统治者采取仁政，就像孔子所致力做的那样。但庄子认定这种方式是行不通的，在《人间世》篇中以孔子打消颜回救世热情的一段对话将其理由阐明。[①] 庄子式独特的救赎之路在于：把无道乱世中人们所遭受苦难的罪责统统推诿于命运，然后再设法调整自我与命运的关系，力求达到一种心理平衡。庄子认为，只有当人们把时代的苦难看作是命运的安排而非强权者的过失时，才能够真正平息自己内心的愤怒和怨恨，从而从痛苦的深渊中走出来。在庄子看来，一个时代是有道还是无道，是乱世还是治世，完全是命运的安排。如果不幸生活在无道乱世，那么再怎么劝谏君王、奔走呼号、经世救国也无济于事，反而还可能引来杀身之祸。因此，安顿生命最明智的做法就是安命。

《秋水》篇中有一个寓言：孔子在匡地面临兴兵围绕之危，却仍然高兴地弹唱不停，就是因为他终于认识到自己对于治理国家已经无能为力，一切只能听从命运的安排。他说：

我讳穷久矣，而不免，命也；求通久矣，而不得，时也。当尧、舜而

① 这个问题将在本书第二章第一节中的“反对入世”部分详论。

天下无穷人，非知得也；当桀、纣而天下无通人，非知失也。时势适然。

安顺于命运之后的孔子，懂得了“无以故灭命”的道理，不再存有“知其不可为而为之”的侥幸心理，彻底摆脱了“弊弊焉以天下为事”（《逍遥游》）的烦恼，因而能够乐在其中、无忧无惧。通过这则寓言，庄子意在说明，安命能够消除世人在无道乱世中的一切妄念和痛苦，使世人远离纷扰、超然于世。

冯友兰曾引用斯宾诺莎的话说：“心灵理解到万物的必然性，理解的范围有多大，它就在多大的范围内有更大的力量控制后果，而不为它们受苦（《伦理学》，第五部分，命题VI）。”① 这很好地解释了庄子安命说对痛苦心灵的慰藉作用。如果我们能够把世间的种种不幸遭际抽象化，将其看作是人所无可奈何的一种必然，那么自然也就认清了痛苦的无意义。从这个意义上说，尽管安命说简化了人类悲剧性的根源，无力对客观现实的苦难境遇进行解救，但还是能够提供给人们一种旷达、坚忍、沉毅的生存理念，帮助人们释放心理压力，获得达观面对苦难的勇气。

四、追求心灵自由

刘笑敢曾指出：“庄子讲命之不可改变的重点是论证安命无为的合理性、主张在安命无为的基础上追求精神自由。”② 这个见解非常深刻。如果我们意识不到安命说背后所暗含的对心灵自由的追求，也就看不到安命说真正的价值所在。

一般而言，关于自由有两种思路：一种属于外在的现实性自由，即将自由看作是对外在世界必然性的认识，这意味着自由就是运用必然性对外在世界进行支配和改造，其目的重在改善人的身体存在状况；另一种属于内在的抽象性自由，即将自由视为对外在世界必然性的抽离，这意味着自由就是对不受必然性支配的内在世界进行支配，其目的重在改善人的心灵状况。当下主导的自由观属于前者，而庄子对自由的追求则更倾向于后者。这就是说，对于庄子而言，自由在很大程度上意味着一种心灵体验和

① 冯友兰：《中国哲学简史》，北京大学出版社1996年版，第94页。
② 刘笑敢：《庄子哲学及其演变》，中国社会科学出版社1993年版，第145页。

精神状态。[①] 我们知道，庄子所以为的必然性就是命运，而对必然性命运的安顺，并没有使庄子沉溺于颓废，而是使他走向了自由与美。

《天运》篇中云："圣也者，达于情而遂于命也。"《人间世》篇中言："知其不可奈何而安之若命，德之至也。"与之极为类似的文字亦出现在《德充符》篇中："知不可奈何而安之若命，唯有德者能之。"依庄子看来，能安顺于命运的人，具有最高的道德修养。那么，至德之人究竟表现出怎样一种人格境界？为什么庄子会把安命之人视为至德之人？

先来看前一个问题。《德充符》篇中，庄子通过几个身患残疾的人物，寄托并表现了他的道德理想，如兀者王骀，书中是这样描述的：

死生亦大矣，而不得与之变；虽天地覆坠，亦将不与之遗；审乎无假而不与物迁，命物之化而守其宗也。

纵使生死大事、天翻地覆，也不会使王骀的心境发生变化，他处于无所依赖的境界，固守着生命的根本，绝不会跟随外物的变迁而变迁。王骀这样的道德境界，被庄子称为"游心乎德之和"。陈鼓应解释说："游心乎德之和"就是"使心灵畅游于宇宙的奇妙的和谐境地"，"游心"是"一种艺术境界的审美心胸"。[②] 这是非常有见地的认识。所谓至德之人，就是不论身处何种境地、遭遇何种变故，都能够摆脱外物对心境的干扰，做自己心灵的主人，获得至乐至美的审美体验的人。而与至德之人相对的，就是心境很容易受外物影响的"风波之民"(《天地》)。

再来看后一个问题，安命与德行之间究竟存在怎样的关联？仍然在《德充符》篇中，鲁哀公问孔子"以恶骇天下"的哀骀为何能够得到世人的爱戴，孔子回答：因为他"才全而德不形"。那么，何谓"才全"？何又谓"德不形"？孔子解释说：

死生、存亡、穷达、贫富、贤与不肖、毁誉、饥渴、寒暑，是事之

① 之所以说"在很大程度上"，是因为庄子所追求的自由并不仅限于心灵意义上的自由，还包括社会政治意义上的自由。庄子在《应帝王》、《骈拇》、《马蹄》、《胠箧》等篇中对君主"有为"政治的批判可印证这一观点。尽管如此，心灵自由，而非政治自由，才是庄子最为看重的。有关庄子所追求的心灵自由，还将在本书第三章第二节"逍遥游"中加以详述。

② 陈鼓应：《老庄新论》，上海古籍出版社 1992 年版，第 162 页。

变、命之行也。日夜相代乎前，而知不能规乎其始者也。故不足以滑和，不可入于灵府。使之和豫，通而不失于兑。使日夜无隙，而与物为春，是接而生时于心者也。是之谓才全。

平者，水停之盛也。其可以为法也，内保之而外不荡也。德者，成和之修也。德不形者，物不能离也。

从中可以看出，“才全”其实就是“知命”且“安命”之谓。庄子认为，最完备的才智，就是知晓哪些事物属于命运掌控的范围，并将这些事物自觉排除在心灵思考范围之外，不让其侵入自我的心灵、扰乱平和的心性。只有这样，心灵才会与世界产生和谐的感应，心情才会怡悦安乐（“豫”、“兑”[1]），心胸才会通达顺畅（“通”），主体才能够永远与他物保持春和之气。而所谓“德不形”，其实就是指心灵的极度宁静，不为外物所摇荡。在此，庄子还对“德”进行了界说：“德者，成和之修也。”意谓：德就是形成平和的修养。由此不难发现，安命乃是成就德性的前提，因为只有安顺于自己的命运，把思虑从生死、贫富、穷达、经世等由命运所支配的内容中解放出来，把情绪从痛苦与烦恼中解脱出来，才能够获得心灵的和悦与自由。试想，如果一个人沉溺于声色犬马、功名利禄的追逐当中，受欲望的役使“逐万物而不反”（《天下》），怎么能够“物物而不物于物”（《山木》），主宰自己的心灵，领悟到宇宙间“道”的真谛与美妙呢？

在庄子看来，命运代表着一种必然性，它无法抗拒，也无法改变。对一个追求自由的人来说，认识到这一点似乎很沮丧；但从另一方面来说，认识到这一点又是释然的，因为我们在明白了人的不可为与限制的同时，也明白了人的可为与自由，正如王博所指出的：“认识到限制正是追求和获得自由的前提。”[2] 庄子的确有着极为浓重的命运感，但命运只构成了庄子思想的一个基调，绝不是全部。因为在命运支配的领域之外，生命向我们展开了它自由的一面。

依据庄子的思想，我们可以把人们通常所追求的事物分为两类：一类属于命运决定的范畴，包括富贵、名望、享乐、长生、太平等世俗的价值；另一类属于命运无从干涉、可由自己做主的领域，比如心灵。庄子认

---

① 据陆德明《经典释文》，此处之“兑”通“悦”。（清）郭庆藩撰，王孝鱼点校：《庄子集释》，中华书局2004年版，第214页。

② 王博：《庄子哲学》，北京大学出版社2004年版，第26页。

为，凡是属命运管辖的领域，人们就应该放弃，因为在命运面前，人必须承认自己能力的局限性。既然我们明白了在命运掌控的范围内，人是无能为力的，那么就只能在命运未能涉足的领域中着力，去追求某种心灵状态与精神境界。换言之，个体不能改变这个世界，但可以改变对这个世界的态度。本章第一节中已经阐明，庄子的生命理想是获得体道的审美境界，也就是一种至乐、逍遥、与物为春的生命体验。而依庄子所见，这种心灵状态的获得应该是自足的。也就是说，对心境的追求，无须借重任何超越于我们自身能力范围之外的条件，而是要完全依赖于自我心灵的力量。因此，无论贫贱还是富贵，穷困还是显达，病残还是康健，无论是处于无道乱世还是有道治世，都不妨碍一个人获得体道的审美体验。

然而，这并不意味着庄子审美体验的获得不需要任何条件。从以上的分析中可以看出，实现心灵的自由有赖于一种人生态度，那就是安顺于命运。也就是说，安命是自由的起点。一方面，只有安命，我们才能够说服自己向命运妥协，使心灵免于无谓的劳顿和痛苦，无论身陷何种不幸的境地，都能顺其自然、泰然处之，而这样一种“哀乐不能入”（《大宗师》）的宁和状态正是庄子梦寐以求的人格境界。《人间世》篇中说：“托不得已以养中，至矣。”所谓“不得已”者，据成玄英疏，乃“理之必然也”[①]，就是命运。庄子认为，只有安于命运，养中正宁和之心，才能达到生命的最高境界，不安命只会使自己沉沦于痛苦与愤恨当中不能自拔。另一方面，也只有安命，我们才能把富贵、显达、享乐、长生、权力等世俗的欲求从思虑中驱逐出去，遗忘它们的存在，摆脱它们的束缚，从而为更高的精神追求即审美体验的发生预留心灵空间。只有当自己的心灵真正“虚”起来，也就是空灵与澄明的时候，我们才能够领会到宇宙间道的美不可言，感受到生命的无滞无碍与轻松自由。不安命只会使自己的心灵被欲望占据，被外物奴役，哪里能够领悟得到自由与美的存在？《人间世》篇中所谓的“唯道集虚”讲的就是这个道理。如此看来，正是命运的无可奈何，成就了心灵的悠然自得。

由此可见，庄子在命运领域的消极与退让，其实是为在心灵领域的积极与逍遥蓄势。换句话说，庄子之所以强调安命，根本目的其实在于实现心灵

---

① （清）郭庆藩撰，王孝鱼点校：《庄子集释》，中华书局2004年版，第163页。

的自由，而这也正是庄子思想的光芒与魅力所在。[①] 诚如刘笑敢所言："庄子之为庄子不是因为他的'安命'的主张，而是因为他的'逍遥游'的追求和遐想。'安命'不是庄子哲学的重点，而是追求更高目标的一个起点。"[②]

① 需要着重指出的是，庄子的安命说亦存在相当的负面性，如无法从根底上解决恶的问题、无力对客观现实的苦难境遇进行解救，甚至在某种程度上制约了中国传统向现代政治自由之路的迈进。相关内容将在第五章第二节中的"局限"部分加以详论。

② 刘笑敢：《从超越逍遥到足性逍遥之转化——兼论郭象〈庄子注〉之诠释方法》，《中国哲学史》2006 年第 3 期，第 6 页。

第二章

审美体验之获得途径

如果说“贵生”、“安命”等为了在无道乱世中躲避祸害、安顿自我的处世原则，只是为庄子审美体验的发生提供外在现实层面的保障，那么审美体验的真正实现，则有赖于庄子所倡导的“虚的功夫”，而“游世”的理念则是庄子沟通外在现实世界与内在精神世界的桥梁，也是审美体验从准备期转向实质性阶段不可或缺的中介。

第一节　游世

庄子既反对避世即抛弃社会而隐迹山林，也不赞成入世即卷入国家政治生活而居于庙堂，而是主张藏迹于社会的世俗生活当中。正如王博所说，庄子对这个世俗世界的态度“既不是逃避的，也不是进入的。他在这个世界，但又和它保持距离”[①]。据此，我们可以用庄书中本有的一个词——“游世”（见于《山木》篇：“人能虚己以游世，其孰能害之。”）来概括庄子的处世之道。“游”就是若即若离，亦是不即不离。陈鼓应曾指出：“庄子处于人间世则表现为一种与现实保持一定距离的艺术性的游世态度。”[②]是的，庄子游世理念的艺术性，正在于他与世界所保持的适当距离。这个距离既可以保证其承担所必须承担的如“事君”、“养亲”等责任与义务，保持一颗无所不适、无往不可的闲淡之心，又可以保证其生命远离危险。

一、反对避世

很多人都误以为，庄子狂放超迈、遗世独立，如大鹏般翱翔于九万里苍天之上，视世俗社会如敝屣，殊不知庄子很清楚地意识到世俗社会是无法彻底放弃的。与儒家一样，庄子很明确地认识到人是社会关系中的人，但与儒家陶醉于人的诸种社会关系中不同，他更多的只是出于对无可奈何的命运的顺从。在《人间世》篇中，庄子这样写道：

天下有大戒二：其一命也，其一义也。子之爱亲，命也，不可解于

① 王博：《庄子哲学》，北京大学出版社2004年版，第27页。

② 陈鼓应：《老庄新论》，上海古籍出版社1992年版，第234页。

心；臣之事君，义也，无适而非君也，无所逃于天地之间。是之谓大戒。是以夫事其亲者，不择地而安之，孝之至也；夫事其君者，不择事而安之，忠之盛也。

“大戒”即人生足以为戒的大法，亦可视为“桎梏”或“枷锁”，它“无所逃于天地之间”地存在于人的生命之中。自从降生的那一刻起，人就被套进命运安排好的“君臣之义”与“父子之亲”的限制之中，不可抗拒，也无法逃避。本书在第一章第二节已经讲到，庄子是主张“安命”的。既然要安命，那么处于社会关系中的个体就应当对血缘亲情和社会秩序承担最起码的责任与义务，那就是“爱亲”与“事君”，亦即“孝”与“忠”。可见，庄子并没有将世界当作“身外之物”而舍弃，而是将其视为与身体血脉相连的存在。

正因如此，早期隐士中如伯夷和叔齐那样逃避世界、隐居山林的做法是庄子所不取的。从社会一般的道德标准来看，离群索居的隐者，无论出于什么样的初衷，都会遭遇到一种道德困境。正如子路评价隐者的一段话——“长幼之节，不可废也；君臣之义，如之何其废之？欲洁其身，而乱大伦”（《论语·微子》）——所揭示的，隐者对高洁人格的追求，是以放弃君臣父子等基本人伦为代价的，而放弃了基本人伦，就等于放弃了人之为人的起码要求。尽管对于社会的一般道德标准，庄子是颇为质疑和疏离的，但这并不意味着他完全抛弃了这套人伦法则。对于父子之伦，《养生主》篇中讲道：“缘督以为经，可以保身，可以全生，可以养亲，可以尽年。”可见，养生之道的一个重要目的就是赡养父母；而对于君臣之伦，即使在庄子所向往的“至德之世”中，庄子仍然为君王保留了位置，如《天地》篇中所说的“上如标枝，民如野鹿”。这都说明，庄子其实在一定程度上顺应了他所处的那个社会的主流道德意识，如“事君”、“养亲”等。既然不能放弃“君臣之义”与“父子之亲”，那也就意味着人必须生活在这个社会当中。

隐者之所以要离群索居，大多是想远离世俗的喧嚣纷扰，维护内心的宁静与人格的高洁，江海山林正为他们创造了这样一个远离人尘的条件。庄子也同样主张远离世俗欲求，以保持内心的澄明与淡泊。正因为此，庄子常被误认为是一个隐居山林以求避世的人。其实，这是对庄子的重大误解。

一般而言，静谧空旷的山林较之于沧海横流的尘世，的确更利于人们的精神修行。关于这一点，就连庄子自己也不得不承认：“大林丘山之善于人也，亦神者不胜。”（《外物》）但这并不意味着身处山林就一定能够提升自己的精神境界。《让王》篇中有一个例子，中山公子牟谓瞻子曰：“身在江海之上，心居乎魏阙之下，奈何?”中山公子牟向瞻子的请教，实际上就展露了他虽退居江湖却仍然心系俗世荣华富贵的困惑。在庄子看来，对功名利禄不能忘情的人，即使隐居到山林的腹地、尘世的最边缘，也无法排解尘忧。

不仅如此，隐居山林还有可能成为以退为进的政治筹码与沽名钓誉的手段工具，也就是“仕宦之捷径”。我们知道，隐士既然要避世，那就意味着应该从世人的视野中彻底消失。然而事实上吊诡的是，自许由、务光以来，隐士却往往正因为他们的隐身而显名。这是因为古代帝王很多都以“野无遗贤”标榜自己政治的清明，而如果有一个人怀才而隐，“天子不得臣，诸侯不得友”，那么他的“隐”这一行为本身，反而成了一种招引世人注意的“显”。如《外物》篇中的“纪他”，就是因为率弟子隐于窾水而获得了“诸侯吊之”的殊遇。再如《新唐书》中的卢藏用，就是通过假装隐士，居住在京城附近的终南山中，最后引起了朝廷的注意，达到了做官的目的。无独有偶，与之同时代的司马承祯也用同样的方法取得了官位。成语“终南捷径”即来源于此。

这样看来，隐居山林不仅没有为修心悟道提供便利，反而成为市井之徒谋取官职名利、成全贪欲妄念的最佳门径。据此，人们就有充分的理由对隐者隐居的动机表示怀疑，即怀疑他们是以隐居为手段，从而变相实现显达的目的。六朝的孔稚珪曾在《北山移文》中对那些“虽假容于江皋，乃缨情于好爵”者，即表面上隐居山林、实则贪图高官厚禄的假隐士，进行了激烈的声讨和揭露。宋代的陆游也曾赋诗一首：“志士栖山恨不深，人知已自负初心。不须更说严光辈，直由巢由错到今”（《杂感》），对传统所提倡的隐士文化提出了质疑。由此可见，避世与修心之间，并不存在必然关联。

正因为这样，庄子认为，选择在哪里居住，完全是一个外在形式的问题。因为这只涉及“安身”，与“安心”毫不相关。对于一个有志于悟道的人而言，“身”是否隐无关紧要，重要的是“心”隐。《缮性》篇中有一段话很值得我们注意：

虽圣人不在山林之中，其德隐矣。隐，故不自隐。古之所谓隐士者，非伏其身而弗见也，非闭其言而不出也，非藏其知而不发也，时命大谬也。当时命而大行乎天下，则反一无迹；不当时命而大穷乎天下，则深根宁极而待，此存身之道也。

根据许慎《说文解字》的说法，“悳”是“德”的古字，而“悳”字从“心”，这说明“德”总与心相关，“德隐”也就是“心隐”。可见，圣人之所以能成为圣人，乃是因为其心隐。正因为圣人能做到心隐，所以他不再需要“自隐”，即把自己隐匿到山林中。而对于“古之所谓隐士者”这一部分文字，刘成纪则发掘出了如下深意：“真正的隐士，并不一定隐身不见，一言不出，寸知不发，或者像伯夷、叔齐那样满怀着对现实的不满到首阳山饿死，而是要在精神上保持‘反一无迹’、‘深根宁极’的状态，让心灵之隐作为判断一个人是否是隐士的最后因。”① 的确，庄子心目中真正的隐者，并非隐遁山林的避世之人，而是那些寄居于纷扰的人间世中，却仍然能够在心灵上远离这个尘世、不为世俗的欲求所牵绊的人。

那些避世的隐士，则恰恰只注重形式上的身隐，故而为庄子所不屑。《刻意》篇中说：

就薮泽，处闲旷，钓鱼闲处，无为而已矣。此江海之士，避世之人，闲暇者之所好也。……若夫不刻意而高，无仁义而修，无功名而治，无江海而闲，不道引而寿，无不忘也，无不有也。淡然无极而众美从之。此天地之道，圣人之德也。

不难发现，隐逸山泽、栖身旷野的“江海之士”和“避世之人”并不是庄子所推崇的，相反，他认为这是刻意自鬻、舍本逐末的表现，只有那种“无江海而闲”，即无论身处何种境地，内心仍能保持闲淡安宁的人，才是真正的得道圣人。庄子的意思仿佛是：如果一个人真的能做到心中淡然，那么他自然可以无所不适、无往不可，即使在污泥浊水中打滚，也不会玷污心性的洁净，又何必多此一举，跑到山林江海之中静修隐居？这不是“刻意”是什么？

---

① 刘成纪：《青山道场——庄禅与中国诗学精神》，东方出版社 2005 年版，第 350 页。

庄子曾说过:“兼忘天下易,使天下兼忘我难。”(《天运》)意思是说,让世界忘记自己,比让自己忘掉世界难得多。依庄子之见,做一个“忘天下”的避世之人,其实并不很难,你只管逃到一个绝少人烟的地方譬如山林中隐居起来就行了;难的是你真正拥有一颗淡然的心,甘心隐匿在熙熙攘攘的人群当中,摒除一切邀名之欲。《人间世》篇中有句话说得很好,“不择地而安”,即无论身处何地都能保有安宁的心境;《则阳》篇中还有另一种形象的表达,曰“陆沉”,即形体存在于喧嚣陆市之上,而心灵却能沉静下去。陶渊明的“结庐在人境,而无车马喧。问君何能尔?心远地自偏”(《饮酒》),所展现的就是这样一种精神境界与生存体验。而那些隐居山林江海的避世之人,则是在“择地而安”,更何况他们还有可能“择地亦不安”,就像庄子所说的“坐驰”(《人间世》),即形体稳坐不动,而心灵却驰乱不已。显然,“不择地而安”相比“择地而安”是一种更高的人格境界,因为“不择”意味着随顺与无为,而“择”则暴露了刻意与机心。俗语所说的“小隐隐于林,大隐隐于市”讲的也正是这个道理。

由此可见,庄子绝不会主张世人效法那些避世之人,因为那种弃绝人世、隐居山林的行为方式,一来有违命运的安排,抛弃了君臣父子等基本人伦,推卸了人所应承担的最起码的责任与义务;二来太过刻意,且往往止于逐末,而遗忘了根本,更有甚者,还有可能以隐邀名、以名渔利。许抗生曾指出:庄子“并不是要人脱离现实世界,而是要在现实的社会中、日常的生活中实现精神的超越。这就是要在平常的生活劳作中体悟人生的意义和价值,而获得人生的愉悦和自由”①。这个见解的确深谙庄子。庄子所倡导的一切生存理念,都立足于俗常的人间世。在庄子看来,“夫流遁之志,决绝之行,噫,其非至知厚德之任与”(《外物》),逃避现实、与世决裂,这都不是至智厚德的得道之人的处世方式;真正的得道之人,乃有一种“不择地而安”、“无江海而闲”的自然和闲淡,并不需要借助身隐来实现心隐,也不需要借助山林来明其心志。他们“自埋于民,自藏于畔”(《则阳》),与普通人一样,劳作生活,养亲事君,不显山,不露水,和光同尘,不与世相忤,只默默地在心灵深处践行着对本真、独立与自由的追

① 强昱:《知止与照旷——庄学通幽·序》,宗教文化出版社2004年版,第3页。

求，体会天地之大美。①

二、反对入世

与江海之士的消极避世相对的，是儒家的积极入世。从孔子的周游列国到孟子的徘徊于齐梁之间可以看出，儒者总是期待进入并干预这个社会，即希望介入国家的政治生活，借助君主来实现其“治国平天下”的政治理想。儒家的此种救世之心，同样为庄子所不取。

在一个专制而非民主的社会，任何人要实现对社会的干预，都绕不开君主与权力这扇门。这也就意味着你必须入朝为官，跻身于国家的统治阶层。而据司马迁《史记·老庄申韩列传》记载，庄子是拒绝为官，终身不仕的：

> 楚威王闻庄周贤，使使厚币迎之，许以为相。庄周答谓楚使者曰：千金，重利；卿相，尊位也；子独不见郊祭之牺牛乎？养食之数岁，衣以文绣，以入太庙，当是之时，虽欲为孤豚，岂可得乎？子亟去，无污我。我宁游戏污渎之中以自快，无为有国者所羁，终身不仕以快吾志焉。

类似的事件也出现在《秋水》篇中。从以上文字中不难发现，庄子不是不能为官，而是不屑为官。换句话说，庄子不是不具备干预社会的能力，而是不愿意去干预社会。那么，庄子为什么不愿介入国家的政治生活呢？对此，我们当然也可以将其简单地归于命运。本书在第一章中已经讲过，依庄子之见，一个时代是有道还是无道，是乱世还是治世，完全是命运的安排，既然如此，那么再怎么经世救国，也无济于事。不过，笔者以为，庄子不仕还有更深层次的现实原因，那就是对世相人心的深刻洞察。

庄子处在一个无道之乱世，世道的艰险危恶在《人间世》篇中体现得最为充分。正如篇题所揭示的，“人间世”也就是庄子所处的现实社会。

---

① 中世纪神学家奥古斯丁的有关“天上之城”与“地上之城”的学说与此有相通之处。奥古斯丁认为：天国与俗城的对立，并不意味着人们要逃避其在世间生活中的一切责任，一个基督徒在尘世的责任是至死才可以解脱的；构成罪恶的原因不是我们置身于尘世生活，而是对尘世价值的热衷与钻营；我们最终属于“天上之城”还是“地上之城”，取决于我们的信念，而不取决于那些决定我们处境的但又不能为我们所控制的因素。参见于海：《西方社会思想史》，复旦大学出版社 2000 年版，第 61 页。

且看其一开始的描述：

> 回闻卫君，其年壮，其行独。轻用其国而不见其过。轻用民死，死者以国量乎泽若蕉，民其无如矣。

这种被安放在篇首的叙述，仿佛给庄子所处的社会定下了一个黑色的基调。在一个专制的社会，社会状况在很大程度上是由君主决定的。这里所描述的“卫君”，专横独断、凶残暴虐，从不反省自身的过失，更不愿接受任何人的劝谏。在他的暴政下，民众的生命贱如草芥，到处弥漫着死亡的气息，而卫君的“其年壮”似乎暗示着民众的苦难看不到尽头。这种由当权者的昏庸暴戾所导致的黑色基调，在庄书中被反复渲染：

> 今世殊死者相枕也，桁杨者相推也，刑戮者相望也。(《在宥》)
>
> 今处昏上乱相之间，而欲无惫，奚可得邪？此比干之见剖心征也夫！(《山木》)
>
> 今宋国之深，非直九重之渊也；宋王之猛，非直骊龙也。(《列御寇》)

从这些描述当中，我们能强烈地感觉到庄子对其所处的社会有一种寒彻骨髓的悲观与绝望。

面对君主的无道与百姓的疾苦，儒家当然是想有所作为的。《人间世》篇中意欲去卫国劝谏卫君的颜回，就是这么一个满怀救国热情、希图力挽狂澜的儒家知识分子的象征。以下是他与孔子的一段对话：

> “回尝闻之夫子曰：‘治国去之，乱国就之。医门多疾。’愿以所闻思其则，庶几其国有瘳乎！”仲尼曰：“嘻，若殆往而刑耳！夫道不欲杂，杂则多，多则扰，扰则忧，忧而不救。”

极具戏剧性的是，在这段文字中，作为儒家先师的孔子摇身一变，成了庄子的代言人。从孔子对颜回救世之心的无情讥讽中不难发现，面对颜回的狂热和冲动，冷静而清醒的庄子在思考这样一些问题：首先，这个世界真的可以因个人的介入而得到挽救吗？其次，挽救世界的行为对于个人来说会有什么样的后果？

对于前一个问题，亦即介入社会的有效性问题，庄子的答案是决然的否定，所谓“不救”，也就是无法挽救。庄子之所以如此绝望，也并非毫无事实根据。比如孔子，他周游列国，一心想要推行他的仁政，但结果呢？“再逐于鲁，削迹于卫，伐树于宋，穷于商周，围于陈蔡”，“七日不火食”（《让王》），“累累若丧家之狗”（《史记·孔子世家》），四处碰壁，没有一位国君有心任用他，政治抱负根本无法得以施展。有过类似遭遇的不乏其人，孟子也是其中一个。以上这些事实，构成了庄子认定入世无门、救世无望的一个现实背景。

不仅如此，庄子还从人性的角度证明了救世的不可能。庄子曾批评儒者“陋于知人心”（《田子方》），而下面庄子借孔子之口对颜回所进行的一番告诫，则可视为该批评的注解：

> 且若亦知夫德之所荡而知之所为出乎哉？德荡乎名，知出乎争。名也者，相轧也；知也者，争之器也。二者凶器，非所以尽行也。且德厚信矼，未达人气；名闻不争，未达人心。而强以仁义绳墨之言炫暴人之前者，是以人恶育其美也，命之曰灾人。灾人者，人必反灾之。若殆为人灾夫。（《人间世》）

对此，王博有一段相当精彩的分析，不妨赘引如下：

> 当你想以自己的德行和知识去感化别人的时候，你实际上是把自己看成善的象征，同时把别人看成恶的代表，并借由自己的善来突显别人的恶，用别人的恶来显示自己的善。这样做就好比是在向别人头上扣屎盆。……也许你并没有这种想法，但这不重要，重要的是别人是否认为你有这种想法。特别是一个暴人，他是不会理解你善良的愿望的。你的德和知刚好足以引发和强化他倾轧和争斗之心。灾人者，人必反灾之，这是人的常情。尤其当被你灾的人是一个拥有绝对权力者的时候，你的命运如何，是可想而知的。①

的确，像颜回这样的典型儒者，由于救世心切，大都是以临人以德的

---

① 王博：《庄子哲学》，北京大学出版社2004年版，第32页。

面貌出现的，而这种居高临下的训诫，就连普通人都难以接受，更何况是“适足以知人之过，而不知其所以过”的权倾天下的君王。因此，劝谏君主的后果，很可能是激怒君主。这样，救世的意愿只会适得其反，就像庄子所说的，是“以火救火，以水救水，名之曰益多”，成为暴君的帮凶。当然，一般的儒者也是知进退的。迫于王公的权势、嫉恨与暴戾，原本大义凛然、无所畏惧的颜回，只得对自己的应对策略进行调整，想出了“端而虚，勉而一”（行为端严且内心谦虚，积极努力且始终不移）、“内直而外曲”（内心正直而外表曲从）、“成而上比”（说辞允当且以古人为依据）等各种办法。但依庄子所见，这般费尽心机的复杂做法，最多也只能够免于“无罪”，即保住性命、全身而退，而要想“感化”君王、力挽狂澜，那还是遥遥无期的。

正是基于以上对事实与人性的观照，庄子认定儒家之徒绝无实现其救国热情的现实空间。正如本杰明·史华兹所说，《人间世》篇给予我们的启示是，“政治秩序并不能拯救深深扎根于人类个人心灵之中的人类困境。政治领域正是这种虚假意识的反映，它仍然是不可救赎的世界的一部分摆设。……最终说来，庄子没有为政治秩序赋予任何救赎性的角色，这大体是清楚的”①。对于庄子而言，儒家的入世之心、经国之志，完全是不考虑现实土壤的一相情愿，这就好比螳臂当车，即使奉献出自己的全部生命，也无法阻挡社会滑入深渊的车轮。也就是说，乱世之乱绝不会因个人的介入而得以整治，这就好比命运是无法改变的一样。所谓“当桀、纣而天下无通人，非知失也。时势适然”（《秋水》），既然庄子认定入世无效、救国无望，那么他远离政治的行为也就不难理解了。

现在再回到前文中所提到的后一个问题，也就是介入社会的危害性问题。庄子认为，在一个“祸重乎地，莫之知避”的时代，政治暴力可以随意地摧残个人生命，即使是圣人，他们所能做的也仅仅是全身保命，所谓“天下无道，圣人生焉”，因此人们应该努力地寻求政治冲击力的死角，“先存诸己而后存诸人”，自己安顿好了才有可能去安顿别人。那些一心救世的儒者们，却在向一个相反的方向走去，“所存于己者未定”，却“至于暴人之所行”，非要把自己推到风口浪尖上，置身于危如累卵、险象环生

① ［美］本杰明·史华兹著，程钢译：《古代中国的思想世界》，江苏人民出版社2004年版，第241页。

的境地。

在《人间世》篇中，庄子借孔子之口，屡次预言了颜回此去卫国所将遭遇的厄运，如“若殆往而刑耳”、“若殆为人灾夫”、“必死于暴人之前矣”等，刑残与杀戮让人触目惊心。而且，庄子还以历史上敢于直谏的忠臣关龙逢、比干为例，从人性的角度出发，分析了谏士被暴君残杀的必然性：“是皆修其身以下伛拊人之民，以下拂其上者也，故其君因其修以挤之。”一个下士在百姓心目中的威望，竟然远高于君主，这当然是骄矜而暴戾的君主所不能容忍的，因此谏士的悲剧命运早已注定。另外，庄子还指出，颜回之徒所面临的危险并非仅来自当权者，还来自世人。《山木》篇中，庄子指责孔子曰：“子其意者饰知以惊愚，修身以明污，昭昭乎如揭日月而行，故不免也。”意思是说，孔子以智慧与高洁的救世者面目出现，仿佛是在暗示世人的愚昧与污浊，这当然会引起世人的愤怒与反感，因而孔子所遭受的祸患也就在所难免。庄子的以上言论，对于满怀救世热情的儒家之徒来说，无疑是当头棒喝。庄子想以这种方式警醒世人——救世之举完全是在以自己的生命作博弈。

这种厄运并非只会降临在那些亟待介入国家政治的知识分子身上，对于那些已经身处政治权力中心的臣子而言，他们所面临的忧患丝毫不亚于颜回之徒。且看楚国使者叶公子高袒露的一段心声：

王使诸梁也甚重。齐之待使者，盖将甚敬而不急。匹夫犹未可动也，而况诸侯乎！吾甚栗之。子常语诸梁也曰：“凡事若小若大，寡不道以欢成。事若不成，则必有人道之患；事若成，则必有阴阳之患。若成若不成而后无患者，唯有德者能之。”吾食也执粗而不臧，爨无欲清之人。今吾朝受命而夕饮冰，我其内热与！吾未至乎事之情而既有阴阳之患矣；事若不成，必有人道之患。是两也，为人臣者不足以任之。（《人间世》）

叶公子高被楚王予以重任，这在颜回之徒看来是一种梦寐以求的身份，而叶公子高却深受其累，焦灼不已：如果君命不能完成，必定会受到君王的惩罚，遭受金木外刑等“人道之患”，甚至丢了性命；即使获得成功，也终究无法避免事成之前的惶恐和事成之后的庆幸，而忽忧忽喜的情感剧变必然导致阴阳失调，从而酿成疾患，这也就是所谓的“阴阳之患”。庄子在此生动地展现了身为人臣的无所适从与进退失据的两难境地。不难发现，叶公子高的“内热”，其实就是人臣使命与自我生命之间激烈冲突的表征。

与叶公子高一样遭遇两难境地的还有颜阖。颜阖要去给“其德天杀”（嗜杀成性）的卫灵公太子做老师，令他忧心的是不知该如何与太子相处。“与之为无方则危吾国，与之为有方则危吾身”，若迎合他，像《列御寇》篇中所提到的那个曹商那样，那么国家就要遭殃；若教导他，像《外物》篇中所提到的直谏忠臣伍员（即伍子胥）那样，则自身性命难保。这同样反映出作为人臣的一个普遍性焦虑。所谓“伴君如伴虎”，而“君”作为“虎”的一个最大特点就在于“杀其逆者”，用庄子的话来说就是“故其杀者，逆也”（《人间世》）。人臣若要实现对无道之君的劝谏与教导，就必然会忤逆君王的意志，故而其悲惨结局可想而知。也许有人会说，教导君王是出于对君王的忠与爱，但正如《外物》篇中所讲的“忠未必信”，暴君是没有这种胸怀来度量你的初衷的。就像庄子所讲的那个“爱马者失马”（《人间世》）的寓言所揭示的，拳拳“爱”君之心所换来的却是“亡”。如此看来，位高权重的官宦们并非世人所想象的那般风光无忧，而是处于“人道之患”与“阴阳之患”的双重煎熬当中，苦苦挣扎，心力交瘁。

无论是颜回这样亟待介入国家政治的知识分子，还是叶公子高、颜阖这样已经置身于政治权力结构中心的臣子，他们的生命都因介入社会而受到了极大的威胁，这种威胁不仅表现为身体上的刑戮，更表现为心灵上的焦虑，以及因心灵焦虑所导致的身体上的疾患。用庄子的话来说，就是被套上了“内刑”与“外刑”两重枷锁，“为外刑者，金与木也；为内刑者，动与过也”（《列御寇》）。入世者们的此种生存状态，与庄子所倡导的适意自由的生命理想可谓南辕北辙。第一章中讲过，庄子是尤为“贵生”的，他对生命价值的重视超过其他任何世俗价值，而颜回与叶公子高们介入社会的行为，却对自身生命构成了心灵上与身体上的双重戕害，这无疑是庄子反对入世的一个最重要的原因。

正是基于上述理由，庄子认定，在一个无道的社会，一切的介入都属无效，一切的介入都将害生。入世的无效性以及危害性，使得庄子自觉地远离公共的政治舞台，也使得经世治国的话题彻底地退出了庄子的心灵。也正因为庄子不再为社会的治乱所萦怀，他才能够从更高的宇宙的规模来把握人的存在，以审美的态度来观照苦难的世界。

三、顺人而不失己

庄子既不避世，也不入世，而是倡导游世。游世的具体表现，乃是一种“顺人而不失己”，即既顺应这个社会，又不丧失自我追求的处世理念。《外物》篇云：“唯至人乃能游于世而不僻，顺人而不失己。”从中，不难发现“游世”与“顺人而不失己”之间的内在关联。我们知道，“至人”是庄子心目中理想人格的代表。这就意味着，“顺人而不失己”作为一种处世之方，是最高生命智慧的体现。“顺人”，就是委顺他人，做到“不敖倪于万物”、“不谴是非以与世俗处”（《天下》），尽量避免与他人发生摩擦与冲突，就像那在机关纠结中仍游刃有余的“庖丁”（《养生主》），连少数个别人也不违逆的“古之真人”（《大宗师》），任凭他人将自己称为牛马也因之任之的“泰氏”（《应帝王》）；“不失己”，就是无论在任何情况下，都永远保持自己独立的人格、本真的心性与对其生命理想的积极追求，用庄子的话来说就是“独与天地精神往来”（《天下》），“乘天地之正，而御六气之辩，以游无穷”，“恶乎待哉”（《逍遥游》）。林希逸曾对“顺人而不失己”作了如下解释：“虽和光同尘，不与世相忤，而我之所存者自在。”①可见，“顺人而不失己”就是一种表面上委顺随从而内心高蹈无待的人生哲学。

与“顺人而不失己”异名而同实的是“外化而内不化”。“外化而内不化”出自《知北游》篇：“古之人外化而内不化，今之人内化而外不化。与物化者，一不化者也。”所谓“外化”，就是“与物化”，亦即随顺环境外物的一切变化，其基本特征是“一龙一蛇，与时俱化”（《山木》），即不偏执、不拘泥、无“特操”（《齐物论》）、屈伸无定，懂得随着时境的变化而变化；而“内不化”，就是“一不化”，是指与道为一，在万物纷纭变化之中保持内心的虚静安宁，恒守最纯然的心性，其基本特征是“自事其心者，哀乐不易施乎前”（《人间世》）。《德充符》篇说：“死生亦大矣，而不得与之变；虽天地覆坠，亦将不与之遗；审乎无假而不与物迁，命物之化而守其宗也。”其实，所谓“不得与之变”、“不与之遗”、“不与物迁”、“守其宗也”，与“内不化”表达的都是一个意思。在庄子看来，真正的圣人，无论面对任何情形，即使是生死巨变、天塌地陷，也能安之若素，保

---

① （宋）林希逸著，周启成校注：《庄子鬳斋口义校注》，中华书局1997年版，第424页。

持内心的超然独立，不随外物而动。庄子所以为的人世最大悲哀，就是《齐物论》篇中所说的“其形化，其心与之然”，即心灵不能恒守其本真超然而随物化驰，其实也就是庄子所说的“内化”。

从表面上看，“顺”与“不失”、“化”与“不化”仿佛存在不可调和的矛盾，那么庄子又是如何消解这其中的矛盾，做到“顺人而不失己”、“外化而内不化”的呢？这其中的关键就在于庄子对人的心（心灵）与形（形骸）作了区分。在庄书中，心与形的对举屡屡可见，比如：

形固可使若槁骸，心固可使若死灰乎？

其形化，其心与之然，可不谓大哀乎？（以上均出自《齐物论》）

故德有所长而形有所忘。（《德充符》）

形莫若就，心莫若和。（《人间世》）

彼有骇形，而无损心。（《大宗师》）

弃事则形不劳，遗生则精不亏。夫形全精复，与天为一。（《达生》）

吾愿君刳形去皮，洒心去欲，而游于无人之野。

形莫若缘，情莫若率。（以上均出自《山木》）

今人之治其形，理其心，多有似封人之所谓。（《则阳》）

养志者忘形，养形者忘利。（《让王》）

以上文字中出现的“心”、“德”、“精”、“情”、“志”，其实都指向人的心灵；而“形”则指向人的形骸。形骸当然并非仅指人的自然形骸，即身体器官等，还包括人的社会形骸，即人的行为举止等。不难发现，心灵与形骸虽然统一于个体生命当中，但其实是两个不同的部分。心灵属于无形的世界，而形骸则属于有形的世界。

庄子对个体生命的这个区分，其实源自他对整个世界的认识。在庄子看来，世界是由有形者与无形者共同组成的。换言之，世界可区分为有形和无形两种。借用《周易・系辞传》中的术语，也就是“形而下”与“形而上”。其中，道是无形的，所谓“道有情有信，无为无形”（《大宗师》），老子也曾说过：“大象无形”（《老子・四十一章》），而物则是有形的。正如王博所说：“在世界和人之间进行类比，是古代中国人常见的做法。

在这种类比中，世界被看作是放大的人，反过来，人则被看作是缩小的世界。"[1] 因此，有关世界的有形与无形的区分，在人的生命体上自然就会有所体现。正如无形者——道是世界的本质与"真宰"（《大宗师》），那么，无形者——心灵就是人最为核心与根本的所在。从以上庄书中心与形对举的文字中不难发现，心与形比较起来，庄子更看重的是心灵，换言之，心灵在庄子思想中所担任的角色更为重要。当然，心灵的重要，并非意味着形骸的不重要。正所谓"皮之不存，毛将焉附"，没有形骸，心灵便失去了其存在的物质载体。

我们现在回到上文所提出的问题：庄子究竟是如何消解"顺"与"不失"、"化"与"不化"之间的矛盾，做到"顺人而不失己"、"外化而内不化"的？这其中的奥秘就在于两对矛盾的行为主体不同。具体来说，虽然"顺"与"不失"、"化"与"不化"这两种看似矛盾的行为是由同一个生命体发出的，但由于"顺"与"化"的行为主体是人的形骸，"不失"与"不化"的行为主体却是人的心灵，而根据庄子的认识：形骸与心灵虽存于同一生命体中，却并不相同，可以分而治之，因而完全可以做到形顺人而心不失己、外形化而内心不化，即外形上随人而化，而内心中超然独立。不难发现，在庄子所倡导的游世的处世理念中，心灵与形骸作为人生命的两翼，表现出了某种分裂的特征。这种分裂的状态，在庄书中大量出现，如《人间世》篇中的"内直而外曲"（内直者，与天为徒……外曲者，与人为徒）、"形莫若就，心莫若和"，《山木》篇中的"形莫若缘，情莫若率"，《则阳》篇中的"陆沉"，等等。

那么，庄子为什么要在个体生命的心与形之间划一道裂谷，主张在形骸上采取"顺"与"化"，而在心灵上却"不失"与"不化"呢？笔者以为原因有三：

其一，在庄子看来，形骸虽然属于人的一部分，却并不为人所控制，因为它来自"天"的赋予，所谓"天与之形"（《德充符》），受"命"之掌控，因而只能因顺变化。正如《德充符》篇中所说："死生、存亡、穷达、贫富、贤与不肖、毁誉、饥渴、寒暑，是事之变、命之行也。"生死、疾患、安逸、尊贵、饥渴等，都与人的形骸密切相关，而这些都属于命运管辖的范畴，人无力主宰，故此人所能做的就只能是因循安顺。而心灵则不

---

① 王博：《庄子哲学》，北京大学出版社 2004 年版，第 202 页。

同，正如本书第一章第二节“安命”部分所申说的，心灵属于命运无从干涉的范围，是一个可由自己做主的领域。因此，形骸上的因循安顺，完全不妨碍我们在内心中实现自己的人格追求与生命理想，即保持自己的本真独立性（“不失己”），获得宁静逍遥的审美体验（“内不化”）。

其二，如前所述，形骸是有形的、实的，而心灵是无形的、虚的。形骸的有形性特征带来了两个方面的结果：一方面，有形性注定了形骸是无法被彻底隐藏的。只要你生活在这个俗世当中，你就必然要向他人展现由你的形骸所发出的行为，而这些行为也恰恰是他人认识你的唯一路径，这也就意味着你的形骸是影响你与他人的社会关系的最重要的因素，因而你必须为了他人在行为上作出某种妥协，也就是“顺人”；另一方面，有形性注定了形骸自身的局限性，比如人的形骸总是处在不断的变化当中，正如庄子所说“若人之形者，万化而未始有极也”（《大宗师》），随时可能遭遇不可治愈的病患与残障，而且终有一天会死去。这些变化之所以被称为“局限”，就是因为人无力对之进行干预。庄子认为，面对这些变化，我们唯一能做的就是顺应，也就是“外化”。而心灵的无形性特征，则决定了它可以摆脱有形之物包括形骸的限制，从而获得某种超越性与自由度。依庄子之见，人对心灵的主宰应是无待而自足的。也就是说，只要我存在、心灵存在，那么我就是心灵的主人，这一点绝不会随着形骸与外界的变化而变化。因此，在我们的形骸委顺他人的同时，我们的心灵则可以把我们带到“独与天地精神往来”的境界，做到“不失己”；同样，当我们的形骸在顺应宇宙大化而不断变化时，我们的心灵也可以固守于“无何有之乡”（《逍遥游》）与“物之初”之道（《田子方》），做到“内不化”。

其三，庄子认为，只有使形骸做到“顺”与“化”，才能安顿形骸；而只有安顿好自己的形骸，才能安顿好自己的心灵，保持人格的“不失己”与精神的“内不化”。第一章中已经讲到，庄子处在一个“祸重乎地，莫之知避”（《人间世》）的无道之世，深感乱世中的个体生命极其脆弱，因此只有在形骸上采取“顺”与“化”的应对策略，随顺他人与外界，尽可能地减少与外物的冲突与矛盾，才能使个体生命远离祸害与危势，所谓“不伤物者，物亦不能伤也”（《知北游》），进而为心灵的安顿提供生命基础。同样，心灵的安顿、“不失己”与“内不化”，即本真独立、恬静安然的心灵状态与精神境界，又可以更好地帮助形骸实现其安顿，保证其毫无滞碍地随顺变化，从而使个体生命免于疲累、焦灼与祸患。需要特别说明的是，庄子所倡导的这种表面上的随顺，决不等于没有任何原则的迁就迎合，更不意味着与世俗污浊的积极合谋。庄子曾借蘧伯玉之口强调："就不欲入……形就而入，且为颠为灭，为崩为蹶。"（《人间世》）郭象注曰："就者形顺，入者遂与同也。""若遂与同，则是颠危而不扶持，与彼俱亡矣。"[①] 庄子明确地意识到，随顺但绝不能太过分，以致在内心中认同，否则不但助纣为虐，还会葬送了自己。

由上可见，庄子的这种"顺人而不失己"、"外化而内不化"的游世理念，一方面通过形骸维度的"顺人"与"外化"，即表面上的随顺他人、适应变化，保证了其现实意义上的"在世性"，既避免了避世之人对其所必须承担的如"事君"、"养亲"等责任与义务的放弃，又避免了入世之人所极有可能遭遇的生命危险，所谓"虚己以游世，其孰能害之"（《山木》），从而为审美体验的发生提供了外在现实层面的保障；另一方面，又通过心灵维度的"不失己"、"内不化"，即内心中的本真独立、虚静安宁，保证了其精神意义上的"远世性"，既避免了避世之人的刻意与机心，又避免了入世之人所极有可能遭遇的"阴阳之患"与"内刑"，从而为审美体验的发生提供了内在心理维度的保障。如此，"在世"而非"入世"、"远世"而非"避世"的"游世"理念，成就了庄子在乱世之中独特的生命智慧，同时也实现了庄子对外在现实世界与内在精神世界的熔接，从而使得审美体验从准备期过渡到了进行期。

第二节　虚的功夫

对庄子而言，体悟到了"道"的存在，也就意味着由世俗状态进入到了审美境界，获得了审美体验。故此，获得审美体验的内心功夫与体道的功夫是全然一致的。庄书中提出了一系列体道的内心功夫，如"心斋"、"坐忘"、"见独"、"心养"、"日损"、"丧我"，等等。这些功夫虽各有所异，但都可以归结为"虚"这种最基本的功夫。

按照一般的理解，一个人的进步，总意味着一个"正"的加法的过

① （清）郭庆藩撰，王孝鱼点校：《庄子集释》，中华书局2004年版，第165～166页。

程，即现在比过去“多”了点什么，比如多了些知识、多了些技能、多了些经验，等等。但庄子所见不同。庄子认为，一个人的获益，其真正的奥秘在于“减”，也就是去除、忘却、摆脱、抛弃些什么，减得越多越彻底，获益也就越多。这就意味着，庄子所谓的“益”（《大宗师》），其实是一个“负”的减法的过程。对于庄子而言，只有当一个人把那些扰乱、遮蔽其天性的一切事物一一剥离的时候，他才能够听到生命深处最本真的呼唤，才能够在“道”的玄冥当中获得那种周身流转而又美不可言的巅峰体验，成就完美人生。庄子的这一思想是承袭老子而来的，老子指出：“为学日益，为道日损。损之又损，以至于无为。无为而无不为。”（《老子·四十八章》）从以上“为学日益”与“为道日损”的对比当中，我们不仅能够发现庄子与老子的一脉渊源，还能发现老庄思想与世俗观念的巨大差异。

我们可以用庄书中屡屡出现的一个动词——“虚”[①] 来指称这样一种引领自我提升的内心功夫。与“虚”异名同义的，还有“外”（如《大宗师》篇中：“外天下”）、“齐”（亦即斋[②]，如《达生》篇中：“齐以静心”）、“忘”（如《让王》篇中：“忘心”）、“丧”（如《齐物论》篇中：“吾丧我”）、“损”（如《知北游》篇中：“日损”）、“去”（如《外物》篇中：“去小知”）、“无”（如《逍遥游》篇中：“无己”）、“遗”（如《庚桑楚》篇中：“遗生死”）、“刳”（如《天地》篇中：“刳心”）等，都是具有否定性意义的词汇。

庄子在很多地方都提到了这种“虚”的内心功夫，比如：

回曰：“敢问心斋。”仲尼曰：“若一志，无听之以耳而听之以心，无听之以心而听之以气。听止于耳，心止于符。气也者，虚而待物者也。唯道集虚。虚者，心斋也。”颜回曰：“回之未始得使，实自回也；得使之也，未始有回也，可谓虚乎？”夫子曰：“尽矣！”（《人间世》）

颜回曰：“回益矣。”仲尼曰：“何谓也？”曰：“回忘仁义矣。”曰：“可矣，犹未也。”他日复见，曰：“回益矣。“曰：“何谓也？”曰：“回忘礼乐矣！”曰：“可矣，犹未也。”他日复见，曰：“回益矣！”曰：“何谓也？”曰：“回坐忘矣。”仲尼蹴然曰：“何谓坐忘？”颜回曰：“堕肢体，

---

① 如“唯道集虚”（《人间世》）、“吾与之虚而委蛇”（《应帝王》）、“虚则静”（《天道》）、“虚己以游世”（《山木》）、“虚则无为而无不为也”（《庚桑楚》）。据统计，“虚”在《庄子》中出现61次。

② 《说文解字》云：“斋，戒洁也。”

黜聪明，离形去知，同于大通，此谓坐忘。”（《大宗师》）

梓庆削木为鐻，鐻成，见者惊犹鬼神。鲁侯见而问焉，曰：“子何术以为焉？”对曰：“臣，工人，何术之有！虽然，有一焉：臣将为鐻，未尝敢以耗气也，必齐以静心。齐三日，而不敢怀庆赏爵禄；齐五日，不敢怀非誉巧拙；齐七日，辄然忘吾有四枝形体也。当是时也，无公朝。”（《达生》）

不难发现，以上诸种帮助自我体悟大道的内心功夫，都有一个根本共同点，那就是“虚”，即对某些东西的去除与忘却。

一、所虚之物

那么，对庄子而言，若要进入到审美体验与“道”的境界当中，世人心中需要去除、遗忘的内容究竟有哪些呢？换言之，庄子要求世人“虚”的究竟是什么呢？在笔者看来，所虚之物主要有感官活动、生理欲望、贪生意识、名利物欲、道德观念、情感波动、知性活动、一己成心等八项。需要说明的是，此八者并非有着清晰的界限，而是在内容上或有重叠交叉，但为了行文方便，姑且分而论之。

1．感官活动

对于感官所起到的作用，庄子一直有种根深蒂固的不信任。《人间世》篇中说：“无听之以耳而听之以心，无听之以心而听之以气。”《养生主》篇中亦说：“臣以神遇而不以目视，官知止而神欲行。”通常认为，耳朵是最重要的听觉器官，眼睛是最重要的视觉器官，而庄子却告诉我们，不要用耳去听，不要用目去视，因为世界的本质——道乃是超验的[①]，耳朵和眼睛等外在感官只会使自己对世界的观察停留在形而下的浅表层次；只有用“气”与“神”，即每个生命体所具有的一种与道相融通的内在神秘能力，也就是张利群所说的“超越五官感受的视觉、味觉、听觉、触觉、嗅觉之上的更高层次的精神感觉”[②]，去感知这个世界，才能洞悉生命与宇宙最深的奥妙，与道相契，与美相冥。所以，庄子多次提及要忘却身体的存在，排除感官活动对心灵的干扰，如《大宗师》篇中的“堕肢体”、“离

---

① 有关道之超验性的详细论述，参见本书第四章第一节“本根之道的特征”部分。

② 张利群：《庄子美学》，广西师范大学出版社 1992 年版，第 108 页。

形”与“忘其肝胆，遗其耳目”，《在宥》篇中的“堕尔形体”，《达生》篇中的“忘吾有四枝形体”，等等。也正因为此，《庄子》中的得道之人才会具有那种“形若槁木”的独特形象。该形象作为至人的一种外在形貌表征，与其心理表征“心若死灰”一起，在庄书中反复出现。这也说明，在庄子看来，只有遗忘了感官的物质性存在，才能达到“心若死灰，真其实知”（《知北游》）的澄明至境。在此，我们需要辨别作为至高心境的“心若死灰”与作为至大悲哀的“哀莫大于心死”（《田子方》）间的本质不同。此二者同为庄子所提出，字面上看似相仿，而实则有云泥之别。“心如死灰”是一种个体遗忘感官活动之后所步入的通透本真、与道合一的生命境界；而“哀莫大于心死”则正如陈少明所说，乃是描述“生命还存在，而精神已经因长期‘与物相刃相靡’而变得麻木，从而失去感受自然之美好的活力那种现象”①。

2. 生理欲望

庄子之所以要“堕肢体”、“离形”，还有另外一个原因，那就是忘却、摆脱那些以满足感官快适为目的的各种生理欲望。早在庄子之前，老子就已经指出了一味追逐感官享受对人的危害：“五色令人目盲；五音令人耳聋；五味令人口爽；驰骋田猎，令人心发狂；难得之货，令人行妨。是以圣人为腹不为目，故去彼取此。”（《老子·十二章》）陈鼓应解释说：“圣人但求安饱而不逐声色之娱。”② 也就是说，具有最高生命境界的人，只求满足最基本的生理需求，而不会去激起或满足感官无止境的欲望。与老子一样，庄子亦说道：

> 且夫失性有五：一曰五色乱目，使目不明；二曰五声乱耳，使耳不聪；三曰五臭薰鼻，困惾中颡；四曰五味浊口，使口厉爽；五曰趣舍滑心，使性飞扬。此五者，皆生之害也。（《天地》）

依庄子之见，感官欲望就如同潘多拉的盒子一般，一旦受到刺激而开启，则不可收拾，而一味地对其贪得无厌的需求进行满足，则会使人丧失本然天性，使心灵沦为感官的奴隶，以致无法领略到天地之大美的存在。

---

① 陈少明：《〈齐物论〉及其影响》，北京大学出版社2004年版，第83页。
② 陈鼓应注译：《老子今注今译》，商务印书馆2003年版，第119页。

据此，庄子提出应遗忘生理欲望的存在，使感官处在一个“媒媒晦晦”（《知北游》）的自然状态。这样一种遗忘的历程，正如徐复观所言：乃是“消解由生理而来的欲望，使欲望不给心以奴役，于是心便从欲望的要挟中解放出来”①。

3．贪生意识

贪生意识，也就是对自然生命将逝时的贪恋以及对自然死亡将至时的恐惧。在一般人看来，与感官活动和生理欲望相比，贪生意识是一种更接近生理本能的心理活动，因而尤其难以逾越。这一点就连庄子自己也承认：“死生亦大矣。”（《德充符》）但即使这样，庄子还是认为，只有破除这种贪生意识，做到“外生”（《大宗师》），我们才能够真正体验到生命自身的无穷魅力。在庄子心目中，那些得道至人都能够超越生死，所谓“古之真人，不知说生，不知恶死”（同上），而庄子自己更是以妻死“鼓盆而歌”（《至乐》）和己将死“以天地为棺椁”（《列御寇》）的行为，为这一理念作了生动的注解。庄子之所以不贪生惧死，有三个方面的原因：其一，死亡是对生之苦累的一种解脱。《齐物论》篇中云：“予恶乎知夫死者不悔其始之蕲生乎。”《大宗师》篇中云：“夫大块载我以形，劳我以生，佚我以老，息我以死。”《至乐》篇中亦云：“死，无君于上，无臣于下，亦无四时之事，从然以天地为春秋，虽南面王乐，不能过也。”这几句话都是从世俗心理层面揭示了一个道理：生未必欢，死未必悲。其二，生死是自然造化的必然环节，个人无力干涉。《大宗师》篇中云：“死生，命也，其有夜旦之常，天也。”意思是说，人的死与生，都是命运的安排，这就如同黑夜与白昼交替一般，是自然规律。因此，与其跟不可违逆的命运对抗，还不如安然顺应自然之道自身的流转。其三，生死首尾相连，都不过是宇宙间气的聚散。《知北游》篇中云：“生也死之徒，死也生之始，孰知其纪！人之生，气之聚也。聚则为生，散则为死。”死亡并不意味着彻底的消亡，而是新的生命的开始，所以庄子又称其为“反其真”（《大宗师》）；同样，生命也不意味着永恒的长生，而是走向死亡的必然开端。也就是说，“死生存亡”乃“一体者”（《大宗师》），因而没有必要贪生恶死。正是基于以上三点原因，庄子奉劝世人摒除贪生意识。在庄子看来，贪恋生命、恐惧死亡只会使人把自己的生命当作一种极为沉重的负担，而唯有顺应造化的

① 徐复观：《中国艺术精神》，春风文艺出版社1987年版，第62页。

自然流转，才能由始至终享受生命的美好。

如果说，以上感官活动、生理欲望与贪生意识三者都属于生物性意义上的内容，那么，下面的需虚之物则属于社会性的范畴。

4. 名利物欲

在庄子看来，名利物欲，也就是人对名声与利益的趋求，对人之本性的破坏性尤甚。名与利二者，乃是世俗之人梦寐以求之物，但庄子却极不以为然。《逍遥游》篇中云："名者，实之宾也。"《人间世》篇中亦云："德荡乎名……名也者，相轧也。"并将"名"称为"凶器"，这是庄子对名的警醒；《天地》篇中云"功利机巧必忘夫人之心"，《山木》篇中亦云"见利而忘其真"，这是庄子对利的批判。庄子认为，世人所汲汲追求的名利之物，不仅虚妄不实，而且会使本性失真。《庚桑楚》篇中的"富贵显严名利六者，勃志也"，说的也就是这个道理。庄子还发现，名、利二物对世人所产生的煽惑，不仅会迷失人的本性，而且会伤害人的生命。正如《骈拇》篇中所云："伯夷死名于首阳之下，盗跖死利于东陵之上。二人者，所死不同，其于残生伤性均也。"也正因如此，名、利二者往往被庄子描述为得道功夫中的首要去除之物。如女偊闻道的第一步就是"忘天下"与"忘物"（《大宗师》），而梓庆静心的第一步也同样是"不敢怀庆赏爵禄"与"不敢怀非誉巧拙"（《达生》）。依庄子所见，一个真正做到"无功"、"无名"（《逍遥游》）的人，才能"神未有所困"（《天道》）、"物物而不物于物"（《山木》），这样的人被庄子称为"神人"、"圣人"；而一个被名与利役使的人，则不仅"丧己于物，失性于俗"（《缮性》），而且"以身殉利"、"以身殉名"（《骈拇》），这样的人被庄子称为舍本逐末的"倒悬之民"。这也就意味着，唯有抛却名与利的各种计较，将心灵从物欲的统治下彻底解放出来，才能"乘天地之正，而御六气之辩，以游无穷"（《逍遥游》），真正回归于天地大道，无待而逍遥。

5. 道德观念

这里所说的道德，乃是世俗意义上的道德，即儒墨等道德学家的道德，庄子常常用"仁义"来指称这种道德。"仁义"是庄子"坐忘"说中的首要排除之物。在庄子看来，所谓仁义，其实是对人性的一种伤害，是天下祸乱的根源。庄子的这种观点是与老子一脉相承的。老子云："绝仁去义，民复孝慈。"（《老子·十九章》）庄子亦言："且夫待钩绳规矩而正者，是削其性者也；待绳约胶漆而固者，是侵其德者也；屈折礼乐，呴俞仁义，以慰天下之心者，此失其常然也。”（《骈拇》）虽然庄子也意识到儒家提出仁义的初衷是好的，然而当仁义成为全社会的一种强制性道德规范去约束每一个个体的行为时，仁义也就走向了自身的反面，成为扭曲本性之真、戕害生命之美、导致虚伪之恶的祸首，所谓“君虽为仁义，几且伪哉”（《徐无鬼》）。不仅如此，庄子还看到，仁义亦是无道的统治者粉饰门面的工具。他说那些欺世盗名的当权者，“为之仁义以矫之，则并与仁义而窃之。何以知其然邪？彼窃钩者诛，窃国者为诸侯，诸侯之门而仁义存焉，则是非窃仁义圣知邪？”（《胠箧》）这说明，仁义道德只是当权者用来规范别人的，而对于他们自己，则是用来掩饰其丑恶行径的幌子。据此，庄子认为，只有抛却世俗的道德观念，才能够获得天地间最高的“大道”与“大德”，即本源性的道德。[①] 他所说的“去善而自善矣”（《外物》）也就是这个道理。在此需要申明的是，庄子抛却道德观念，并不意味着他是反道德的。如果道德是立足于善恶区分之上的对于善的追求，那么反道德则恰好相反，表现为对恶的实践，而庄子则是善恶俱谴，既不誉尧，亦不尚桀。如果以世俗的标准来看，可以说庄子是“非道德”，但绝不是“反道德”。英国汉学家翟林奈（Lionel Giles）指出“庄子既不道德（moral），也不反道德（immoral），而仅仅是非道德（non - moral）”[②]，措辞是非常恰当的。“非”与“反”虽只有一字之差，意义却迥异。庄子对道德观念的遗忘，乃是一种对于世俗道德的超越，而不是简单的对抗。

6. 情感波动

情感波动，亦属需虚之物的行列。庄子主张无情，所谓“无情”，意即“哀乐不易施乎前”（《人间世》），“哀乐不能入”（《养生主》），“喜怒哀乐不入于胸次”（《田子方》）。从表面上理解，庄子似乎主张让人变得“没有任何感情”，实则不然。《德充符》篇庄子与惠子有如下一段关于“无情”的对话：

惠子曰：“既谓之人，恶得无情？”庄子曰：“是非吾所谓情也。吾所谓无情者，言人之不以好恶内伤其身，常因自然而不益生也。”

---

① 在本书第四章第一节“人与世界的原初关联”中，笔者对世俗道德与本源道德进行了区分，可参阅。

② Chuang Tzu. *Teachings and sayings of Chuang Tzu*. Dover Publications, 2001. p. 6.

不难发现，庄子所谓的“无情”，与惠子所谓的“无情”，也就是俗常意义上的“没有感情”，完全是两码事。庄子的无情，其实包含了两个否定（“不以好恶内伤其身”与“不益生”）和一个肯定（“常因自然”）。第一个否定好理解，就是不因情感的变动而戕害自身，指的是不放纵情感。第二个否定因其文字过于简略，常为人所忽略。对此，崔宜明有一个解释：“不益生”是“针对着拘执于情感，以压抑、杜绝情感的办法来人为延年益寿的养生家之言”[①]，就是不压抑情感之意。崔的这个解释非常精审，因为这能够很好地把生命问题（即益生）与情感问题（即无情）融通起来，并与前面所说的“不以好恶内伤其身”的含义形成对应。在了解了“无情”的两个否定性含义后，其肯定性含义也就昭然若揭了。所谓“无情”，就是既不放纵情感，也不压抑情感，而是使情感处在一个自然本真的状态，所谓“情莫若率”（《山木》）是也。比较而言，庄子之所以主张无情，最主要的还是针对世人容易沉溺、放纵于世俗外物所引发的情感波动当中而言的。庄子曾对世人易于被自我情感左右而喜怒无常的状态进行了激烈的批判：“近死之心，莫使复阳也。喜怒哀乐，虑叹变蜇，姚佚启态。”（《齐物论》）世人这些情感变化从表面上看来，就如同“乐出虚，蒸成菌”（《齐物论》）一般，是情由心生、自然而然的，但其实都是“心死”，即心灵无力主宰自我、被情感所困役的表现。所谓“悲乐者，德之邪也；喜怒者，道之过也；好恶者，德之失也”（《刻意》），“恶欲喜怒哀乐六者，累德也”（《庚桑楚》），其实就是这个道理。正基于此，庄子提出了无情。在庄子看来，一个人要想从世俗状态升华到审美境界，就必须摆脱情感波动，即由世俗外物所导引的各种喜怒哀乐的心理变化对心灵的煽惑和役使，永远保持一颗撄宁虚静之心。因为只有这样，他才能够体会到什么叫“至乐无乐”（《至乐》）[②]，什么叫“恒物之大情”（《大宗师》）。

7. 知性活动

知性活动，就是普通所谓的概念性的、逻辑性的、技术性的知识活动，同样是庄子认为需要摒弃的内容。在今天看来，知性作为一种科学思维，是我们认识世界的一个最重要的能力。然而，庄子却对知性保持着高度的警惕，主张“去知”（《大宗师》）。对于知性的批判，早在老子就已经

---

① 崔宜明：《生存与智慧——庄子哲学的现代阐释》，上海人民出版社1996年版，第121页。
② 有关“至乐无乐”，将在本书第三章第一节“至乐”中加以详论。

提出，如“是以圣人之治，……常使民无知无欲”（《老子·三章》）。与老子一样，庄子也屡屡表达了他对知性的反对态度，认为“同乎无知，其德不离”（《马蹄》），提出“黜聪明”（《大宗师》）、“掊击而知”（《知北游》）。从以上言论来看，庄子仿佛是一个彻底的反知主义者，其实这是对庄子的极大误解。庄子并非主张世人泯灭一切知性活动，而只不过将人类的知性能力划定在了“物”的范围。也就是说，知性能力只能用来认识形而下的“物”，无力认识形而上的“道”，这正如《天地》篇中那个“知”索“玄珠”而不得的寓言所揭示的。而要认识“道”，就必须放弃知性的运用。[①] 所谓“知止其所不知，至矣”（《齐物论》），讲的其实就是这个意思。对于庄子而言，那种能够认识“物”的知性能力，只是一种“小知”，一种“技”；而那种能够感悟“道”的生命直觉，才是“大知”。庄子有时又把这种“大知”称为“无知”（如《人间世》篇中：“未闻以无知知者也”），这就意味着，直觉是一种完全不同于知性的认识能力。此外，从庄子假托孔子之口所说的“去小知而大知明”（《外物》），与庖丁所说的“臣之所好者道也，进乎技矣”（《养生主》），以及汉阴丈人拒绝用机械灌水（《天地》）的寓言当中也可以看出，依庄子之见，知性对于人们体会道的真义构成了巨大的妨碍。因此，只有打破知性对心灵的蔽障，清除知性对直觉的羁绊，杜绝知性对本性的扭曲，才能拾回其生命深处对天地之道与万物之美的先验感悟能力，从而与道合一。冯友兰曾将庄子特有的这种悟道方式与詹姆斯的“纯粹经验”（pure experience）关联起来，称“在有纯粹经验之际，经验者，对于所经验，只觉其是‘如此’（詹姆斯所谓‘that’）而不知其是‘什么’（詹姆斯所谓‘what’）”[②]，也就是针对体道境界的无知性特征而言的。

8. 一己成心

一己成心，意即个人判断是非的成见。“成心”二字，出自《齐物论》篇：“夫随其成心而师之，谁独且无师乎？奚必知代而自取者有之？愚者与有焉。”意思是说，如果将自己的成见作为判断是非的标准，那么谁没

---

① 在这一点上，庄子与康德庶几近乎！康德亦认为，知性范畴只能运用于现象界，不得作用于本体世界，而庄子所言之“道”显然属于本体世界。崔宜明曾多次强调了庄子与康德的相通之处，指出“二者同以人类的认识条件为根据认为认识有一个界限。”参见崔宜明：《生存与智慧——庄子哲学的现代阐释》，上海人民出版社1996年版，第61～71页。

② 冯友兰：《中国哲学史》（上册），华东师范大学出版社2005年版，第182页。

有一个标准呢？何必一定是通达自然变化之理的智者才有呢？就是愚人也是有的。对于“成心”的释义，历代学者多有谬误，或曰“有此心天理浑然”（林希逸），或曰“现成本有之真心”（释德清），或曰“天然自成之心”（蒋锡昌）。[①] 其实，庄子是在否定的意义上使用“成心”这个词的，正如成玄英所疏，“成心”乃是“执一家之偏见者”[②]。对于庄子而言，成心是产生是非争执、自我武断的根源所在。当一个人固执于一己成见，以己为尊、是其所是时，他就不可能发现世界的本然真相——道。庄子说：“彼是莫得其偶，谓之道枢。枢始得其环中，以应无穷。”（《齐物论》）庄子认为，“道”的关键在于彼此不相对待，完整浑融，流变无穷；而纠缠于非此即彼的是非判断、处处自以为是、拘泥不化的成心，则显然有悖于对道的体认。所谓“道隐于小成”（《齐物论》），讲的就是这个道理。庄子还说：“圣人和之以是非而休乎天钧”，“是以圣人不由而照之于天，亦因是也。……莫若以明”（《齐物论》）。“不由”即指“不由是非之途”，“照之于天”即“以自然之心观照”。对于“莫若以明”，涂光社解释为：“‘以明’的指向是本我的生命体验，指向超然凡俗的原初的浑成之‘道’。”[③] 张祥龙指出：“这‘明’，与海德格尔讲的‘Lichtung’（‘林中空地’、‘澄明’）及胡塞尔的纯直观的‘明证性’（Evidenz）都有相通之处，也都意味着在一切实质化和主客对立化之先的纯显现。”[④] 这些都是颇有见地的理解。在庄子看来，得道圣人是毫无成心的，绝不会陷入是与非分别的纷扰当中，而是听从自然，用虚静空明的心灵去观照世界的本质与实况。这就意味着，唯有摒除一己成心，才能使心灵的本然能量敞开与照亮，从而使世界的最本然面目得以显现。

综上观之，这种虚的功夫，乃是一种从不同角度否定常规的内心修炼功法，它通过排除普通意义上的感官关注、欲望关注、道德关注、情感关注、知性关注、是非关注等获得审美关注，从而使人体验到生命意义的真知；它循着回归自然的途径，渐次剥离心灵中装载的一切有碍本性的内容，让生命深处最本真的愿望得以清晰呈现，从而把世俗之人提升为审美

---

① 参见陈鼓应注译：《庄子今注今释》，中华书局 1983 年版，第 50 页。

② （清）郭庆藩撰，王孝鱼点校：《庄子集释》，中华书局 2004 年版，第 61 页。

③ 涂光社：《庄子范畴心解》，中国社会科学出版社 2003 年版，第 122 页。

④ 张祥龙：《海德格尔思想与中国天道——终极视域的开启与交融》，生活·读书·新知三联书店 1997 年版，第 311 页。

之人。

二、唯道集虚

回答完“虚什么”的问题，我们再来看“为何要虚”的问题。前文已经提到，在庄子看来，唯有运用虚的功夫，方能体悟道的真义，正如《人间世》篇中所言：“唯道集虚。”《天地》篇中有一则寓言，亦说明了“虚”与“道”之间的关联：

> 黄帝游乎赤水之北，登乎昆仑之丘而南望。还归，遗其玄珠。使知索之而不得，使离朱索之而不得，使吃诟索之而不得也。乃使象罔，象罔得之。

“象罔”，依据成玄英的解释，乃“无心之谓”①，也就是“虚”的意思。“玄珠”也就是“道”的象征。“象罔得玄珠”的寓意在于，只有虚才能悟得道的真妙。按照一般的理解，一个人的获益，总意味着一个加法的过程，即现在比过去增添了点什么。比如儒家就主张，通过修善成德等正向积累的人格修养方式来体验道的存在。那么，庄子为什么要一反常理，认为人的最大获益——悟道，只有通过人生的“减法”——“虚”才能实现呢？换言之，“唯道集虚”究竟是如何成为可能的呢？下面将从生存与本体两个层面加以论述。

1. 除患与避害

首先，从生存层面来看。《山木》篇中有一寓言，集中表现了庄子对“虚”的生存功用的认识，不妨赘引如下：

> 市南宜僚见鲁侯，鲁侯有忧色。市南子曰：“君有忧色，何也?”鲁侯曰：“吾学先王之道，修先君之业；吾敬鬼尊贤，亲而行之，无须臾离居。然不免于患，吾是以忧。”市南子曰：“君之除患之术浅矣！夫丰狐文豹，栖于山林，伏于岩穴，静也；夜行昼居，戒也；虽饥渴隐约，犹且胥疏于江湖之上而求食焉，定也。然且不免于罔罗机辟之患，是何罪之有哉？其皮为之灾也。今鲁国独非君之皮邪？吾愿君刳形去皮，洒心去欲，而游于

---

① （清）郭庆藩撰，王孝鱼点校：《庄子集释》，中华书局2004年版，第415页。

无人之野。南越有邑焉，名为建德之国。其民愚而朴，少私而寡欲；知作而不知藏，与而不求其报；不知义之所适，不知礼之所将。猖狂妄行，乃蹈乎大方。其生可乐，其死可葬。吾愿君去国捐俗，与道相辅而行。”君曰：“彼其道远而险，又有江山，我无舟车，奈何?”市南子曰：“君无形倨，无留居，以为君车。”君曰：“彼其道幽远而无人，吾谁与为邻？吾无粮，我无食，安得而至焉?”市南子曰：“少君之费，寡君之欲，虽无粮而乃足。君其涉于江而浮于海，望之而不见其崖，愈往而不知其所穷。送君者皆自崖而反。君自此远矣！故有人者累，见有于人者忧。故尧非有人，非见有于人也。吾愿去君之累，除君之忧，而独与道游于大莫之国。方舟而济于河，有虚船来触舟，虽有惼心之人不怒。有一人在其上，则呼张歙之。一呼而不闻，再呼而不闻，于是三呼邪，则必以恶声随之。向也不怒而今也怒，向也虚而今也实。人能虚己以游世，其孰能害之!”

鲁侯去看望得道之人市南宜僚，市南宜僚见其面带忧色，便问其原因。鲁侯说他学习先王治理国家的方法，敬奉鬼神，尊重贤能，不敢有丝毫的怠慢，却仍然遭受了祸患，所以感到忧愁。至于鲁侯究竟遭受了什么祸患，文中并没有说明。但只需联想到《人世间》篇中叶公子高与仲尼的一段对白，就能明白，鲁侯所罹之患不外乎金木外刑等“人道之患”和焦虑内疾等“阴阳之患”。

那么，市南宜僚是如何教授鲁侯“除患之术”的呢？这里有几句非常关键的话：“吾愿君刳形去皮，洒心去欲”，“吾愿君去国捐俗”。“刳”、“去”、“洒”、“捐”，都是具有否定性意义的词汇。“刳形去皮”，意味着超越生死、遗忘身体；“洒心去欲”，意味着净化心灵、抛却欲望；“去国捐俗”意味着放弃名利、摆脱世俗。不难发现，所谓“除患之术”，其实就是一种虚的功夫。只有做到虚，才能除患，进而“与道相辅而行”。在市南宜僚看来，如果不能做到虚，那么即使像“丰狐”与“文豹”一样谨小慎微，亦不能躲避祸患。

此外，市南宜僚还向鲁侯描述了他心目中的理想之所——“建德之国”。那里的人们，既没有知性活动（“愚而朴”），亦没有名利物欲（“少私而寡欲”），也没有道德观念（“不知义之所适，不知礼之所将”），更没有贪生意识（“其生可乐，其死可葬”），他们只不过是无思虑地凭着自己的本性在生活（“猖狂妄行”）。然而在市南宜僚看来，他们却与道相契相融，享受着最完美的幸福（“蹈乎大方”）。市南宜僚认为，要达到建德之民的生存境界，其实并不需要“舟车”、“粮”、“食”等外物，只需要“无形倨，无留居”，“少君之费，寡君之欲”，把功名放下、把成心放下、把欲望放下，那么自然也就“去君之累，除君之忧”。

最后，市南宜僚还向鲁侯讲述了一个“虚船触舟”的寓言。市南宜僚认为，人之所以不会迁怒于虚船，就是因为虚船触舟完全是大道流行之下的一个无心自然的行为；而人船则不同了，人的存在，暗示着触舟这一行为的人为性和过错性，尤其当触舟的这个人“三呼”而“不闻”之时，被触之人定会认为此举乃是有意为之，因而“恶声随之”就不难理解了。与此寓意相近的还有《达生》篇中的“复仇者，不折镆干；虽有忮心者，不怨飘瓦”。“镆干”与“飘瓦”都是无心之物，即使由于某种原因伤害了他人，人也不会因此触怒于它，故而不会被伤。庄子的意思仿佛是，只有当一个人处于“虚”的状态，保有一颗“无心之心”，以自己的本真性情来与这个世界相处时，才能够避免敌意与危害。这也就是“人能虚己以游世，其孰能害之”所蕴涵的深刻道理。

庄书中讲述了类似道理的文字还有很多，比如：

无为名尸，无为谋府，无为事任，无为知主。体尽无穷，而游无朕。尽其所受乎天而无见得，亦虚而已。至人之用心若镜，不将不迎，应而不藏，故能胜物而不伤。（《应帝王》）

庄子将这种弃绝求名之欲、谋策之知、专断之心而秉承自然天性的行为称为“虚”。庄子认为，当一个人将蒙蔽其真性的事物一一剥离时，就成为了体会大道至理、游心无穷之境的“至人”。他的心灵会如同镜子一般空明清澈，照物而不被物所扰动，如实呈现而不留痕迹，故而能够“胜物而不伤”。“胜物”并不是战胜于物，而是《山木》篇中所讲的“物物”，即“使物成为物”①，因为庄子是主张“为而不恃，长而不宰”的（《达生》）。“不伤”也有两层含义：其一是“不伤己”，即自己被他物所伤；其二是“不伤物”，即自己不伤害他物，此两层含义相反相成。还比如：

---

① “物物”的前一个“物”，当为动词使动用法，即“使物成为……”。

夫醉者之坠车，虽疾不死。骨节与人同而犯害与人异，其神全也。乘亦不知也，坠亦不知也，死生惊惧不入乎其胸中，是故迕物而不慴。彼得全于酒而犹若是，而况得全于天乎？圣人藏于天，故莫之能伤也。（《达生》）

醉者坠车之所以能不死，就是因为他能做到“虚”，所谓“乘亦不知也，坠亦不知也，死生惊惧不入乎其胸中”。从庄子将三个带“不”字的句子（即“乘亦不知也，坠亦不知也，死生惊惧不入乎其胸中”）与两个带“全”字的句子（即“神全”、“得全于天”）并行而言中可以看出，庄子所认为的“虚”的过程，同时也是一个“全”的过程、“守”的过程。[①] 庄子说，圣人之所以“莫之能伤”，乃是“藏于天”之故，“藏于天”与“得全于天”是一个意思，而“全”也就意味着“虚”，这说明，圣人除患避害的要妙正在于“虚”。再比如：

圣人休休焉则平易矣。平易则恬淡矣。平易恬淡，则忧患不能入，邪气不能袭，故其德全而神不亏。……去知与故，遁天之理。故无天灾，无物累，无人非，无鬼责。其生若浮，其死若休。不思虑，不豫谋。光矣而不耀，信矣而不期。其寝不梦，其觉无忧。其神纯粹，其魂不罢。虚无恬淡，乃合天德。（《刻意》）

虚则静，静则动，动则得矣。静则无为，无为也，则任事者责矣。无为则俞俞。俞俞者，忧患不能处，年寿长矣。夫虚静恬淡寂漠无为者，万物之本也。（《天道》）

所谓“休休焉”、“去知与故”、“不思虑，不豫谋”，都有致虚之意。庄子在此断言，“虚”能够助人除患避害，“忧患不能入”，“无天灾，无物累，无人非，无鬼责”，“其寝不梦，其觉无忧”，“忧患不能处”，进而达到本与道同、“乃合天德”之境。

另外，《刻意》篇中还有一句话：“无所于忤，虚之至也”，也能够帮助我们理解“虚”能除患的道理。对于庄子而言，当一个人彻底地“虚”下来的时候，就不会与任何事物相违逆，这就如同那“以无厚入有间，恢

---

① 这一点，在本节最后一部分内容“复初与守本”中还要详加论述。

恢乎其于游刃必有余地”的“庖丁”（《养生主》），“不逆寡”的“古之真人”（《大宗师》），“和而不唱”的“哀骀它”（《德符充》）。既然与万物都不相违逆，那么自然也就不会与万物产生矛盾与冲突，故而能够避害免祸。所谓“不伤物者，物亦不能伤也”（《知北游》），说的就是这个道理。

以上这些都说明，唯有运用虚的功夫，才能使人去除“人道”与“阴阳”这双重祸患，远离危害。而只有在除患避害，即避免了身体上所遇到的内外戕害和心灵上所遭受的情感动荡之后，我们才能够在生存层面上拥有一种安全感，进而领悟到道的存在。试想，当我们时时刻刻面临着生存威胁，被患得患失的情绪所左右而不能自拔时，生命尚且不能安顿，心灵尚且不能自主，怎么可能与道相辅而行，产生至乐至美的生命体验？

2. 复初与守本

下面再从本体层面来寻找答案。依照庄子哲学的理解，世界的本体是道，那么人作为大道流行的自然产物，其本体（或曰本性）也应该与道相契合。《马蹄》篇中云：“彼民有常性，织而衣，耕而食，是谓同德。一而不党，命曰天放。”庄子认为，自求温饱，与道为一，毫无偏私，放任自然，这是每个人生而有之的真常本性。然而，在现实社会中，由于受到感官活动、生理欲望、贪生意识、名利物欲、道德观念、情感波动、知性活动、一己成心等各种因素的缠绕，人会逐渐远离大道，迷失本性，遗落自己最初同时也是最真的幸福。这时若是迷途知返，意欲重归大道与本性，那么就必须运用虚的功夫，将那些遮蔽本性的事物一一消解。

老子也曾对“虚”的本体功用进行过思考，他说：“致虚极，守静笃。万物并作，吾以观其复。夫物芸芸，各复归其根。归根曰静，静曰复命，复命曰常，知常曰明。”（《老子·十六章》）当一个人把虚的功夫运用到了极致，处于一种最深的宁静状态，就能够透过纷繁复杂的现象观照到世界的本来面目，回归到自己的本根状态，从而体会到道的奥妙。这意味着，“虚”的过程，同时也是“归根”、“复命”，即回复本初之性的过程。正如陈鼓应所说：“老子复归的思想，乃就人的内在之主体性、实践性这一方向作回省工作”，老子“以为人心原本清明透澈的，只因智巧嗜欲的活动而受骚乱与蒙蔽。故应舍弃智巧嗜欲的活动而复归于原本的清净透明的境地”。[①]

---

① 陈鼓应注译：《老子今注今译》，商务印书馆2003年版，第140页。

这种复初的思想在庄书中得以进一步发展，并成为庄子的一个浓重情结。庄子说：“缮性于俗学，以求复其初滑；欲于俗思，以求致其明，谓之蔽蒙之民。”（《缮性》）意思是说，想用世俗的学问来修治心性，以求复归本初；被世俗的思想煽动了欲望，再想用世俗的思想找回本来的清明，这就叫蔽塞蒙昧之人。这就意味着，世俗的那些人生的“加法”，不仅不能够帮助我们找回真实的自己，相反，只会使我们离清明的本根渐行渐远。只有运用人生的“减法”——虚的工夫，才能够使心灵回复到原初的真朴状态。这正如王博所指出的：“道是可以得的，但不是通过学（笔者按：即庄子所说的‘俗学’）。学只会让你增加些什么东西，让你离道更远。以学求道，恰似南辕北辙。相比起道来，人不是缺少，而是富余。人富余了欲望，富余了功名，富余了自己，因此要把它们去除。”①

《缮性》篇中，庄子对人之本性的沦丧过程进行了思考。庄子认为，在遥远的古代，人们的心灵是恬静的，智慧是天成的，他们混沌茫昧、毫无心智，与整个世界和谐为一，所做的一切都契合自然之道。然而，随着社会文明的发展，人逐渐地开始远离自己的本初，从燧人、伏羲的“顺而不一”（顺从本性，但不能与道合而为一），到神农、黄帝的“安而不顺”（安于本性，但不能顺从本性），再到唐、虞的“去性而从于心”（远离本性而听从心智），最后到“民始惑乱，无以反其性情而复其初”（心性迷惑混乱，无法回复本初）。由此可见，所谓人类文明的发展史，依庄子看来，不过是人之本性的沉沦史与自然大道的丧失史，而那些作为文明象征的仁义礼乐、机心智巧等，恰恰是遗失淳朴本性的肇端。言下之意，世人若要复归本初、重拾大道，就必须清除迷乱本性的各种干扰。

同样是在《缮性》篇，庄子还对人的本与末进行了揭示：

乐全之谓得志。古之所谓得志者，非轩冕之谓也，谓其无以益其乐而已矣。今之所谓得志者，轩冕之谓也。轩冕在身，非性命也，物之傥来，寄也。寄之，其来不可圉，其去不可止。故不为轩冕肆志，不为穷约趋俗，其乐彼与此同，故无忧而已矣。今寄去则不乐。由是观之，虽乐，未尝不荒也。故曰：丧己于物，失性于俗者，谓之倒置之民。

---

① 王博：《庄子哲学》，北京大学出版社2004版，第109页。

所谓的“轩冕”，即名利富贵，并非人之本性所有，乃是外物，你偶然得到它，仅仅意味着它在你那寄存一段时间，因此它的来去都不由你控制；但人之本性就不同了，它根植于每个人的内心当中，作为人之根本而存在。对于庄子而言，“轩冕”等外物不过是人之末，而己之心性才是人之本。那些迷失于外物而遗忘了本性的人，便犯下了本末倒置的错误，即使他们有过快乐，也是一种慌乱的快乐，因为他们总担心外物有一天会失去；而唯有那些保全了真朴本性的人，方能持守人之根本，因而能够拥有永恒的幸福，所谓“乐全之谓得志”也。这说明“复初”也就意味着“守本”。

由此可见，“虚”的过程，不仅是一个“复”的过程，同时也是一个“守”的过程。换言之，我们对扰乱本性之物的清除，不仅意味着面向本性的回归，也意味着对本性自身的持守与保全。这一点，还可以从以下文字中得以印证：

> 吾犹守而告之，参日而后能外天下；已外天下矣，吾又守之，七日而后能外物；已外物矣，吾又守之，九日而后能外生；已外生矣，而后能朝彻；朝彻，而后能见独；见独，而后能无古今；无古今，而后能入于不死不生。（《大宗师》）

这一段话是女偊向南伯子葵介绍自己闻道的经过。从中不难发现，“守”与“虚”（也就是文中的“外”）乃是悟道功夫的一体两面。“守”就意味着“虚”，“虚”也就意味着“守”。因为只有持守住本性，才能破除那些扰乱本性的事物；同时，也只有把有碍本性的事物通通去除之后，本性自身才能得以守全与呈现。

“守”这个字在庄书中出现频率较高，共有 38 次，绝大部分乃“守全”之意，如：

> 审乎无假而不与物迁，命物之化而守其宗也。（《德充符》）
> 慎守女身，物将自壮。我守其一以处其和。（《在宥》）
> 涂郤守神，以物为量。（《天地》）
> 极物之真，能守其本。（《天道》）
> 纯素之道，唯神是守。守而勿失，与神为一。一之精通，合于天伦。

(《刻意》)

谨守而勿失，是谓反其真。(《秋水》)

是纯气之守也，非知巧果敢之列。

其天守全，其神无隙。(以上均出自《达生》)

谨修而身，慎守其真，还以物与人，则无所累矣。(《渔父》)

由上可见，庄子非常强调“守”的意义，甚至把“守神”称为“纯素之道”。其实，“守神”、“守宗”、“守本”、“守气”、“守天”、“守真”都是一个意思，即持守人的根本所在——本真心性。庄子认为，只有持守住本性，不让本性迷失于他物（所谓“守而勿失”），而使本性充溢于自己的心灵（所谓“与神为一”），方能复其初、“反其真”、“神无隙”、“无所累”，从而与道相守、与道合一。故此，庄子又把这种能够守全本性的人称为“至人”(《达生》)。

《知北游》有一个寓言，亦能够帮助我们理解“守”的意义：

大马之捶钩者，年八十矣，而不失豪芒。大马曰：“子巧与？有道与？”曰：“臣有守也。臣之年二十而好捶钩，于物无视也，非钩无察也。”是用之者假不用者也，以长得其用，而况乎无不用者乎！物孰不资焉！

大马年高八十，却仍然能够锤制钩带而无丝毫差错，其奥妙就在于“有守”。何为“有守”？对此，学界有两种理解：一如成玄英所说，乃是“有所守持”；二如王念孙所说，乃是“有道”之谓[①]。单从此文理解，二者均可说通，但王说似乎不如成说可信：其一，整部庄书中，“守”字可作“道”解的仅此一处，找不到旁证，故王之理由不够充分；其二，事实上，庄子已借大马之口对“有守”进行了解释：“于物无视也，非钩无察。”意思是说，他只专注于他所喜好的钩带，任何与钩带无关的东西，他都不去关心。不难看出，所谓“有守”，即“专性凝虑而心无旁骛”，也就是“有所持守”之意。对文中“无不用者”的理解，学界亦颇多歧异。

① 王念孙曰：“‘守’即‘道’字。《达生》篇仲尼曰：‘子巧乎！，有道邪？’曰：‘我有道也。’是其证。‘道’字古读若‘守’，故与‘守’通。”参见（清）郭庆藩撰，王孝鱼点校：《庄子集释》，中华书局2004年版，第415页。

笔者认为曹础基的解释十分恰当，他说："无不用者"所指为"道"[①]。明白了这一点，"是用之者假不用者也"一句的含义也就不难理解了，它无非是说：像"捶钩"这样具有功用性的行为都能够通过守持而增长其效用，更何况是通过守持来体道呢？由此可见，"大马捶钩"的寓意其实就在于：有所为，有所不为。"为"也就是"守"，"不为"也就是虚。当然，庄子讲这则寓言的落脚点是在悟道上的，对于庄子而言，只要我们守住了内心的道——本性，虚掉了道之外的事物——扰乱，那么自然可以达到一个无往而不胜、万物相济的融乐之境。否则，那就只能如庄子所言，"凡外重者内拙"（《达生》）。

与此寓言用意相类的还有《达生》篇中的"佝偻者承蜩"。佝偻者粘蝉之所以能如此娴熟，就是因为他能够"唯蜩翼之知"、"不以万物易蜩之翼"。庄子想以这个寓言告诉人们，佝偻者之所以能够掌握道的真义，就在于他能够持守住心灵内在的能量，排除一切外物对心灵的干扰，所谓"用志不分，乃凝于神"是也。

如此看来，虚的功夫，也就是一种使心灵恢复到原初状态、使本性得以守全的功夫。依庄子之见，只有当我们"疏瀹而心，澡雪而精神"（《知北游》），洗涤净化心灵，使附着于本性的外物一一脱落时，才能回归自己的本体，使本性得以呈现；而只有当我们以本体的面目去面对这个世界时，世界的本体——道，才会自行敞开。

庄子这种虚的体道功夫，很容易使我们联想到胡塞尔现象学所倡导的"悬置"的方法。在胡塞尔现象学中，"悬置"（epoché，absention）这个术语用来指称"将关于自然态度所特有的对实际存在的信念的一般论题悬搁起来，加括号（eingeklammert）或加以回避的活动"，"通常用作'现象学还原'（phenomenological reduction）的同义词"。[②] 很多学者都曾对庄子体道功夫与胡塞尔悬置方法的内在相通性进行了探讨。如徐复观指出："现象学的归入括号，中止判断，实近于庄子的忘知。"[③] 刘若愚指出，"心斋"与"判断的悬浮""这两个词之间不仅仅是字面上的巧合，因为两者都包含有在感官知觉基础上的'自然立场'的悬置，两者都指向对事物本

① 曹础基：《庄子浅注》，中华书局1982年版，第338页。

② 参见［美］赫伯特·施皮格伯格著，王炳文等译：《现象学运动》，商务印书馆1995年版，第989页。

③ 徐复观：《中国艺术精神》，春风文艺出版社1987年版，第68页。

质（神）的直觉把握”[1]。张再林指出：“就其基本取向而言，它们（笔者按：指庄子一系列虚的功夫）都作为一种‘消除世界的思想试验’而与胡塞尔所谓的‘现象学的悬置’几乎同旨。”[2] 曾繁仁亦指出：“‘坐忘’与‘心斋’，同当代现象学中本质还原的方法是十分接近的。实际上，这是一种将现象界中之外物与知识加以‘悬搁’，通过凝神守气而去体悟宇宙万物之道的过程，最后达到‘无待’逍遥游的‘至乐之境’。”[3] “悬置”的方法认为，只有将由常识所形成的那种所谓的“自然观点”悬置起来，对“自然观点”中种种认知的、价值的、道德的判断加上括号，存而不论，才能排除一切人为因素的干扰，去伪存真地使最终不可怀疑的东西清晰地呈现出来。不难发现，这也正是虚的功夫所承担的作用以及所意欲达到的目的。

借助现象学的理论，我们可以这样来解释“唯道集道”何以可能：虚的内心功夫，将种种遮蔽天性的世俗观念和感觉一一悬置起来，悬置后的“剩余”（residuum）便是心灵的本真直觉，亦即胡塞尔所说的“纯粹意识”（reines bewusstsein），只有凭借这种心灵直觉，万物之本质——“道”的真义，才会自行开显，照亮生命。

庄子认定，当我们驱散遮掩心灵的迷雾，心灵彻底地“虚”下来时，大道的福善便会眷顾我们，使内心生出无限的光明并感受到“虚室生白，吉祥止止”（《人间世》）的至美境界。这就好比太阳照进了一间干净的空房子，光芒熠熠、四壁生辉、澄澈清芬、温暖宜人。这意味着，经过虚的功夫修炼过的心灵，并非空无一物的死寂之心，而是生命充盈的纯素之心。“纯素”出自《刻意》篇：“故素也者，谓其无所与杂也；纯也者，谓其不亏其神也。能体纯素，谓之真人。”在庄子看来，当一个人排除纷杂，守全精神，拥有一颗纯素之心时，就能够将自己从世俗之境的拘泥中超拔出来，使心灵深处的力量得以释放，去与博大完满的道相周游，从而进入一种至乐至美、生生不息、无所不及的审美之境。

---

① ［美］刘若愚著，田守真等译：《中国的文学理论》，四川人民出版社 1987 年版，第 92 页。

② 张再林：《“面向事物本身”与庄学精神》，《中国哲学史》2003 年第 2 期，第 124 页。

③ 曾繁仁：《中国古代道家与西方古代基督教生态存在论审美观之比较》，《湖南师范大学社会科学学报》2004 年第 6 期，第 26 页。

第三章

审美体验之呈现特质

庄子体道的最终目的，在于实现自我超越，从而获得一种幸福的精神状态或心灵境界。《田子方》篇中言："得至美而游乎至乐，谓之至人。"《知北游》篇中亦言："圣人者，原天地之美而达万物之理。"庄子所谓"至人"、"圣人"，都是体道之人。可见，庄子的体道之境、幸福之感，也就是一种独异的审美体验。这种独异的审美体验呈现出三种特质，分别为"至乐"（《至乐》）、"逍遥游"（《逍遥游》）和"与物为春"（《德充符》）。这三种特质在内容上或有交融，但为了行文方便，姑且分而论之。

第一节　至乐

叶朗曾指出："愉悦性是审美感兴最明显的特性，……我们可以把愉悦性看做是审美感兴的综合效应或总体效应。"[①] 彭锋也指出："乐是审美还原的剩余者。不管审美活动最终究竟体验到什么具体内容，就审美活动本身而言，乐是其必然结果。"[②] 杜书瀛更是径直把审美愉悦地称为"审美价值之基本品格"[③]。以上观点共同表明：审美愉悦是审美体验最本质的一个特征。因此，本书探讨庄子审美体验呈现的特质，首先就从庄书中与审美愉悦对等的概念——"至乐"入手。

一、无乐

"至乐"，就是最大的快乐。究竟什么是人生中最大的快乐？这是一个言人人殊的问题。有人认为至乐就是直接的感官快乐，如亚里士提卜士所宣扬的肉体享乐；有人认为至乐是以牺牲感官快乐所带来的道德优越，如宋明理学家所推崇的孔颜之乐；还有人认为至乐是建立在感官快乐之上的灵魂快乐，如亚里士多德所倡导的灵魂之善。那么，庄子是如何理解至乐的呢？对于庄子而言，当一个人体悟到了道的存在时，他就获得了巅峰的

---

① 叶朗：《现代美学体系》，北京大学出版社 1988 年版，第 231 页。

② 彭锋：《诗可以兴——古代宗教、伦理、哲学与艺术的美学阐释》，安徽教育出版社 2005 年版，第 376 页。

③ 杜书瀛：《审美愉悦与感性经验》，《河北师范大学学报》（哲学社会科学版）2006 年第 5 期，第 65 ~ 70 页。

生命体验和审美愉悦，所谓“夫得是，至美至乐也”①（《田子方》）。而庄子所以为的至乐，远非世俗所以为的至乐。《至乐》篇讲道：

夫天下之所尊者，富贵寿善也；所乐者，身安厚味美服好色音声也；所下者，贫贱夭恶也；所苦者，身不得安逸，口不得厚味，形不得美服，目不得好色，耳不得音声。若不得者，则大忧以惧……今俗之所为与其所乐，吾又未知乐之果乐邪？果不乐邪？吾观夫俗之所乐，举群趣者，诨诨然如将不得已，而皆曰乐者，吾未之乐也，亦未之不乐也。果有乐无有哉？吾以无为诚乐矣，又俗之所大苦也。故曰：“至乐无乐，至誉无誉。”

在世俗的眼光看来，只有拥有富贵、长寿、仁义、安逸、美味、声色，才算拥有快乐，如若不能拥有，则痛苦不已。庄子则对这种俗常之识提出了质疑，并认为超越世俗的快乐才是最大的快乐，所谓“至乐无乐”。庄子所说的“无乐”，并不意味着是一种“反乐”。如果说世俗之“逐乐”是立足于苦乐区分之上的对于“乐”的追求，那么“反乐”则恰好相反，表现为对“苦”的践行，如同一些“苦行僧”所做的那样，而庄子则是苦乐俱遣，既不逐乐，亦不求苦。如果以世俗的标准来看，可以说庄子是“非乐”，但绝不是“反乐”。“非”与“反”虽只有一字之差，意义却迥异。那么，庄子为什么对世俗之乐如此不以为然？

首先，世俗之乐，乃是一种外物所引发的慌乱之乐。《缮性》篇中说：

今之所谓得志者，轩冕之谓也。轩冕在身，非性命也，物之傥来，寄也。寄之，其来不可圉，其去不可止。故不为轩冕肆志，不为穷约趋俗，其乐彼与此同，故无忧而已矣。今寄去则不乐。由是观之，虽乐，未尝不荒也。

世俗之人所以为的快乐源泉——“轩冕”，即名利富贵，并非人之“性命”所有，乃是身外之物，偶然得到它，仅仅意味着它在我们那寄存一段时间，因此它的来去都不由我们控制。当拥有它的时候，我们会觉得快乐；但一旦失去它，便会觉得痛苦。也就是说，俗乐在根本上取决于名

① 笔者按：该句中的“是”，即指该句上文语境中的“物之初”，也就是“道”。

利等外物的拥有。因此，这种俗乐，不过是“未尝不荒”之乐，也就是慌乱的快乐。这就好像《知北游》篇中所说的“山林与，皋壤与，使我欣欣然而乐与！乐未毕也，哀又继之。哀乐之来，吾不能御，其去弗能止”。山林原野所引发的欢欣，就是一种由外物所引发的俗乐。庄子认为这种欢欣是极不稳定的，很可能立即被同样由外物所引发的悲哀所代替。而至乐则不同，它与外物无关，仅仅取决于你的内心，因而能够做到“乐彼与此同”，从而“无忧”。

其次，世俗之乐，会对“道”与“德”构成破坏。庄子说：

故曰：悲乐者，德之邪也；喜怒者，道之过也；好恶者，德之失也。故心不忧乐，德之至也。（《刻意》）

恶欲喜怒哀乐六者，累德也。（《庚桑楚》）

“道”是万物的本质与根源，而“德”则如徐复观所言是“内在于物中的‘道’”①，即“道”在万物之中的具体呈现。那么人之“德”，正如陈鼓应所解释的：“能体现宇宙人生的根原性与整体性的谓之‘德’。”②在此，庄子不仅认为俗乐会对道和德构成牵累，而且明确断言俗乐是在道或德丧失之后才出现的。《刻意》篇中云：“虚无恬淡，乃合天德。”《天道》篇中亦言：“夫虚静恬淡寂漠无为者，万物之本也。”从中可以看出，道与德赋予人的本性，并没有俗乐的内容，而是一种无乐的虚静平淡之境。世俗之喜乐的出现，则意味着对道与德的破坏，意味着人之本性的丧失。庄子将这种“失性于俗”的人，称为“倒置之民”（《缮性》）。

再次，世俗之乐会对人的生命构成伤害。庄子讲道：

事若不成，则必有人道之患；事若成，则必有阴阳之患。（《人间世》）

人大喜邪，毗于阳；大怒邪，毗于阴。阴阳并毗，四时不至，寒暑之和不成，其反伤人之形乎！（《在宥》）

《人间世》篇中所说的“事若成”，即事情办成之后的一种大喜，也就

---

① 徐复观：《中国人性论史》（先秦篇），上海三联书店 2001 年版，第 328 页。

② 陈鼓应注译：《庄子今注今释》，中华书局 1983 年版，第 143 页。

是我们所说的“俗乐”。庄子认为，这种大喜乃是一种“阴阳之患”。因为人在大喜之时，会阳气偏盛、阴气偏衰，从而伤及身体。“阴阳”乃是天地衍化的两种相反相成之气，只有阴阳调和，天道运行才能和畅。同样，所谓天人感应，就是说只有当身体内的阴阳之气处于平衡状态时，人才能健康无疾。因此，俗乐所导致的阳盛阴衰，乃是一种病症，对生命的伤害尤甚，所谓“寇莫大于阴阳，无所逃于天地之间。非阴阳贼之，心则使之也”(《庚桑楚》)。可见，俗乐的获得乃是以伤生为代价的。也正因为这样，对于极为贵生的庄子而言，俗乐非但不意味着一种“乐”，相反还是一种“患”。

最后，世俗之乐，绝非永恒的、绝对的快乐。这可以从以下两点加以论证：

其一，世俗所谓的“乐”，总是相对于世俗所谓的“苦”而言的。正如韩林合所指出：至乐“显然不同于通常意义上的幸福或快乐，后者总是相对于不幸福或不快乐而言的，而前者则是绝对的，因而是至福或至乐”①。也就是说，俗乐是建立在俗苦之上的，正是因为人们体会过苦的感受，所以才能体会到与之相对立的乐的感受；也正是因为人们知道苦的感受一定会反复降临到自己的身上，所以才会一如既往地以俗乐为乐。这意味着，俗乐总是与俗苦相伴而生的。

其二，没有人能够主宰自我世俗之乐的享有与维系。世俗之乐往往由富贵、长寿等外物引发，而能否得到这些引发俗乐的外物，并不由我们掌控。这就意味着，我们最终能否享有俗乐，是超越于自身能力范围之外的。而且，就算我们占尽天时、地利、人和，拥有了富贵等外物，从而享有了俗乐，也无力保证这些外物一直被我们占有，因此也就无力维系对俗乐的享有。外物只是寄存在我们这里，很可能有一天会离我们而去，而我们所享有的俗乐也会因外物的离去而离去。对于那些汲汲追求富贵等引发俗乐的外物的人而言，俗乐的离去也就意味着俗苦的到来。俗乐的短暂无常，实际上加剧了人的悲凉体验。

正是基于以上原因，庄子跳出了世俗之“乐”与世俗之“苦”的矛盾怪圈，摆脱了苦乐彼此对立的纠缠，超越于通常意义的苦乐之上，另外举出一个以“无乐”为特征的“至乐”。冯友兰把这种无乐之乐称为“忘情

① 韩林合：《虚己以游世——〈庄子〉哲学研究》，北京大学出版社2006年版，第197页。

之乐”，他说：“忘情则无哀乐。无哀乐则另有一种乐。此乐不是与哀相对的，而是超乎哀乐的乐。”[①] 诚如其言，“无乐”并不意味着停止了一切情感活动，就像惠子所谓的“无情”[②]（《德充符》），而是一种“喜怒哀乐不入于胸次”（《田子方》）的心灵状态。

二、静

《天道》篇中云：“言以虚静推于天地，通于万物，此之谓天乐。”意思是说，将虚静推及于天地、通达于万物，就能获得“天乐”。对于“天乐”，成玄英将其解释为“天道之乐”[③]，亦即体道之时所体会的快乐。这是深得庄生之旨的。可见，“天乐”即庄子所以为的“至乐”。这就意味着，“静”是“至乐”的一个极为重要的心理表征。[④]

庄子有关“静”的思想本于老子。老子云：“致虚极，守静笃。万物并作，吾以观其复。夫物芸芸，各复归其根。归根曰静，静曰复命，复命曰常，知常曰明。”（《老子·十六章》）王凯从这句话中发现了如下深意：“道的本体是静……因此，体道者只有虚静其心，静观万物，全身心地融入宇宙大化流行之中，才能透过纷繁复杂的现象，体验到宇宙深处的宁静，也才能与道相周游，产生至美至乐。”[⑤] 在老子看来，“静”不仅是体道之前所必需的精神条件，而且是体道之中所呈现的心灵状态[⑥]，因为道自身的特征也就是“静”。老子对“静”的思考，多着力于政治层面，正如陈鼓应所指出的：“在《老子》书上，除了《十六章》以外，凡是谈到‘静’字的地方[⑦]，论旨都在政治方面，而且都是针对着为政者的弊端而发的。”[⑧] 而庄子则将“静”的学说，往个体生命层面大大推进。

《天道》篇中的以下这段话，最集中地体现了庄子对“静”的思考：

---

① 冯友兰：《三松堂全集》（第五卷），河南人民出版社 1986 年版，第 354 页。

② 有关惠子“无情”的解释，参见第二章第二节“所虚之物”中“情感波动”部分的论述。

③ （清）郭庆藩撰，王孝鱼点校：《庄子集释》，中华书局 2004 年版，第 462 页。

④ 古希腊哲学家伊壁鸠鲁亦认为，“灵魂的无纷扰”，即恬静坦然、“不动心”的境界，是幸福的一个极为重要的表征。

⑤ 王凯：《逍遥游——庄子美学的现代阐释》，武汉大学出版社 2004 年版，第 63 页。

⑥ 对于作为体道之条件的“静”，本书在第二章第二节“虚的功夫”中已有所论及，不再赘述，在此仅讨论作为体道之状态的“静”。

⑦ 笔者按：如《老子·三十七章》中的“不欲以静，天下将自正”，《老子·五十七章》中的“我好静，而民自正”等。

⑧ 陈鼓应注译：《老子今注今译》，商务印书馆 2003 年版，第 58 页。

明于天，通于圣，六通四辟于帝王之德者，其自为也，昧然无不静者矣。圣人之静也，非曰静也善，故静也。万物无足以挠心者，故静也。水静则明烛须眉，平中准，大匠取法焉。水静犹明，而况精神！圣人之心静乎！天地之鉴也，万物之镜也。夫虚静恬淡寂漠无为者，天地之平而道德之至也。故帝王圣人休焉。休则虚，虚则实，实则伦矣。虚则静，静则动，动则得矣。……夫虚静恬淡寂漠无为者，万物之本也。

庄子所说的“六通四辟于帝王之德者”、“圣人”，其实都是体道之人，而“静”则是体道者所保有的一种心态。庄子认为，体道者之所以能够做到静，并不是因为静有好处，故有意于静；而是因为万物都不曾扰乱心境，故而心中自然而然、“昧然”不觉地呈现为静。在此，庄子还将静的心灵比为天地万物的镜子。如果我们联系到《应帝王》篇中所说的“至人之用心若镜，不将不迎，应而不藏”就能明白，静心之所以若镜，乃是因为静心与镜子均具有“应而不藏”的特点。当我们的心灵处于静的状态时，就会拥有镜子一般的空明清澈，如实映照万物而不被万物所扰动，就像《菜根谭》中所描绘的：“风来疏竹，风过而竹不留声，雁照寒潭，雁去而潭不留影。故君子事来而心始现，事去而心随空。”

可见，“静”乃是一种平静超然、不被扰动的心灵境界。以下文字亦能证明这一点：

贵富显严名利六者，勃志也；容动色理气意六者，谬心也；恶欲喜怒哀乐六者，累德也；去就取与知能六者，塞道也。此四六者不荡，胸中则正，正则静。（《庚桑楚》）

一而不变，静之至也。（《刻意》）

庄子认为，当我们的心灵不被名利等外物与喜怒等情绪摇荡时，便自然能够感受到静。静的极致，就是心灵始终如一而不随物变。这很容易让我们联想到庄子所说的“内不化”（《知北游》）。“内不化”也就是“一不化”，即无论面对任何情形，心灵都能够与道为一，保持宁静平和。庄书中，与“静”的含义相同或相近的词还有“宁”，如“深根宁极”（《缮性》）；“淡”，如“虚无恬淡，乃合天德”（《刻意》）；“和”，如“德者，成和之修也”（《德充符》）；“纯”，如“纯粹而不杂”（《刻意》）；“清”，如

“漠而清乎”（《知北游》）；“闲”，如“心闲而无事”（《大宗师》）等，都是指称一种宁静、淡定、平和、纯净、清漠、安闲的心灵体验。

庄子不仅把“静”的心灵比作万物之镜，还把其比作万物之准。庄子说，平静的水尚且可以用来作为大匠取法的标准，更何况是平静的心，故而他把“静”称为“天地之平”。《德充符》篇云：“平者，水停之盛也。其可以为法也，内保之而外不荡也。”意思是说，世间万物都应保持一种平静的状态，不为外物所摇荡。之所以要“静”，乃是因为天地万物的本质——“道”就是静的。庄子云：“夫虚静恬淡寂漠无为者，万物之本也。”我们知道，庄子所说的“万物之本”就是“道”，那么，“静”也就是“道”的一个特质。法国哲学家加斯东·巴什拉所提出的“平静本体论”思想，或许能帮助我们理解“道”与“静”的关联。他说：“梦想只有面对平静的世界才能变得深沉。平静是存在本身，既是世界的存在，也是梦想世界者的存在。哲学家在他对梦想的梦想中认识到一种平静的本体论。平静是维系梦想者与其世界的纽带。”① 巴什拉的梦想理论，同样适用于对体道的解释。也就是说，由于世界的本质——“道”是静的，那么作为大道流行的自然产物，人的本体（或曰本性）也应该是静的。因此，当人体悟到道与本性的存在，获得审美体验时，他的心灵就必然放射出静的光芒。

从“虚则静，静则动，动则得矣”这句话中可以发现，作为体道之心理表征的“静”，并不与“动”绝对对立。与心灵相关的“动”在庄书中具有两种含义：一为正面的，意为不受束缚地流动，即“精神四达并流，无所不极”（《刻意》）之“流”；二为负面的，意为扰动，即“撄人心”（《在宥》）之“撄”。而“静”的含义并不排斥前者，只与后者对立。《刻意》篇中有一句话，对“动”与“静”的关系进行了揭示：

水之性，不杂则清，莫动则平，郁闭而不流，亦不能清，天德之象也。故曰：纯粹而不杂，静一而不变，淡而无为，动而以天行，此养神之道也。

---

① ［法］加斯东·巴什拉著，刘自强译：《梦想的诗学》，生活·读书·新知三联书店1996年版，第218页。

这句话中出现了两个“动”字，但它们的含义却截然不同。其中，“莫动则平”的“动”，乃扰动之意，而“动而以天行”的“动”，乃流动之意。一方面，庄子以水之不动则平为喻，说明如果精神扰动不安、涟漪起伏，则绝不会使心灵保有平静，因此要“静一而不变”；另一方面，庄子又以水之不动不清为喻，说明如果精神闭塞死寂，则绝不会使心灵澄明，因此要“动而以天行”，即依照天地运行自然而动。由此可知，“静”并不是指形体上的绝对静止或者精神上的闭塞死寂，而是指心灵的宁静与通达。而《天道》篇中所说的“静则动”，亦是从精神的宁静平和进而通达流溢、呈现出生命的生机的。

三、自适

《缮性》篇中云：“古之所谓得志者，非轩冕之谓也，谓其无以益其乐而已矣。”古之人所说的“得志”，并不是名利富贵，而是一种无以复加的快乐，亦即“至乐”。“得志”，或曰“适志”（《齐物论》），即心意满足之意，而古之人，乃是庄子心目中的体道之人。这就意味着，当体道之人感受到“至乐”时，也一定感受到一种适意的满足感。

最典型的例子就是生活在“至德之世”的人们。《胠箧》篇写道：“子独不知至德之世乎？……当是时也，民结绳而用之。甘其食，美其服，乐其俗，安其居。”对于这几句，陈鼓应译为：“有甜美的饮食，美观的衣服，欢乐的习俗，安适的居所。”① 这恐怕并不符合庄子的原意。这里的“甘”、“美”、“乐”、“安”，无论是从语法上还是文义上来看，都不是用作修饰语的形容词，而是形容词的意动用法。这几句话并不是说生活在至德之世的人们，在客观上真的拥有在他人看来属于甜美的饮食、美观的衣服、欢乐的习俗、安适的居所；而是说他们在主观上对其生活感到适意与满足。可见，“适”乃是一种主观的心灵感受。

当然，引发满足感的内容，常因人而异。比如古之人以体道为满足，而今之人则以名利为满足，所谓“今之所谓得志者，轩冕之谓也”（《缮性》）。而二者的区别在于：后者必须通过使他人满足而达到自我满足，即“适人之适”；而前者乃是一种真正自我本性的满足，即“自适其适”。《骈拇》篇中言：“夫适人之适而不自适其适，虽盗跖与伯夷，是同为淫僻

---

① 陈鼓应注译：《庄子今注今释》，中华书局1983年版，第263页。

也。”我们知道，“伯夷死名于首阳之下，盗跖死利于东陵之上”，盗跖与伯夷分别是为利与名放弃了他们的生命。这表明，盗跖以利为适，伯夷以名为适。与伯夷一样以名为适的，还有《大宗师》篇中所提到的狐不偕、务光、叔齐、箕子、胥余、纪他、申徒狄等。在世俗的眼光看来，拥有名与利便能拥有适意的满足感；而在庄子看来，以利为适与以名为适，都不过是“适人之适”，而并非“自适其适”。也就是说，世俗的满足感并非来源于自我心灵真实愿望的实现，而是来源于对他人的意愿与世俗社会的价值标准的迎合，从而把他人认为的适意当成自己的适意。

《马蹄》篇中有个寓言，能够帮助我们理解“适人之适”与“自适其适”的区别：

龁草饮水，翘足而陆，此马之真性也。虽有义台路寝，无所用之。及至伯乐，曰：“我善治马。”烧之，剔之，刻之，雒之，连之以羁馽，编之以皂栈，马之死者十二三矣。饥之，渴之，驰之，骤之，整之，齐之，前有橛饰之患，而后有鞭筴之威，而马之死者已过半矣。

众人都梦想能够成为伯乐治下的千里马，并以此为适，而庄子认为，成为千里马并不符合马的“真性”，也就是说，千里马所感受到的“适”并不是“自适”。在此，我们可以把伯乐理解为他人或社会的价值标准，把尚未经过伯乐治过的马理解为听从内心真实意愿的人，把经过伯乐治过的马理解为按照他人或社会的价值标准塑造自我的人。从庄子对马的描述的前后对比中可以发现：只有保有真性的马，才能获得真正的适意；而那些经过伯乐训练过的马，它们的失落感显然远远大于满足感。与“伯乐治马”寓意相类的，还有《至乐》篇中“以人养鸟”而非“以鸟养鸟”的故事。

庄书中大量揭示了“适人之适”背后所隐藏的苦楚与荒诞。如“厉之人，夜半生其子，遽取火而视之，汲汲然唯恐其似己也”（《天地》）；孔子推行三皇五帝之礼义法度，犹“猨狙而衣以周公之服”（《天运》）；“里之丑人效西施病心亦捧心而矉其里”（《天运》）；“寿陵余子之学于邯郸，未得国能，又失其故行矣，直匍匐而归耳”（《秋水》）。在庄子看来，以上这些人都是“夫不自见而见彼，不自得而得彼者，是得人之得而不自得其得者也，适人之适而不自适其适者也”（《骈拇》）。可见，对于自我而言，“适人之适”从根本上来说乃非适也。

“自适其适”则不同，它是一种内心真正惬意、满足、舒适的感受。庄子有时又把这种感受形容为“悦”。《天运》篇中说：“此之谓天乐，无言而心说。”据陆德明《经典释文》，此处之“说”通“悦”。[①] 郭象将“说”解释为：“心说在适。”[②] 这是非常准确的理解。这里所说的“悦”，并不是《人间世》篇所说的“悦生而恶死”的“悦”。后者乃是与“恶”相对立的一种世俗之乐的情绪，而前者则是一种内心恒定无待的满足感，亦即《让王》篇中所说的“心意自得”。朱良志对“无言而心说”有过一段精妙的论述，不妨赘引如下：

一种会心的愉悦，必须心有所感，意有所通，从而洒洒乎身心自适，荡荡乎神思飞扬，“犁然有当于心”，才能“陶然有适于意”。这也是一种心意被印证的欢悦，不过它不是某种道德观念被予印证，而是自我的生命被印证。它是一种情绪体验，又是关乎理智的，只不过这种理智活动是在无意识中完成的，它表现为一种心灵的满足和平衡。[③]

是的，人们在体悟到天籁之道时所感受到的“悦”与“适”，乃是一种本真心意得以印证的生命体验，一种无法用语言传达的审美愉悦。在这种得道的审美体验中，主体会因自我本性的确证而拥有最自然、最真心的舒适感，它超越语言，所谓“无言”（《天运》）；超越感官，所谓“听之不闻其声，视之不见其形”（《天运》）；超越知性，所谓“惑也”（《天运》）。同时，主体也会因为自我与道的契合而拥有无所不及的永恒舒适感，所谓“充满天地，苞裹六极”（《天运》）。

在这样一种永恒的舒适当中，我们甚至会忘记舒适的存在。《达生》篇中说：

忘足，履之适也；忘要，带之适也；知忘是非，心之适也；不内变，不外从，事会之适也；始乎适而未尝不适者，忘适之适也。

---

① （清）郭庆藩撰，王孝鱼点校：《庄子集释》，中华书局2004年版，第462页。

② （清）郭庆藩撰，王孝鱼点校：《庄子集释》，中华书局2004年版，第462页。

③ 朱良志：《中国艺术的生命精神》，安徽教育出版社1995年版，第410页。

舒适的鞋子会让你忘记脚的存在，舒适的腰带会让你忘了腰的存在，这是我们每个人都曾经有过的日常经验。同样，舒适的心灵会让你忘了是非的存在；而且，当你的心灵处于永恒的舒适（所谓“始乎适而未尝不适”）时，你甚至连舒适本身的存在也会忘记，即不存在所谓舒适与否的想法。

以往，研究者们总是倾向于将“忘适之适”当作比“自适其适”更高一级的境界。比如涂光社说：“‘忘适之适’是悟‘道’的最高境界，又是对‘自适其适’的超越”①，汪振城更是明确指出：

在庄子看来，“履之适”、“带之适”、“心之适”以及“事会之适”等都是一种“自适其适”，它虽然在一定程度上摆脱了某些外在的束缚，且较之“适人之适”高超，但还只是一种“有心之适”，主体尚未忘却自我，完全融入到天地精神之中。“忘适之适”因其“本性常适”，心与物化，而使主体自我真正归真返本，臻于永恒，自我性灵得到了彻底的解放和超脱，最终达到了无所不备其极的境界。②

汪的观点较有代表性，其对“自适其适”与“忘适之适”的区别亦似乎言之成理，因为前者尚有“我”（也就是“自适其适”当中的“自”）的存在，而后者则做到彻底的“忘我”。这种观点想必是受到了《齐物论》篇中“吾丧我”或者《逍遥游》篇中的“至人无己”的启发，认为只有泯灭自我，才能达到与天地合一的至境。这种认识正是建立在对概念的混淆之上的。

依笔者之见，“自适其适”与“忘适之适”都是指称体道之时的一种终极舒适感，只是二者所侧重的内容不同，前者强调自我的感受，因而是“自适”；后者强调对自我与“道”之间相冥合一的关系的感受，因而是“忘适”。本书在第二章第二节“虚的功夫”中已经指出，庄子所要遗忘、排除的仅仅是本性以外的内容，包括感官活动、生理欲望、贪生意识、名利物欲、道德观念、情感波动、知性活动、一己成心八项，也就是“吾丧我”中的“我”和“至人无己”中的“己”，而庄子之所以要遗忘、排除这些内容，目的就在于不让这些内容扰乱、遮蔽自己的本性，以返回、持

---

① 涂光社：《庄子范畴心解》，中国社会科学出版社2003年版，第193页。

② 汪振城：《论庄子之“适”及其审美观》，《邯郸大学学报》1999年第2期，第46页。

守自己的本性，从而依赖于本性的存在，体悟到“道”的存在。这就意味着，之所以能体道，获得满足、舒适的审美体验，恰恰在于有道所赋予的本真之我（也就是“自适其适”当中的“自”）的存在。没有这个“自”，体道与“适”就无从谈起。吴怡曾指出：“庄子的思想，可以说彻头彻尾是有我之学。”“忘我并非忘记自己，而是破除我执。忘我只是负面的功夫，实证真我才是正面的功夫。也唯有造道于真我，才有逍遥之乐。”① 诚如其言。庄子哲学一直贯穿着一个“我”，即“真我”。没有了这个“真我”，就会像《天下》篇所描述的慎到那样，成为“无知之物”，“非生人之行而至死人之理”。而以上学界的代表性观点，则错误地把“自”当成本性之外的“我”与“己”，即“真我”之外的内容，从而将“自”划入应该被遗忘的范围，因而得出了“忘适之适”优于“自适其适”的似是而非的结论。

对于“忘适之适”，王先谦解释为：“本性适而无往不适者，是自适其适，不因物而后适，乃并其适而亦忘之也。”② 这是颇有见地的认识。依庄子看来，体道之所以能感受到“自适”，乃是因为道所赋予的人之真性本来就是“无往不适”的，而不是因名利、声色等外物所引发。因此，当体道者领悟到道的真谛时，就意味着他的本性与道契合为一，“天地与我并生，而万物与我为一”（《齐物论》），他将始终处于舒适与满足的环绕之中。而辩证法告诉我们，如果一种情绪或体验对于我们来说是永恒的、无待的，那么自然也就会忘记这种情绪或体验的存在。也就是说，当我们获得了本真自我的舒适（所谓“自适”），也就获得了永恒的舒适（所谓“始乎适而未尝不适”）；而当我们获得了永恒的舒适，自然也就忘记了舒适（所谓“忘适”）。忘却舒适而又至极舒适，忘却满足而又至极满足，这就是“忘适之适”所蕴涵的深刻哲理。

综上，所谓“至乐”的审美体验乃是一种超越世俗意义的苦乐之上的、永恒绝对的快乐境界，一种宁静超然、无所扰动、澄明通达的心灵状态，一种把自我的舒适与满足推向极致的精神享受，一种生命中最本色需要的成功释放。庄子的“至乐”所昭示的也正是这样一种本真的幸福。

---

① 吴怡：《逍遥的庄子》，广西师范大学出版社 2006 年版，第 73、81 页。

② （清）王先谦撰，沈啸寰点校：《庄子集解》，中华书局 1999 年版，第 164 页。

第二节　逍遥游

“逍遥游”乃是庄书首篇之篇名。对《逍遥游》篇主旨的具体理解，从古到今，歧见纷纭，迄今尚无定论，以至于古人发出感叹：“庄子《逍遥游》旧是难处。”（《世说新语·文学》）依笔者之见，庄书首篇之所以会以庄书中从未完整出现过的“逍遥游”一词作为篇名，乃是因为《逍遥游》篇的主旨与“逍遥游”的内涵是贯穿全书的总纲，是连接所有问题的主线。我们知道，体道境界的获得，是庄子所以为的人生根本意义与终极旨归。这意味着《逍遥游》篇的主旨与“逍遥游”的内涵，定与体道的精神境界密切相关。王凯曾指出：“‘逍遥游’的过程就是‘体道’、‘闻道’、‘与天为徒’的过程。”[①] 此见甚是。

由于“逍遥游”一词除了在首篇用于冠名外，再也没有在庄书中出现，“逍遥”与“游”都是分开出现的，而且，在庄子之前，亦从未有人将“逍遥”与“游”合成一词使用。故而，历代治庄者主要是从以下两条路径来解释逍遥游：一是通过采用文本细读与结构分析的方法，对《逍遥游》单篇的主旨进行深入探讨，《逍遥游》的主旨也就是逍遥游的内涵；二是在《庄子》全书的大背景之下，先对“逍遥”与“游”的含义分别进行界定，然后再综合二者的含义，对逍遥游进行描述。两种解释的路径各有缺陷，前者失之于局部，后者失之于整体。基于此，笔者意欲综合以上路径的优长，即通过对“逍遥”与“游”分别进行词源上的考察和语义上的归纳，并把这种考察与《逍遥游》的文本分析结合起来，以发覆“逍遥游”被前人所遮蔽的一些内涵，并对“逍遥游”这样一种得道体验的精神特质进行描述。

一、逍遥

“逍遥”一词，并非庄子自创。据张松辉考证，乃是首出于《诗

---

① 王凯：《逍遥游——庄子美学的现代阐释》，武汉大学出版社2004年版，第28页。

经》。[1]《诗经·郑风·清人》中有："二矛重乔，河上乎逍遥。"《诗经·桧风·羔裘》亦有："羔裘逍遥，狐裘以朝，岂不尔思，劳心忉忉。"此外，使用了"逍遥"一词的，还有"折若木以拂日兮，聊逍遥以相羊"、"欲远集而无所止兮，聊浮游以逍遥"（《离骚》），"孔子蚤作，负手曳杖，消遥乎门"[2]（《礼记·檀弓》），"孔子方负杖逍遥于门"（《史记·孔子世家》）。对于以上出处中"逍遥"一词的含义，学界有两种截然不同的解释：一以刘笑敢为代表，认为"所谓逍遥都是安闲自得"[3]之意；二以张松辉为代表，认为"逍遥"乃是"形容那些苦闷异常、无事可做的人"，意为"无所事事地走一走"[4]。笔者以为，根据以上各"逍遥"的上下文语境与背景出处，后者的解释似乎更为合理可信。

仅引证一例，比如《礼记》与《史记》中有关"逍遥"的那一段文字。《礼记》载：

孔子蚤作，负手曳杖，消遥乎门。歌曰："泰山其颓乎，梁木其坏乎，哲人其萎乎！"既歌而入，当户而坐。子贡闻之，曰："泰山其颓，则吾将安仰；梁木其坏，哲人其萎，则吾将安放。夫子殆将病也。"遂趋而入。夫子曰："予殆将死也。"盖寝疾七日而没。

《史记》中所记载的也是此事，情节稍有出入：

明岁，子路死于卫。孔子病，子贡请见。孔子方负杖逍遥于门，曰："赐，汝来何其晚也？"孔子因叹，歌曰："太山坏乎！梁柱摧乎！哲人萎乎！"因以涕下。……后七日卒。

学生子路被杀，孔子本人又身染重病，不久于人世，当孔子"负杖逍遥于门"看见子贡时，流下眼泪。显然，将"逍遥"解作"悠闲自得"有违情理。

当然，庄子并没有完全沿用"逍遥"一词的本义，而是去其"苦闷"之义，取其"无事"之义，并进一步引申为"无为"。换言之，庄子主要

---

① 参见张松辉：《〈逍遥游〉的主旨是无为》，《齐鲁学刊》1999年第1期，第97页。
② 此处之"消遥"即"逍遥"。
③ 刘笑敢：《庄子哲学及其演变》，中国社会科学出版社1993年版，第154页。
④ 张松辉：《〈逍遥游〉的主旨是无为》，《齐鲁学刊》1999年第1期，第98页。

是在“无为”的意义上使用“逍遥”一词的。庄书中所有出现“逍遥”一词的文字，都能够印证这一点：

彷徨乎无为其侧，逍遥乎寝卧其下。(《逍遥游》)

芒然彷徨乎尘垢之外，逍遥乎无为之业。(《大宗师》)

芒然彷徨乎尘垢之外，逍遥乎无事之业，是谓为而不恃，长而不宰。(《达生》)

古之至人，假道于仁，托宿于义，以游逍遥之虚，食于苟简之田，立于不贷之圃。逍遥，无为也。(《天运》)

舜以天下让善卷，善卷曰：“余立于宇宙之中，……日出而作，日入而息，逍遥于天地之间，而心意自得。吾何以天下为哉！悲夫，子之不知余也。”遂不受。(《让王》)

《逍遥游》篇中的“逍遥”是用来形容无事而寝卧的样子，与“彷徨乎无为”一义。《大宗师》篇与《达生》篇分别把“逍遥”与“无为”连用，这表明庄子是在以“逍遥”形容“无为”。《天运》篇对“逍遥”更是进行了明确的解释：“逍遥”就是“无为”。而《让王》篇中的“逍遥”，则是针对于善卷不愿以“天下”为事而言的，亦即“无为”之意。由此可见，“逍遥”与“无为”二者乃异名而同实也。

“无为”乃是道家哲学所宣扬的一个基本理念，而庄子有关“无为”的思想正源于老子。《老子·三十七章》云：“道常无为而无不为”。可见，“无为”乃是道的一个显著特征。然而，老子对“无为”的思考，多是针对统治者强作妄为、肆意伸张己欲而发的，正如陈鼓应所指出的：“除了三十七章中以‘无为’来描述‘道’以外，其他《老子》书上凡是谈到‘无为’的地方[①]，都是从政治的立场而发的。”[②] 而庄子则将“无为”的学说，往道的本体层面大大推进。请看以下文字：

夫道有情有信，无为无形。(《大宗师》)

无为而尊者，天道也。(《在宥》)

---

① 笔者按：如《老子·二章》中的“圣人处无为之事，行不言之教”，《老子·五十七章》中的“我无为，而民自化”等。

② 陈鼓应注译：《老子今注今译》，商务印书馆2003年版，第51页。

无为为之之谓天，无为言之之谓德。（《天地》）

夫虚静恬淡寂漠无为者，万物之本也。（《天道》）

以上引文中的“道”、“天”、“本”，都是指称世界的本体。这说明，庄子已经充分自觉地把“无为”当作“道”的一个特征来看待。也正因如此，庄子认定，当体道者体悟到道的存在、获得审美体验时，势必会呈现出“无为”（或曰“逍遥”）的精神状态。

那么，“无为”的具体所指究竟是什么呢？以往，人们总是从“任自然、不妄为”这一角度来理解“无为”，比如《田子方》篇中的“夫水之于汋也，无为而才自然矣”。换言之，“无为”亦即“自然”。陈鼓应就曾指出：“自然”和“无为”这两个观念可说是“二而一的”。[①] 应该说，这种观点并无不当。但笔者想在此强调的是，“无为”不仅意味着“自然”，同时还能引申出“自由”的含义。[②]

在《逍遥游》篇中，庄子较为具体地指出了“无为”的对象：“至人无己，神人无功，圣人无名。”接着，庄子又一连运用了好几个寓言故事来对这句话进行了说明。他先用尧让天下于许由说明“圣人无名”，再用藐姑射山上的神人和尧来说明“神人无功”，最后用惠子种大瓠和不龟手之药的故事说明“至人无己”。以上，庄子用占全篇将近一半的篇幅就是为了说明：当一个人做到“无己”、“无功”与“无名”，那么他就做到了“逍遥”。或者我们也可以这样理解，当我们不为“己”、“功”、“名”所束缚时，也就处于逍遥之境。而这样一种摆脱束缚、不受限制的状态，正是我们今天所说的“自由”之义。[③] 很多学者都意识到了“逍遥”的这一层含义，比如刘笑敢指出：“庄子之‘逍遥’实有今日精神自由之含义。”[④]

---

① 陈鼓应注译：《老子今注今译》，商务印书馆2003年版，第50页。

② 对于庄子因自然而自由的致思理路，可参阅于民雄：《自然与自由——庄子“相忘于江湖”解》，《贵州社会科学》2001年第4期，第57～63页；陈徽：《因自然而自由——庄子对老子“道法自然”思想的充实与演进》，《同济大学学报》（社会科学版）2006年第4期，第41～47页。

③ 张松辉曾专门撰文指出：“《逍遥游》的主旨不是讲精神自由，而是讲无为。”这个判断既对也错。对的是，《逍遥游》的主旨的确是讲“无为”，但错的是，“无为”与“自由”并非毫不相关，“无为”本身就包含了“自由”的因子。正如商原李刚所指出的，“若二者（笔者按：指‘无为’与‘自由’）有交叉重合之处，就不应该断然否定‘精神自由’。”参见张松辉：《〈逍遥游〉的主旨是无为》，《齐鲁学刊》1999年第1期，第97～102页；商原李刚：《〈逍遥游〉的主旨就是逍遥游》，《长安大学学报》（社会科学版）2002年第4期，第3～7页。

④ 刘笑敢：《庄子哲学及其演变》，中国社会科学出版社1993年版，第154页。

崔宜明认为："'逍遥'，就是人的自由。"[1] 吴汝钧指出："把逍遥关连到精神状态方面，以之指由无执滞无抵触而达到的精神上的自由解放的状态。"[2] 崔大华亦将"逍遥"解释为"精神自由。"[3]

《逍遥游》篇中的以下这段话，能够让我们对"自由"与"逍遥"的关联看得更清楚：

> 若夫乘天地之正，而御六气之辩，以游无穷者，彼且恶乎待哉！故曰：至人无己，神人无功，圣人无名。

引文中的前半段，即"乘天地之正，而御六气之辩，以游无穷者，彼且恶乎待哉"，曰无穷，曰无待（即无所依赖），其实讲的就是自由的问题；而引文中的后半段，即"至人无己，神人无功，圣人无名"，正如前文所述，讲的就是无为的问题。从庄子所使用的"故曰"这个具有因果意义的连词当中可以看出，"无为"与"自由"本就有同胞之义。庄书中曾数次提到"无为而无不为"（《知北游》，《庚桑楚》，《则阳》），即"无为"能够做到"无不为"。《庚桑楚》篇中更是明确指出："出怒不怒，则怒出于不怒矣；出为无为，则为出于无为矣。"意思是说，"为"出于"无为"。对于何为"无不为"之"为"，学术界的意见不尽一致，而笔者则更愿意将之理解为一种无待、无累、无绊、绝对自由的精神状态。

二、游

相比于"逍遥"，"游"这个词在庄书中使用得更为频繁。据笔者统计，人名（如"颜成子游"）与篇名（如《逍遥游》与《知北游》）除外，"游"字共出现106次之多。当然，庄书中"游"的含义并不一致，有的意为"游走"，如"则阳游于楚"（《则阳》）；有的意为"游水"，如"鯈鱼出游从容"（《秋水》）；还有的意为一种处世态度[4]，如"人能虚己以游世，其孰能害之"（《山木》）。作为体道体验的"逍遥游"之"游"，则指向一种精神境界，也就是庄子所说的"游心"，比如"乘物以游心"（《人间世》）、

---

① 崔宜明：《生存与智慧——庄子哲学的现代阐释》，上海人民出版社1996年版，第231页。
② 参见吴汝钧：《庄子的终极关怀》，《哲学杂志》1996年第17期，第172～197页。
③ 崔大华：《庄学研究》，人民出版社1992年版，第104页。
④ 本书第二章第一节"游世"，已对作为处世态度的"游"进行了探讨，在此不再赘述。

"游心乎德之和"（《德充符》）、"游心于淡"（《应帝王》）、"游心于物之初"（《田子方》），"游心于无穷"（《则阳》）。作为"游走"与"游水"的"游"，乃沿用了先秦典籍中"游"的基本义，即指"在水中或陆地上行径、活动"。作为"处世态度"与"精神境界"的"游"，则是从其基本义中引申出来的。其实，作为精神境界的"逍遥游"之"游"（以下所论之"游"皆指此游），在庄书中大多数是以动词的形式出现的。以往的很多学者都将其与西方的"游戏"一词联系起来①，而笔者则更愿意从"游"的基本义出发来思考它的具体含义，从而将其视为一个在精神空间中的行径过程。因此，在笔者看来，究竟自何处游出？如何而游？又将游向何处？才是理解"游"之真义的关键所在。

先来看"自何处游出"，也就是"游"之前的出发点：

乘云气，骑日月，而游乎四海之外，死生无变于己，而况利害之端乎！

圣人不从事于务，不就利，不违害，不喜求，不缘道，无谓有谓，有谓无谓，而游乎尘垢之外。（以上《齐物论》）

夫若然者，且不知耳目之所宜，而游心乎德之和。

故圣人有所游，而知为孽，约为胶，德为接，工为商。（以上《德充符》）

许由曰："而奚来为轵？夫尧既已黥汝以仁义，而劓汝以是非矣。汝将何以游夫遥荡恣睢转徙之涂乎？"（《大宗师》）

无为名尸，无为谋府，无为事任，无为知主。体尽无穷，而游无朕。（《应帝王》）

巧者劳而知者忧，无能者无所求，饱食而敖游，泛若不系之舟，虚而敖游者也。（《列御寇》）

不难发现，"游"的内涵本身就含有"无为"之义，具体而言则包括：不悦生恶死（"死生无变于己"），不趋求功利（"不就利，不违害"），不追逐感官享乐（"不知耳目之所宜"），不使用巧智（"知为孽"，"巧者劳而知者忧"），不倡道德（"尧既已黥汝以仁义"），不论是非（"劓汝以是非"），不逐名誉（"无

---

① 如美国学者克莱代尔就直接把庄书中的"游"翻译为"play"——游戏。参见 Michael Crandell. "On Walking without Touching the Ground：'play' in the inner Chapters of the Chuang－tzu", Victor H. Mair. ed. *Experimental Essays on Chuang－tzu*. University of Hawaii Press, 1983.

为名尸”），不须谋虑（“无为谋府”）等。可见，“游”的出发点，就是生死、功名、感官、道德、知性等一系列精神桎梏。“游”之“游出”，就是为了解除这些桎梏。正如徐克谦所言：“所谓‘游’就是要让精神不受仁义是非的道德束缚，摆脱世俗功利目的之限制，超出社会制度的控制，突破人们的也包括自己的常识与习惯思维方式的局限。”[①]依庄子之见，只有摆脱这些精神上的限制，才能“游夫遥荡恣睢转徙之涂”，即纵情畅游在逍遥自得的大道之上。在此，庄子将“游”的状态比作“不系之舟”，也就是针对“游”的不受束缚、无所依傍而言的。

对于“如何而游”，也就是“游”的方式问题，请见下列文字：

乘物以游心。（《人间世》）
古者谓是采真之游。（《天运》）
乘道德而浮游。（《山木》）

“乘物以游心”不应理解为借助于物而游，即《逍遥游》中列子的有待而游，而应理解为顺应事物的自然之性而游，即无为而游。陈鼓应将之翻译为“顺任事物的自然而悠游自适”[②]，可谓切中肯綮。“采真之游”，就是寻觅真性而游。可见，“游”所采取的乃是一种顺物、循真的方式，而这样一种方式，就是道的运行方式，因为道乃万物之本根[③]，自然依照本然、本真的轨道运行，所谓“乘道德而浮游”是也。换言之，“游”之主体与道的律动是完全合拍的。同时，道也作为宇宙内在的法则而存在。因此，“游”与“道”的内在契合，就意味着“游”之主体的实然性、应然性与必然性的完全吻合，这也就决定了“游”之主体必然能够臻于“从心所欲而不逾矩”的自由境界。在此，自由之境的主体就好比《秋水》篇中所描绘的出游从容的鲦鱼，随心所往，无往不适。

下面再来看“游向何处”，也就是“游”的归宿问题：

若夫乘天地之正，而御六气之辩，以游无穷者，彼且恶乎待哉！
乘云气，御飞龙，而游乎四海之外。（以上均出自《逍遥游》）

---

① 徐克谦：《庄子哲学新探——道·言·自由与美》，中华书局2005年版，第148页。
② 陈鼓应注译：《庄子今注今释》，中华书局1983年版，第125页。
③ “道”的含义，将在第四章第一节中加以详述。

彼游方之外者也，而丘游方之内者也。

吾师乎！吾师乎！赍万物而不为义，泽及万世而不为仁，长于上古而不为老，覆载天地、刻雕众形而不为巧。此所游已！（以上均出自《大宗师》）

予方将与造物者为人，厌则又乘夫莽眇之鸟，以出六极之外，而游无何有之乡，以处圹埌之野。

立乎不测，而游于无有者也。（以上均出自《应帝王》）

故余将去女，入无穷之门，以游无极之野。（《在宥》）

一上一下，以和为量，浮游乎万物之祖。

吾愿君刳形去皮，洒心去欲，而游于无人之野。

吾愿去君之累，除君之忧，而独与道游于大莫之国。（以上均出自《山木》）

吾游心于物之初。

“请问游是。”老聃曰：“夫得是至美至乐也。”（以上均出自《田子方》）

尝相与游乎无有之宫，同合而论，无所终穷乎！（《知北游》）

上与造物者游，而下与外死生、无终始者为友。（《天下》）

显而易见，“游”的归宿就是“道”，即上述引文中所说的“吾师”、“造物者”、“万物之祖”、“物之初”等。故而，“游”的行径也就是始终以“道”为终极指向的生命体验。这种生命体验具有如下指向性：

其一为无，如“游无何有之乡”、“游于无有者”、“游乎无有之宫”等。徐克谦认为，庄子所谓之“无”，乃是“绝对‘无’”，“甚至连自我都消解了”。[①] 这是笔者所不能认同的。庄子所谓的“无”，只是相对于“有”而言的，是对“有”的否定，而“有”则指已在前文提及的生死、功名、感官、道德、知性等一系列精神桎梏。庄子所谓的“无”，并不是空无一切的绝对之“无”，而只是摆脱了精神桎梏的相对之“无”。在此“无”当中，“游”之主体无所拘束地体露着自我的本性，与道相周游。

其二为无限，如“游于大莫之国”、“游无穷者”，“入无穷之门，以游无极之野”等。“大莫”指的是空间上的广漠无涯；“无穷”、“无极”，

① 徐克谦：《庄子哲学新探——道·言·自由与美》，中华书局2005年版，第149页。

既指时间的无尽，亦指空间的无际。庄子认为，当体道者与道相交游时，定能领略到一种超越时空限制的、至大、至阔、至远之境。

其三为超验，如“游乎四海之外”、“游方之外”、“出六极之外”、“游于无人之野”等。以上所谓的“方之外”、“四海之外”、“六极之外”、“无人之野”等都是一个层面的意思。徐克谦曾把“方之外”解释为“远离尘世，在人类社会之外”①，这亦是笔者所不认同的。正如本书第二章第一节“游世”部分所指出的，庄子很清楚地意识到世俗社会是无法彻底放弃的，因此，他不可能离开尘世而游。相比而言，韩林合的解释比较符合庄子原意，他指出：“‘四海’泛指经验世界”，“‘六极之外’或‘六合之外’也就是经验世界之外的意思”。② 何为“经验世界之外”？或许我们在这里可以借用康德的术语——“超验的”（transcendent）来指称这种超越于经验的境界。邓晓芒指出：“‘超验的’之所以超越于经验‘之上’，则是由于它完全超出经验之外并且不可能运用于经验。”③ 可见，所谓“超验的”即逻辑上先于且独立于经验，不来源于经验，且绝不能被经验性地使用。“游”的体验之所以被称为“超验的”，乃是因为其是无条件的、绝对的、超越于知性理解与感官把握的范围的。如果一定要对超验境界进行描述，就只能是“乘云气，御飞龙”、“骑日月”、“乘夫莽眇之鸟”之类“不近人情”、“狂而不信”的神话性言说方式了。

其四为至乐，如“夫得是至美至乐也”、“去君之累，除君之忧”等。本章第一节已对“至乐”的内涵进行了解释。所谓“至乐”就是一种超越于世俗意义的苦乐之上的、宁静超然的、自适满足的心灵状态。庄子认为，与“游”相伴随的，始终是这种不受扰动、毫无忧累的至乐情绪，这是一种因体道而获得的巅峰体验。

由此可见，所谓“游”的状态乃是一种不受精神桎梏束缚、不受时空限制、不受经验规定、不受情感滋扰、从心所欲而不违道的自由体验。正如陈鼓应所言：“‘游心’就是心灵的自由活动，而心灵的自由其实就是过

---

① 徐克谦：《庄子哲学新探——道·言·自由与美》，中华书局2005年版，第148页。

② 韩林合：《虚己以游世——〈庄子〉哲学研究》，北京大学出版社2006年版，第225、226页。

③ 邓晓芒：《康德的“先验”与“超验”之辨》，《同济大学学报》（社会科学版）2005年第5期，第4页。

体‘道’的生活，即体‘道’之自由性、无限性及整体性。”① 这使我们有理由认定，它绝不同于我们今天所说的“游戏人生”的“游”。因为后者含有一种因道德堕落导致感官享乐的意味，而前者既不关涉世俗道德，也不关涉感官欲望，而是一种纯精神的自由境界。

三、绝对精神自由

综上可知，“逍遥”与“游”在所指上相通，都含有“无为”与“自由”之义。依笔者所见，庄子之所以要将“逍遥”与“游”合在一起，创立“逍遥游”一词，就是因为“逍遥”与“游”存在极大的内相关性。《天运》篇中说：“古之至人……以游逍遥之虚，食于苟简之田，立于不贷之圃。逍遥，无为也；苟简，易养也；不贷，无出也。古者谓是采真之游。”庄子以“逍遥”与“游”互释，说明“逍遥”与“游”的意蕴本就是统一的。诚如郑开所言：“《庄子》中的‘逍遥’与‘游’的概念并没有本质的区别，实际上‘游’就是‘逍遥’的另一种说法；如果非要说它们之间有什么区别的话，也许可以说，‘逍遥’重在阐明精神境界，‘游’则偏于描摹生活状态。”② 徐复观亦曾指出：“消者消释而无执滞，乃对理而言。摇者随顺而无抵触，乃对人而言。游者，象征无所拘碍之自得自由的状态。总括言之，即形容精神由解放而得到自由活动的情形。”③ 虽然徐先生对以上个别字的释义还有待商榷，但其对“逍遥游”内涵的整体把握还是比较准确的。

所谓“人生而自由，而无往不在枷锁中”，可以说，自由是每一个人内心深处的渴望。然而，对于自由的理解，不同的思想家却相去甚远。崔大华曾将庄子所认识和追求的自由，与卢梭、康德、斯宾诺莎、黑格尔等认识和追求的自由进行了对比，不妨赘引如下：

卢梭和康德的意志自由论所揭示和坚持的是认为人的行为在其根源上是独立自主的，因而人是社会立法的主权者，人是道德法则的主体。这和庄子的情态自由论所描述和追求的超脱人生困境，理智、理性地升华人所固有的感情、感性，从而达到无待、无累、无患的自在情境，是完全异

① 陈鼓应：《老庄新论》，上海古籍出版社 1992 年版，第 231 页。
② 郑开：《道家形而上学研究》，宗教文化出版社 2003 年版，第 225 页。
③ 徐复观：《中国人性论史》（先秦篇），上海三联书店 2001 年版，第 350 页。

趣的。

理性自由论（笔者按：即斯宾诺莎、黑格尔等所持的自由论）所揭示和坚持认为的自由是人的理性的自觉，与庄子所追求的那种精神上无任何负累的、逍遥情境的自由也是不同的。①

应该指出的是，崔先生将庄子所认识和追求的自由等同于“逍遥游”之精神自由并不准确，因为庄子所认识和追求的自由并不仅限于精神之自由，还包括社会政治意义上的自由诉求，这从庄子在《应帝王》、《骈拇》、《马蹄》、《胠箧》等篇中对君主“有为”政治的批判中可见一斑。② 但崔先生在与其他代表性自由观参照体系中，对庄子式自由的特征的把握还是颇有见地的。不同于卢梭的政治自由，不同于康德的道德自由，亦不同于黑格尔的知性自由，庄子逍遥游式自由的最大特点就在于其是一种不着任何政治、道德与知性色彩的、仅落实于精神的自由。而且，这种精神自由还是一种绝对的自由。“绝对”意味着它对精神以外的力量无所依赖，用庄子的话来说，就是“恶乎待哉”（《逍遥游》），亦即“无待”。

那么，这种绝对的精神自由，究竟呈现为怎样的心灵境界呢？请看以下文字：

天地与我并生，而万物与我为一。（《齐物论》）

登天游雾，挠挑无极，相忘以生，无所穷终。

彼方且与造物者为人，而游乎天地之一气。（以上均出自《大宗师》）

精神四达并流，无所不极，上际于天，下蟠于地。（《刻意》）

吾与日月参光，吾与天地为常。

出入六合，游乎九州，独往独来，是谓独有。独有之人，是之谓至贵。（以上均出自《在宥》）

物物而不物于物，则胡可得而累邪！（《山木》）

独与天地精神往来，而不敖倪于万物。（《天下》）

---

① 参见崔大华：《庄学研究》，人民出版社1992年版，第162～165页。

② 徐复观曾专门讨论过庄子的政治自由问题。参见徐复观：《中国人性论史》（先秦篇），上海三联书店2001年版，第364～368页。马作武亦曾撰文对“庄子的自由观仅仅是或者全部是精神自由”这一错误认识进行了澄清。可参阅马作武：《庄子平等、自由观发微》，《中山大学学报》（社会科学版）2007年第1期，第40～46页。

以上都是庄子对体道之自由的诗意描述，归结起来，绝对精神自由主要具有以下两个特征：

其一，通达宇宙的博大性。

在庄子看来，世俗状态中的人的意识会被成心或欲求占据。只有把这些成心或欲求彻底剥离之后，才能体悟到道的存在。因此，体道也就意味着回归到生命的本然状态。而天地间“无所不在”（《知北游》）之道原本就是万物自然本性的统摄，因此，体道的过程也就是自我与天地之道合而为一的过程。这种与道为一的境界，用庄子的话来说，就是“天地与我并生”、“登天游雾，挠挑无极”、“游乎天地之一气”、“精神四达并流，无所不极”、“与天地为常”、“独与天地精神往来”。庄子所说的“天地”，亦即我们今天所说的“宇宙”。[①] 以上庄子对人道合一之境的描述虽不尽一致，但都揭示了主体与作为宇宙根本的道之间的亲密关系，以及由此所引发的通达宇宙、充溢天地的博大感。

步入体道之境，就好比踏上了充满神秘色彩的心灵之旅：在浩渺无垠、永恒流转的宇宙之中，体道者的精神登天游雾、任意驰骋、随心遨游、无所不及，感觉自己从渺小沉重的“小我”飞升为博大轻盈的“大我”，与天地万物融为一体，成为不朽的存在，心中涌动着一股与宇宙同其辽阔的磅礴之气和豪壮之情。这是何等恢宏幽远的精神境界！而这样一种精神境界，也正是庄子所憧憬的自由。蒙培元指出：庄子的所谓“自由”“就是与‘道’合一，‘与宇宙精神往来’”[②]。李牧恒等也指出：“庄子的精神自由是心灵与道为一，与天地万物为一，个体的小我被遗忘了，

---

① 总括起来，《庄子》中的“天地”一词具有以下三个特征：①与“万物”一义。郭象在对《逍遥游》中“若夫乘天地之正”一句的注释中写道：“天地者，万物之总名也。”应该说，这个解释是有根据的，因为庄子常将“万物”与“天地”并置使用，如“天地与我并生，而万物与我为一”（《齐物论》）、“天地之鉴也，万物之镜也”（《天道》）、“明天地之理，万物之情”（《秋水》）。“并生”与“为一”相仿，“鉴”与“镜”一义，“理”与“情”意近，这说明庄子是在同一个含义上，使用“天地”与“万物”这两个概念。②“天地”乃是至大的存在。“天地者，形之大者”（《则阳》），“夫大备矣，莫若天地”（《徐无鬼》），君臣之义也充斥于其中，“无适而非君也，无所逃于天地之间”（《齐物论》），这说明，“天地”是一个上至天、下至地、囊括世间万物的存在。③“天地”常与“日月”、“阴阳”、“造化”、“六极”等并置，如“吾与日月参光，吾与天地为常”（《在宥》）、“天地有官，阴阳有藏”（《在宥》）、“以天地为大炉，以造化为大冶”（《大宗师》）、“充满天地，苞裹六极”（《天运》），这表明它们之间的含义具有内在一致性。显然，在现代汉语中，能同时符合以上三个特征的，应该是“宇宙”这个概念。

② 蒙培元：《庄子的自由观》，此文为蒙先生于“第三届庄子国际学术研讨会”的发言提要，http：//www. confucius2000. com/taoist/zhzzyg. html。

融入到天地一气中，汇合到大道玄冥中。也就是说我与道成为一个整体，不分彼此，我是大道，大道也是我。”[①] 这些都是颇为精当的见解。

其二，不受束缚的独立性。

庄子所憧憬的自由还有另一层意蕴，那就是无所束缚、独立超然。庄子所说的“独往独来，是谓独有”、“物物而不物于物”，就是对这一境界的描述。我们知道，“道”本就独立无依。老子说：“有物混成，先天地生。寂兮寥兮，独立而不改，周行而不殆，可以为天地母。吾不知其名，强字之曰道”，“道法自然”（《老子·二十五章》）。所谓“道法自然”，也就是说“‘道’以它自己的状况为依据，以它内在原因决定了本身的存在和运动，而不必靠外在其他的原因”[②]。庄子也说过：道“自本自根”（《大宗师》）。这些都说明，道的存在是自然而自由的。这也意味着，体道之境也应该是自由无碍的。

需要着重指出的是，“物物而不物于物”中的“物物”，不应被理解为“对万物的主宰”[③]，而应理解为“使物成为物”[④]，因为庄子是主张“为而不恃，长而不宰”的（《达生》），即人应顺任自然之物的本性，而不应妄作干涉。“物物而不物于物”，则主要强调的是主体坚守其内在的独立自主性，不被他物所役使羁绊。这里所说的“他物”，含义非常广泛，不仅包括主体之外的他者，还包括主体自我本性之外的一切内容，如名利、道德、知性、成心等。可见，逍遥游之境，也就意味着解除他物的束缚，以自我之纯真本性面对这个世界。在此境界中，主体能够感受到一种优游自在、无挂无碍的轻松感与自由感。

对此，或许有人会提出类似这样的质疑：庄子以限制世人追求名利、道德等为条件以获得自由，这本身不就是一种不自由吗？如果我们把“自由”视为对所有可能性的践行与拥有，就像质疑者所认为的那样，那么，不仅庄子所追求的“自由”是一种“不自由”，而且任何只要承认必然性存在的思想家，如卢梭、康德、黑格尔、马克思等所追求的“自由”，都是一种“不自由”。如果我们把“自由”理解为斯宾诺莎所定义的“自由”：“凡是仅仅由自身本性的必然性而存在，其行为仅仅由它自身决定的

---

① 李牧恒、郭道荣：《自事其心——重读庄子》，四川人民出版社1996年版，第57页。

② 陈鼓应：《老子注释及评价》，中华书局1984年版，第30页。

③ 绝大多数的注庄者，如陈鼓应、曹础基等，都将“物物”解释为“主宰万物”。

④ “物物”的前一个“物”，当为动词使动用法，即“使物成为……”

东西叫做自由”[①]，即自我行为只受自我本性决定，不受任何自我本性以外的东西决定叫作“自由”，那么，庄子所憧憬的自由，无疑是符合这一定义的。这就意味着，庄子逍遥游式的自由乃是依循自然的自由，而绝非极端个人主义所倡导的随心所欲、为所欲为。

综上可知，所谓“逍遥游”的审美体验，乃是一种精神绝对自由的感受[②]。在此自由之境的主体，不仅因为与“道”相冥而获得了通达宇宙、充溢天地的博大感，同时也因为摆脱了本性之外一切内容的拘束而获得了超然自在、无滞无挂的独立感。

第三节　与物为春

如果说“至乐”与“逍遥游”更多地倾向于体道主体自身的审美体验，那么“与物为春”则更多地倾向于由体道主体与他物[③]之间的关系所引发的审美体验。

“物”在庄书中是一个意义非常复杂的概念，大而言之，我们可以把庄书中的“物”分为自然之物与身外之物。自然之物，即大道流行的产物，也就是庄子所说的“万物”，它包括人[④]、人之外的动物、植物乃至山石河流等一切自然存在物，如“生物之以息相吹也”（《逍遥游》）、“无物不然，无物不可”（《齐物论》）、“乘物以游心”（《人间世》）等。身外之物，即

---

① ［荷］斯宾诺莎著，贺麟译：《伦理学》，商务印书馆1983年版，第4页。

② 这同时表明，庄子逍遥游式的自由并非落实于现实的真正自由，而是一种向内转的精神自由。我们知道，人不仅生活在外在的现实世界之中，同时也生活在内在的精神世界之中。因此，我们对自由的需要既有外在性，亦有内在性。外在自由并不必然通向精神自由，精神自由也并不完全依赖于外在自由。反之亦然。“逍遥游”的精神性而非现实性由此具有了正、负两方面的意义：从积极的方面来说，庄子张扬了人的主体性，强调了精神对现实的超越，精神上的超越性可以给处于现实生活重压之下的人以力量和慰藉。至于消极方面的意义，本书将在第五章第二节的“局限”部分中加以阐释，在此不再赘述。

③ 所谓“物物者非物”（《知北游》），作为“物物者”的道，它本身不是“物”。因此，“与物为春”中的“物”，并不包含“道”，而是指主体之外的他物。但这并不意味着“与物为春”与“道”之间没有关联。有关这一点，下文还将详述。

④ “人”也是万物之一，《秋水》篇中云：“号物之数谓之万，人处一焉。”这一认识在《世说新语》中亦有突出表现，如《赏誉》：“王戎云：‘太尉神姿高彻，如瑶林琼树，自然是风尘外物’”；《方正》：“卢志于众坐问陆士衡：‘陆逊、陆抗是君何物？’”

抽象意义上的人为之物，它包括名声、财利、道德等一切人之本性之外的内容，如“孰肯以物为事”（《逍遥游》）、“天下莫不以物易其性矣”（《骈拇》）、“丧己于物”（《缮性》）等。而“与物为春”之“物”显然指向前者，因为身外之物会对主体的体道行为构成妨碍。

“与物为春”出自《德充符》篇：“使之和豫，通而不失于兑。使日夜无隙，而与物为春，是接而生时于心者也。是之谓才全。”可见，“与物为春”是对“才全”所作的一个描述。何为“才全”？林希逸说：“才全，犹言全其质性也。”[①] 黄锦宏说：“才全，保全天然的德性。”[②] 以上均是颇为恰当的解释。“才全”即保全天性之谓，而天性乃道所赋予，故而保全了天性，也就意味着步入了体道之境。如此看来，“与物为春”就是体道之时所呈现的一种主体感受。

对于“与物为春”的含义，历代注家看法并不一致，有的将“春”理解为“春和之气”，强调主体与“物”之间的融洽关系，如释德清的“应物之际，春然和气”说，宣颖的“随物所在皆同游于春和之中”；有的将“春”理解为“兑”，即“悦”，强调主体的自我感受，如林希逸的“随所寓而皆为乐也”说；有的依据《说文》对“春”的解释是“春，推也”，将“春”理解为推移，强调主体的行为方式，如章炳麟的“与物相推移”说。[③] 应该说，以上三种解释都说得通，但笔者还是倾向于认为第一种解释于义为长，因其可以包含后两种解释。换言之，主体与他物之间的融洽，自然意味着主体能够与物相化，也意味着主体能够获得怡悦盎然的生命体验。故此，笔者愿意把“与物为春”理解为主体与他物之间和谐融洽的关系所引发的审美体验。具体而言，“与物为春”主要包含两个规定性，一是“与物化而不以心稽”，即主体对他物的自然顺任；二是“万物与我为一”，即主体对自我与他物之间、他物与他物之间人为界限的消解。

一、与物化而不以心稽

“与物化而不以心稽”出自《达生》篇：“工倕旋而盖规矩，指与物化而不以心稽，故其灵台一而不桎。”其中的“指”就是手指，象征着主体。“指与物化”亦即“我与物化”。那么，究竟是一种什么样的境界被称

---

① （宋）林希逸著，周启成校注：《庄子鬳斋口义校注》，中华书局 1997 年版，第 92 页。

② 黄锦宏：《新译庄子读本》，三民书局 1974 年版，第 101 页。

③ 参见陈鼓应注译：《庄子今注今释》，中华书局 1983 年版，第 160 页。

为“指与物化而不以心稽”呢？先来看一看各方家的说法：

手随物化，因物施巧，不稽留也。[①]（郭象）

任物因循，忘怀虚淡。[②]（成玄英）

手指动作随着所造的器物而变化，而根本不用思索。[③]（曹础基）

以上各说虽各有所侧重，但都强调了两点：一为主体对他物的顺任性，二为顺任的自然而然性，即顺任他物无需任何心机。这些都是很到位的诠释。在“指与物化而不以心稽”这句话前后，庄子一连用了四个寓言对其义理加以申说，因此结合上下文语境，能够使我们对“指与物化而不以心稽”的含义理解得更为透彻。

第一个寓言讲的是吕梁丈夫蹈水的故事：

孔子观于吕梁，县水三十仞，流沫四十里，鼋鼍鱼鳖之所不能游也。见一丈夫游之，以为有苦而欲死也。使弟子并流而拯之。数百步而出，被发行歌而游于塘下。孔子从而问焉，曰：“吾以子为鬼，察子则人也。请问：蹈水有道乎？”曰：“亡，吾无道。吾始乎故，长乎性，成乎命。与齐俱入，与汩偕出，从水之道而不为私焉。此吾所以蹈之也。”孔子曰：“何谓始乎故，长乎性，成乎命？”曰：“吾生于陵而安于陵，故也；长于水而安于水，性也；不知吾所以然而然，命也。”

在一般人看来，吕梁之瀑布异常凶险，而吕梁丈夫却能够自如地游于其中，奥秘有二：一是吕梁丈夫深谙并顺任瀑布的脾性。对于“与齐俱入，与汩偕出，从水之道而不为私焉”，陈鼓应翻译如下：“和漩涡一起没入，和涌流一起浮出，顺着水势而不由自己。”[④] 这几句可视作“指与物化”的另一种说法，即“人与水化”。二是吕梁丈夫游水的行为完全是自然而然的。所谓“不知所以然而然”，是说吕梁丈夫蹈水靠的绝不是知性和技巧，即“不以心稽”，而是“始乎故”、“长乎性”、“成乎命”，即天性使然，自然而然。

---

① （清）郭庆藩撰，王孝鱼点校：《庄子集释》，中华书局2004年版，第662页。

② （清）郭庆藩撰，王孝鱼点校：《庄子集释》，中华书局2004年版，第662页

③ 曹础基：《庄子浅注》，中华书局1982年版，第286页。

④ 陈鼓应注译：《庄子今注今释》，中华书局1983年版，第488页。

第二个寓言讲的是梓庆削木为鐻的故事：

梓庆削木为鐻，鐻成，见者惊犹鬼神。鲁侯见而问焉，曰："子何术以为焉？"对曰："臣，工人，何术之有！虽然，有一焉：臣将为鐻，未尝敢以耗气也，必齐以静心。齐三日，而不敢怀庆赏爵禄；齐五日，不敢怀非誉巧拙；齐七日，辄然忘吾有四枝形体也。当是时也，无公朝。其巧专而外骨消，然后入山林，观天性形躯，至矣，然后成鐻，然后加手焉，不然则已。则以天合天，器之所以疑神者，其是与！"

梓庆做的鐻之所以能出神入化，其奥秘亦有二：一是梓庆运用了类似于"心斋"的虚的功夫，渐次排除了名利、巧智、感官等干扰，回复到了自己的本性，从而凭借本性而非心智去认识山林中的树木，制作鐻。二是梓庆顺应了树木的天性。对于"观天性形躯……不然则已"一句，陈鼓应翻译为："观察树木的质性，看到形态极合的，一个形成的鐻钟宛然呈现在眼前，然后加以施工；不是这样就不做。"① 可见，梓庆绝没有违逆他物的天性去对他物进行强扭与改造。对于"以天合天"，林希逸解释为："以我之自然，合其物之自然"②，其实讲的就是"指与物化"的道理。

如果说前两个寓言都是从正面说理，那么后两个寓言则是从反面引导。在前两个寓言中，主体与他物，即吕梁丈夫与水、梓庆与木，都能处于一种和谐融洽、相得益彰的关系之中；而后两个寓言中的主体与他物，则走向了相反的一面，或者伤害了他物，或者伤害了自己。

第三个寓言中的主体与他物，分别是东野稷与其所驾驭的马：

东野稷以御见庄公，进退中绳，左右旋中规。庄公以为文弗过也。使之钩百而反。颜阖遇之，入见曰："稷之马将败。"公密而不应。少焉，果败而反。公曰："子何以知之？"曰："其马力竭矣而犹求焉，故曰败。"

东野稷的马之所以会"败"，即疲垮，其根本原因在于东野稷违背了马"喜则交颈相靡，怒则分背相踢"（《马蹄》）的自由天性，将马训练成

① 陈鼓应注译：《庄子今注今释》，中华书局1983年版，第491页。
② （宋）林希逸著，周启成校注：《庄子鬳斋口义校注》，中华书局1997年版，第296页。

“进退中绳”，即进退往来如绳一般的直，左右旋转如规一般的圆。让马“钩百而反”，即打一百个转，就等于人为地使马长期处于一种本性扭曲的境况，这样势必会使马精疲力竭。这则故事的寓意盖是说，如果主体不顺任他物的本性，定会伤及他物。

第四个寓言中的主体与他物，分别是孙休与乡里州部的人们：

有孙休者，踵门而诧子扁庆子曰：“休居乡不见谓不修，临难不见谓不勇。然而田原不遇岁，事君不遇世，宾于乡里，逐于州部，则胡罪乎天哉？休恶遇此命也？”扁子曰：“子独不闻夫至人之自行邪？忘其肝胆，遗其耳目，芒然彷徨乎尘垢之外，逍遥乎无事之业，是谓为而不恃，长而不宰。今汝饰知以惊愚，修身以明污，昭昭乎若揭日月而行也。汝得全而形躯，具而九窍，无中道夭于聋盲跛蹇而比于人数亦幸矣，又何暇乎天之怨哉！子往矣！”①

孙休受乡里人排斥、州邑人驱逐的原因，并非天命对他的惩罚，而在于他不识至人之理。至人与物相处，茫然无知，逍遥无为，顺应他物的自然生长，从不设法去主宰他物，更不会去伤害他物，因而也不会被他物所伤。所谓“圣人处物不伤物。不伤物者，物亦不能伤也”（《知北游》）。而孙休则“饰知以惊愚，修身以明污，昭昭乎若揭日月而行”，即以救世主、教育者的身份自居，炫耀自己的心智品性，反衬世人的愚昧污浊。《人世间》篇中云：“以人恶有其美也，命之曰灾人。灾人者，人必反灾之。”意谓：用别人的丑恶来成就自己的美名，就是祸害别人；而祸害别人的人，别人也必然会反过来祸害他。这说明，孙休之所以被他人排斥，乃是因为他先排斥了他人。换言之，正是因为孙休不懂得顺任他物的道理，从而对他物构成伤害，所以才会引起他人的敌意，被他人所伤。

《天地》篇中有一言亦能够帮助我们从反面来理解“与物化而不以心

---

① 陈鼓应认为，这一段文字“不类《达生》篇文，宜删去”，其理由有二：一是《达生》篇首段为通篇之纲，标示达生之情，该段之前的十一个寓言故事，均发挥了“达生”的主题思想，唯此段不类；二是该段中的文字语多袭自他篇。参见陈鼓应注译：《庄子今注今释》，中华书局1983年版，第495～496页。笔者以为，陈先生以此二点理由，得出此段不属《达生》篇是缺乏审慎的。第一个理由本身就站不住脚，因为该段本就是紧紧围绕“达生”这个主题展开的，揭示的是自我应与他物保持什么样的关系以颐养生命。第二个理由亦不足为据，庄书各篇间重复相仿的文字非常多，这是正常现象。

稽”的含义。庄子借许由之口指责啮缺“方且与物化而未始有恒，夫何足以配天乎”①，意思是说，啮缺随物变化而没有恒道，故此他的德性比不上天德。这说明单纯的“与物化”，即顺任他物，与体道之境还存在很大距离。庄子在这里似乎想告诉世人，对他物的顺任，必须是一种“不以心稽”的、在本性驱使下的顺任。如果像啮缺那样“乘人而无天”，无视道所赋予他的本性，倚仗他过人的“聪明睿知”去处理自我与他物的关系、顺任他物，只会落得个“为物絯”，即被他物牵制的下场。

通过上面的分析，“与物化而不以心稽”的内涵已经清晰显现出来。其包含了两个规定性：一是“与物化”，即主体与他物相顺任，这里强调的是主体不以一己之意志去主宰、强扭他物；二是“不以心稽”，即主体对他物的顺任是无须思量的、自然而然的，这里强调的是主体不因功利关系而去一味地迎合他物。庄子认为，要步入“与物为春”的体道之境，此二者缺一不可。若前者缺失，则主体对他物构成威胁，很容易导致主体对他物的破坏，即伤物，进而因伤物而被物所伤；若后者缺失，则他物对主体构成牵绊，很容易引发他物对主体的役使，即伤己。只有当二者相辅相成，主体与他物和谐往来时，主体才能获得“灵台一而不桎”的审美体验。“不以心稽”意味着不必动用心思去盘算，那么心灵自然专一无扰，是为“一”。“与物化”意味着不与他物之本性相违逆，那么心灵自然通达无碍，是为“不桎”。蹈水的吕梁丈夫、削木为鐻的梓庆、解牛的庖丁、操舟的津人等所感受到的，也正是这样一种既相得益彰又各得其所、物我两相宜的生命体验。

二、万物与我为一

“万物与我为一”出自《齐物论》篇，与之相类的说法还有“旁礴万物以为一”（《逍遥游》）、“唯达者知通为一”（《齐物论》）、“万物皆一”（《德充符》）、“万物一府”（《天地》）、“万物一齐”（《秋水》），等等。“万物与我为一”，不仅意味着就物我关系而言的主体“我”与他物合而为一，还意味着就对象世界而言的他物与他物合而为一。在日常生活中，自我与他物的界限是相当明晰的，每个人都有一个“我”的主体意识存在，“我”的

① 这一句常被人们误以为是正面的评价，如王凯就认为此句强调了“道通为一”、“物我一体”。参见王凯：《逍遥游——庄子美学的现代阐释》，武汉大学出版社 2004 年版，第 123 ~ 124 页。

存在，不仅使自我与他物区分开来，也使他物与他物区分开来。但在庄子看来，这个“我”之意识，并不是道所赋予的，而是本性之外的内容。也就是说，因“我”而产生的界限感是人为的，而非自然的。正是基于这个认识，庄子在《齐物论》篇中提出了“吾丧我”的重要命题。庄子之所以要“丧我”，就是为了消解主体与他物之间、他物与他物之间的人为界限，齐同万物与自我，这正是“万物与我为一”的体道之境。

《齐物论》篇中言：“举莛与楹，厉与西施，恢诡谲怪，道通为一。”《秋水》篇中亦云：“以道观之，物无贵贱；以物观之，自贵而相贱。”从“物”的层面来看，万物都有其不同的特征，存在高低、贵贱、是非、美丑等差别；然而从“道”的层面来看，万物都是齐同的，所谓“天地一指也，万物一马也”（《齐物论》）。为何以道观之，万物齐一呢？这是因为道是万物共同的本原，是万物共同的最根本规定性。庄子认为，所谓高低、贵贱、是非、美丑等价值判断，都是在对物作一种人为的区分，真正符合道的做法则是“和之以天倪”。

对于“和之以天倪”，庄子作了如下解释：

“何谓和之以天倪？”曰：“是不是，然不然。是若果是也，则是之异乎不是也亦无辩；然若果然也，则然之异乎不然也亦无辩。化声之相待，若其不相待。和之以天倪，因之以曼衍，所以穷年也。忘年忘义，振于无竟，故寓诸无竟。”（《齐物论》）

根据成玄英的疏解：“天，自然也。倪，分也。”[①] 所谓“天倪”，也就是自然的而非人为的界限或者分际。依庄子之见，是与不是和然与不然本身就是建立在“成心”（《齐物论》）之上的一种人为区分，即“人倪”；而通过辩论的胜负来对是非进行判定，更是一种不合逻辑的“非”。故而，庄子主张“和之以天倪”。正如王博所指出的：“和之以天倪”不是“和稀泥”，“‘和稀泥’是自己作为第三方加入到某一个辩论或争执中，以中立者的身份在对立的双方中进行调节”[②]；“和之以天倪”是对“人倪”，即是非等人为界限的意识进行消解，让主体用“天倪”的眼光去看待物与

---

① （清）郭庆藩撰，王孝鱼点校：《庄子集释》，中华书局2004年版，第109页。
② 王博：《庄子哲学》，北京大学出版社2004年版，第87页。

我之间、物与物之间的关系。当“和之以天倪”时，主体将进入一个无分别的境地，物与我之间、物与物之间的障碍、区隔、对待自行消失，庄子将其称为“寓诸无竟”。

在庄子看来，天地间万物绝非毫无生气的死寂之物，而是生机涌动的性灵之物。① 因为万物都是大道流行的自然产物，其自身都涵纳着道的存在。道的神秘与美好，也就决定了万物的神秘与美好。因此，庄子认定，当主体与物之间的人为界限消解之后，主体便能够在道的层面与万物相通，并从物我的沟通往来中获得一种物我合一、其乐融融的美妙体验，这正如庄周梦蝶这个脍炙人口的寓言所描绘的意境：

昔者庄周梦为胡蝶，栩栩然胡蝶也。自喻适志与！不知周也。俄然觉，则蘧蘧然周也。不知周之梦为胡蝶与？胡蝶之梦为周与？周与胡蝶则必有分矣。此之谓物化。（《齐物论》）

陈鼓应指出这则寓言譬喻“物我界限的消解融和”②，这是符合庄生之旨的。当庄子醒着的时候，庄子就是庄子，蝴蝶就是蝴蝶；然而当庄子进入梦境中时，庄子便不知道自己是庄子了，庄子与蝴蝶浑然一体。在此，醒着的时候，喻指日常状态，用日常的眼光来看，主体与他物之间的确存在分际，所谓“周与胡蝶则必有分矣”，而在庄子看来，这种分际不过是一种人为附加在自然之上的观念；做梦的时候，则喻指体道之境，用道的眼光来看，主体与他物之间不存在任何的沟通阻碍，二者可以畅通无滞地兴答往来，即所谓“物化”③。这种物我合一的体验当然是令人适意而满足的，所以当庄子梦为蝴蝶时，自然会“自喻适志”。

另一个耳熟能详的寓言“濠梁观鱼”，亦有益于我们理解庄子对物我关系的特异性思考：

---

① 此处所讲的“性灵之物”，并不是说在庄子看来，天地万物都拥有人的意志和情感，而是指庄子眼中的万物都是神秘而又美好的。这有点类似于本雅明所说的“灵晕”和斯宾诺莎的“泛灵论”。

② 陈鼓应：《老庄新论》，上海古籍出版社 1992 年版，第 109 页。

③ 释德清《庄子内篇注》曰：“物化者，万物化而为一也。”何光顺曾对庄子的“物化”思想进行了系统详尽的解读，可参阅何光顺：《一个新的视角：从“物化”说看《庄子》——兼及解庄方法论的透视》，《江汉论坛》2005 年第 9 期，第 55 ~ 58 页。

庄子与惠子游于濠梁之上。庄子曰："鲦鱼出游从容，是鱼之乐也。"惠子曰："子非鱼，安知鱼之乐?"庄子曰："子非我，安知我不知鱼之乐?"惠子曰"我非子，固不知子矣；子固非鱼也，子之不知鱼之乐，全矣!"庄子曰："请循其本。子曰'汝安知鱼乐'云者，既已知吾知之而问我。我知之濠上也。"(《秋水》)

客观地说，庄子是以偷换概念的诡辩方式结束与惠子的论辩的。正如杨国荣所指出：庄子"将'如何可能知'（笔者按：how is it possible for you to know）的问题转换为'以何种方式知'（笔者按：how do you know or from where do you know），从而在逻辑上犯有转换论题的错误"①，因此庄子并不是这场论辩的赢家。然而，即使如此，也并不意味着庄子对"鱼之乐"的判定就是错误的。《齐物论》篇中早就讲过"既使我与若辩矣，若胜我，我不若胜，若果是也？我果非也邪？我胜若，若不吾胜，我果是也？而果非也邪"，辩论的输赢并不能够判定是非对错。

以笔者之见，庄子之所以要记录下或杜撰出与惠子的这场辩论，最主要的是想向我们展现他们二人各自所代表的两种不同思维方式。有学者曾将惠子的思维方式称为"逻辑思维"，而将庄子的思维方式称为"审美思维"②，这是对二者区别的准确把握。或者也可以这样理解：惠子的思维方式代表着一种日常的物我态度，即主体与他物之间存在差别，因此主体不可能与他物在根本上进行情感的沟通。惠子认为，庄子与鱼既属两种不同的类，又属两个不同的个体，因此庄子不可能知晓鱼是否快乐。庄子的思维方式则代表着一种体道的物我态度，即主体与他物之间在本质上是相通的，因此主体能够跨越主体与他物的界限去领会他物的情感世界。庄子认为，由于自己和鱼都是大道流行的产物，所谓"道通为一"，故而自己能够超越物我之间的分际，体会到鱼的快乐。

那么，为什么庄子认定从容出游的鱼儿是快乐的呢？《大宗师》篇中云："鱼相忘乎江湖，人相忘乎道术。"鱼畅游于江湖之中就会悠然自在而彼此相忘，而人体悟到"道"的存在也会怡然自适而彼此相忘。庄子在此将鱼之畅游的体验与人之悟道的体验相提并论，这说明二者是相通的。为

---

① 杨国荣：《庄子的思想世界》，北京大学出版社2006年版，第146页。

② 参见张利群：《庄子美学》，广西师范大学出版社1992年版，第141页。

什么相通呢？因为依庄子看来，在水中无拘无束地畅游，就是道赋予鱼的天性，故而当鱼从容出游时，不仅意味着鱼的天性得以实现，同时也意味着鱼与道合而为一，或者说，鱼体认到了道的存在。在庄子心目中，体道乃是一种美不可言的巅峰体验。正是基于以上原因，庄子认定，从容出游的鱼儿一定能获得至乐的审美体验，而当庄子体会到鱼之乐时，也表明他在那一刻步入了物我合一的体道之境。

从表面上看来，庄子对“鱼之乐”的判定，似乎与《齐物论》中的如下文字存在矛盾：

民湿寝则腰疾偏死，鳅然乎哉？木处则惴栗恂惧，猨猴然乎哉？三者孰知正处？民食刍豢，麋鹿食荐，蝍蛆甘带，鸱鸦耆鼠，四者孰知正味？猿猵狙以为雌，麋与鹿交，鳅与鱼游。毛嫱丽姬，人之所美也；鱼见之深入，鸟见之高飞；麋鹿见之决骤，四者孰知天下之正色哉？自我观之，仁义之端，是非之涂，樊然淆乱，吾恶能知其辩！

人在湿地中睡觉，会落下腰疾，而泥鳅在湿地中却优哉游哉；人喜欢吃的，鹿却不喜欢吃，鹿喜欢吃的，人却不喜欢吃；人以为美的西施，其他动物见了却唯恐避之不及。庄子意欲通过以上事例说明，万物之间不存在关于“正处”、“正味”、“正色”、“仁义”、“是非”的共识。由此，人们很容易得出庄子否定不同主体之间存在沟通性与普遍性的结论。① 若以此结论进行推衍，庄子自然无法了解鱼的快乐。问题究竟出在哪里？是庄子前后所思不一致，还是人们对庄子的理解出现了偏差？

依笔者之见，以上这段文字并不能导出庄子否定主体间普遍性的结论，而只能说明庄子认为主体之间的确存在不可通约的一面，而这并不会对主体间存在普遍性这一判定构成任何抵牾。换言之，庄子“知鱼之乐”，表明万物之间存在普遍性；“鱼见毛嫱丽姬深入”，表明万物之间亦存在差异性。主体与主体之间既有可沟通的普遍性，亦有不可通约的差异性的，两者显然并不矛盾。普遍性表现为道，即自然赋予给每个物的本性。如果说物与物的本性有所不同的话，比如鱼的本性是在水中畅游，而鸟的本性

---

① 比如王博就从这一段文字以及《齐物论》中其他与之相近的文字中得出了以下结论：“庄子从根本上是反对和否定这一前提的”，“这个前提就是存在于人群中间的普遍性”。参见王博：《庄子哲学》，北京大学出版社 2004 年版，第 86 页。

是在空中翱翔，那也只是一种“天倪”，是自然的分际，这并不足以对物与物之间的沟通构成障碍。而万物的差异性表现为本性之外，它包括感官感受、仁义道德、成心是非等一切内容，是一种人为的界限，不可能存在一个统一的标准。从这个意义上说，庄子的“齐物”，并不在于用一种流俗的“相对主义”[①] 抹杀善与恶、是与非等价值判断间的区别，比如把儒墨、尧桀的是非善恶等同起来。这正如张祥龙所指出的：“庄子讲的‘齐物’，并非只是将是非、有无、大小、长短、彼我等同视之而已。要是那样的话，他的学说与天下篇中所讲的‘齐万物以为首’、‘公而不党，易而无私，决然无主’的彭蒙、田骈、慎到的学说就没有什么区别了。”[②] 栾栋亦指出：人们常讲庄子“见‘齐物’而想‘一致’，望‘道气’而骛‘整体’”，实际上庄子的思想极致恰恰在于“‘齐物’不齐，‘整体’不整”。[③] 庄子“齐物”的根本用意，在于消解一切人为附加在物之上的诸如道德、是非等界限，所谓“和之以是非而休乎天钧”（《齐物论》），使物回归于物之本性（这个“物”当然也包括我），使物在“道”的层面通而为一。庄子将此称为“莫若以明”（《齐物论》）。

以上分析表明，“万物”之所以能够“与我为一”，乃是因为“道”。正如张利群所指出的：“物我为一的契合点是‘道’。‘道’是主客体相通的依据。”[④] 因此，物我合一就意味着与道合一，或者天人合一。《在宥》篇中云：“我守其一，以处其和”，“伦与物忘，大同乎涬溟”。以上的“一”与“涬溟”，都是“道”的别称。在庄子看来，道是连接主体与他物的脐带，正是道使得万物具备了以某种神秘的感应方式进行沟通和互渗的可能性，从而成就了主体与他物之间彼此相忘、相通、相融的亲和关系。

概括起来，所谓“与物为春”乃是一种因和谐融洽的物我关系所引发的审美体验。我们可以拈出《德充符》篇中本有的一个词“和豫”来描述

① 西方汉学家爱莲心亦反对把庄子当作一个相对主义者来看待，他指出：“如果一个人严肃地接受彻底的相对主义，他一定是怀疑论者。因此，他甚至不可能处于一种提倡他的相对主义的立场。正如斯宾诺莎所说的那样，彻底的相对主义者必须保持沉默”。参见［美］爱莲心著，周炽成译：《向往心灵转化的庄子：内篇分析》，江苏人民出版社 2004 年版，第 121 页。

② 张祥龙：《海德格尔思想与中国天道——终极视域的开启与交融》，生活·读书·新知三联书店 1997 年版，第 311 页。

③ 栾栋：《庄学札记》，《光明日报》2006 年 3 月 31 日。

④ 张利群：《庄子美学》，广西师范大学出版社 1992 年版，第 142 页。

这种体验。一方面，“与物化而不以心稽”，主体与他物自然顺应，相宜无逆，因而“和”；另一方面，“万物与我为一”，主体与他物泯然为一，相亲无碍，因而“豫”。

第四章

审美体验之终极依据

审美体验的发生有何终极依据？要回答这个问题，我们就必须深入到庄子哲学的内核与基石，对诸如世界何以存在、世界之为世界的根本规定性是什么、个体生命的存在与世界的存在有何关联等问题进行探究，而“道”与“天”这两个概念，正是解开这一系列问题的金钥匙。“道”与“天”是庄书中出现次数最为频繁的哲学范畴①，其重要性由此可见一斑。可以说，庄子的整个哲学思想，都是由这两个核心概念而展开的，其审美体验学说亦不例外。这就意味着，只有把握了“道”与“天”的内涵，才能对庄子审美体验产生的终极依据进行解释。

第一节　本根之道

“道”是庄子哲学中最核心的范畴，是庄子学说最重要的理论基石。然而，正如刘笑敢所指出的：如何理解庄子的道，却“是庄子研究中争论最多、歧义最大的一个问题”②。几乎可以这么说，有多少对庄子进行了认真思考的学者，就有多少种对于“道”的不同解释。③

现举出一些较有代表性的观点：胡适认为，道是“一种无意识的概念”④；关锋认为，道“只能是绝对精神”⑤；张岱年认为，“道是宇宙之究竟本根”⑥；颜世安认为，“道就是自然”⑦；徐克谦认为，道是万事万物之所以成为万事万物所必经的道路和途径⑧；韩林合认为，“道实际上就是作

① 据统计，除篇名与人名外，“道”与“天”出现的次数分别为367次、644次，远多于“德”、“心”、“命”、“气”出现的次数，它们出现的次数分别为203次、186次、82次、46次。当然，并非庄书中所有的“道”与“天”字都是作为哲学范畴出现，但以上统计数据仍然具有较强的参考性。

② 刘笑敢：《庄子哲学及其演变》，中国社会科学出版社1993年版，第102页。

③ 即使一些学者对庄子之道的定义非常接近，但只要将他们对道之特征的具体描述相比照，就能发现他们对道的理解仍然存在差异，这些差异最主要集中在“道是实际上的存在还是观念上的存在”、“道是精神性实体还是观念性实体”、“道与物的关系”等问题上。

④ 胡适：《先秦名学史》，学林出版社1983年版，第122页。

⑤ 关锋：《庄子内篇译解和批判》，中华书局1961年版，第241页。

⑥ 张岱年：《中国哲学大纲》，中国社会科学出版社1982年版，第22页。

⑦ 颜世安：《庄子评传》，南京大学出版社1999年版，第220页。

⑧ 徐克谦：《庄子哲学新探——道·言·自由与美》，中华书局2005年版，第56页。

为整体的（现实）世界”[①]；英国汉学家翟林奈（Lionel Giles）认为，道“是一种德性（Virtue），或者是神圣的第一原则（First Principle）的显现”[②]。之所以会出现如此多的歧见，一方面与解释者各自不同的前理解有关，另一方面更是源于庄子自身对道之叙述的含混与费解。这同时也表明，对道之内涵进行把握是一个非常困难的工作。

庄书中有关道的论述很多，含义并不尽一致，因此，如若欲用一个确定的概念对其进行定义，往往难以自圆其说。不少学者都注意到了这一事实，所以对“道”的含义进行了进一步的细分，如张恒寿认为，庄书中的道具有相互歧异之处，有的指存在于“万物之中”的“根本的东西”或“不得不然的道理”，有的又指存在于“万物之外、之上”的“生天生地，神鬼神帝”的最高实体，而前者是“庄之所以为庄的主导思想”[③]；陈鼓应认为，内篇中的道主要指的是“人生最高的境界”，而外杂篇中的道则主要指的是实存的天地万物之根源[④]；刘笑敢认为，“道大体上有两个基本含义。一是指世界的本原，一是指最高的认识”[⑤]。应该说，这些学者能够发现庄书中同一术语间的歧异之处，尝试将古人的混沌哲思条分缕析，将同一个能指符号进行含义的细分，的确是庄子研究在理念与方法上的一种进步。但这种做法仍有未尽之处，就是忽略了细分含义之间的内在关联，即没有很好地回答庄子为什么要用同一个能指符号表达不同的含义。

笔者以为，庄书中有关道的论述很多，但依据其最主要的、较为明确的论述来看，“道”这个能指符号所统摄的含义可以概括为万物之本根，但这其中包含着不同维度的两层语义：一是从宇宙发生学的角度来看，道乃产生天地万物之根源；二是从形而上学的角度来看，道乃天地万物得以存在之根据。前者侧重从时间性的角度证明道是本根，后者则侧重从逻辑的角度证明道是本根。下面笔者先对道的这两层语义分别加以解说，然后从中总结出道的若干特征。

一、道乃产生万物之根源

作为产生宇宙万物的根源的“道”，与《大宗师》等篇中所说的“造

① 韩林合：《虚己以游世——〈庄子〉哲学研究》，北京大学出版社 2006 年版，第 17 页。

② Chuang Tzu. *Teachings and sayings of Chuang Tzu*. Dover Publications, 2001. p. 4.

③ 参见张恒寿：《庄子新探》，湖北人民出版社 1983 年版，第 319 ~ 341 页。

④ 参见陈鼓应：《老庄新论》，上海古籍出版社 1992 年版，第 185 ~ 209 页。

⑤ 刘笑敢：《庄子哲学及其演变》，中国社会科学出版社 1993 年版，第 103 页。

物者”[①] 同义。道的这层含义，源于庄子从宇宙发生学的角度对自然万物起源的追问，即世界的最初发动者（the primordial natural force）是什么？世界是如何从无到有的？

以道为产生宇宙万物的根源的认识，起源于老子。先秦时期，除老庄之外的其他诸子也常提及“道”，如《论语·宪问》曰：“道之将行也与，命也。”《墨子·非命上》曰：“然则何以知命之为暴人之道？”《管子·任法》曰：“故法者，天下之至道。”但他们所谓的“道”都没有实体的含义，而是指一种政治理念或道德原则。

老子是第一个把“道”当作产生天地万物的客观实在的哲学家。老子曰：“有物混成，先天地生。寂兮寥兮，独立而不改，周行而不殆，可以为天地母。吾不知其名，强字之曰道。”（《老子·二十五章》）这说明，道不仅在天地形成之前就已存在，而且天地还是它所创生的。《老子·四十二章》对道创生万物的历程进行了描述：“道生一，一生二，二生三，三生万物。”据陈鼓应解释，“一”是形容道向下落实一层的未分状态，“二”即阴阳两气，“三”是指阴阳两气相互激荡而形成的适均状态。[②] 可见，道一层层地向下落实，从而创生万物。在老子看来，道的存在是绝对的，即道的存在不以其他任何存在为条件。《老子·二十五章》云：“人法地，地法天，天法道，道法自然。”[③] “人”、“地”、“天”等宇宙万物都效法“道”，而“道”则效法其自身固有的性状。这就意味着，道并未依傍他

---

① 需要指出的是，庄书中的“造物者”与宗教中的“造物者”如上帝迥然不同，因为前者不仅是非人格化的，而且是非主宰性的。

② 陈鼓应注译：《老子今注今译》，商务印书馆2003年版，第238页。

③ 以往的学者总把“道法自然”中的“自然”，解释为形容词（如冯友兰），或状词（如陈鼓应），以与自然界这个名词性的含义区分开来，认为“道法自然”即“道纯任自然，自己如此”。参见陈鼓应注译：《老子今注今译》，商务印书馆2003年版，第49、173页。这样的解释貌似合理，因为道已是至高无上的存在，不可能再去取法他物——自然界，而仅自己如此而已；然而仔细考究，却又有违老子原意。因为上述解释，将动词“法”字的含义（效法、遵循）人为地取消了。于民雄亦对此提出了质疑，参见于民雄：《“道法自然”新解》，《贵州社会科学》2005年第5期，第75~77页。也就是说，将“道法自然”句中的“自然”解释为形容词或状词是说不通的。再者，从语法角度分析，既然在“人法地，地法天，天法道”中，“法”字后的“地”、“天”、“道”皆为名词，那么，根据对称原则，“道法自然”中的“自然”亦应为名词。当然，由于老子哲学中的道本身已是产生天地万物的根源，故而，作为名词的“自然”并不是道之外的他物，而是内在于道的一种抽象性状，对道起着界定内涵或规定特性的作用。基于以上分析，“道法自然”当解作“道效法其自身的固有性状”为宜，这样既真正体现出了“法”字的意义，又不违老子的宇宙创生论。

物，而只以其自身为根据。虽然道创生了万物，但道创生万物的过程却丝毫不含目的性和支配欲，绝不会对万物加以主宰。老子强调，道“衣养万物而不为主”（《老子·三十四章》），“生而不有，为而不恃，长而不宰”（《老子·五十一章》）。这都说明，道的创生过程完全是自然而然的。

庄子在宇宙论上基本沿袭了老子对道的认识。在《大宗师》篇中，庄子说：

> 夫道有情有信，无为无形；可传而不可受，可得而不可见；自本自根，未有天地，自古以固存；神鬼神帝，生天生地；在太极之先而不为高，在六极之下而不为深，先天地生而不为久，长于上古而不为老。豨韦氏得之，以挈天地；伏羲氏得之，以袭气母；维斗得之，终古不忒；日月得之，终古不息；勘坏得之，以袭昆仑；冯夷得之，以游大川；肩吾得之，以处大山；黄帝得之，以登云天；颛顼得之，以处玄宫；禺强得之，立乎北极；西王母得之，坐乎少广，莫知其始，莫知其终；彭祖得之，上及有虞，下及五伯；傅说得之，以相武丁，奄有天下，乘东维、骑箕尾而比于列星。

许多学者都认为这段文字不应被重视，如严复称其是“庄文最无内心处，不必加以研究”①；傅伟勋称其“并无诠释学的优位，只能当作一时浮泛之辞”②；颜世按称其“思想平淡，缺乏深意”③。以上学者之所以会作出如此评价，最主要的原因在于：他们发现这段文字与庄书中的其他文字存在矛盾④，从而试图通过淡化其重要性甚至抹杀其真实性的方式来解决这种矛盾。当然，能够发现庄书中语言片断之间的缝隙和矛盾是相当可贵的，但笔者还是不得不说，这种解决矛盾的思路过于武断。诚然，庄书中的文字多有自相矛盾之处，有些矛盾的确无法协调，而更多的矛盾只是字面表达上的含混，并非意义上的矛盾。笔者以为，对于那些实在暂时无法

---

① 参见陈鼓应注译：《庄子今注今释》，中华书局1983年版，第182页。

② 傅伟勋：《从西方哲学到禅佛教》，生活·读书·新知三联书店1989年版，第393页。

③ 颜世安：《庄子评传》，南京大学出版社1999年版，第182页。

④ 从这段文字可知，乃道生物，但《在宥》篇中又提到“物固自生”。“道生物”与“物自生”从字面上看显然存在矛盾。有学者试图对这一矛盾进行协调，指出：“道生物与物生物并行不悖，……如果把世界分为现象界和本体，那么本体是现象界的根源（笔者按：即道生世界）；但就现实的世界本身来说，只有这一个现实的世界，故在本然性上，世界自生。”可备一说。参见崔宜明：《生存与智慧——庄子哲学的现代阐释》，上海人民出版社1996年版，第169页。

协调的矛盾，最稳妥审慎的办法就是把它们真实地呈现出来，以备后来者研究，而不是简单地采取去矛留盾、动辄指伪的做法。因为正如笔者在本书引论部分的第一节“何为庄子”中所指出的，庄子的思想与任何人一样，都是矛盾的统一体，有其自身的复杂性和流变性。故此，即使存在矛盾，我们也不应轻易否定庄书中各部分内容作为反映庄子思想的文献材料的资格。

在笔者看来，以上这段引文乃是宇宙发生论层面的道的总论，而其他论述基本上都是围绕它而展开的，因此这段文字对我们理解道的含义非常关键，不妨细读之。“有情有信”中的“情”字，并非世俗所谓之情感，因为“情”若解释为情感，则与下文的“无为”相抵牾。这里的“情”应解释为“实”①，即真实，说明道是真实不妄的客观存在。这与老子所说的“窈兮冥兮，其中有精，其精甚真，其中有信”（《老子·二十一章》）是一个意思。“无为”即自然而然，不含任何意志。“无形”、“可传而不可受，可得而不可见”，表明道是超越视觉、触觉等感官的超验存在。这亦与老子所说的“视之不见，名曰夷；听之不闻，名曰希；搏之不得，名曰微。……是谓无状之状，无物之象，是谓惚恍”（《老子·十四章》）一脉相承。“自本自根”是说，道不是派生的，道的存在根据乃在其自身之中，即老子所说的“道法自然”。“神鬼神帝，生天生地”，明确地指出了道是创生天地的根源，是宇宙存在的终极动力。

“在太极之先而不为高，在六极之下而不为深，先天地生而不为久，长于上古而不为老”，意为：道比宇宙还高深，却不能用“高”和“深”来形容它；道比天地还久远，却不能用“久”和“老”来形容它；这显然是对老子“大曰逝，逝曰远”（《老子·二十五章》）、“大道泛兮”（《老子·三十四章》）等认识的发展。但问题在于，庄子为什么要使用这样一种吊诡式的表述方式呢？对此，崔宜明的解释非常精当，他说这是从“有限性的立场去看待道的无限性的结果”②。我们知道，人是有限性的存在，人的有限性决定了人不得不运用时空观念对道进行描述。在时空观念的观照下，由于道“生天生地”，那么道一定在时间上先于任何物的存在，在空间上一

---

① “情”字解释为“实”在先秦极为常见，如《墨子·非命上》曰：“然今天下之情伪，未可得而识也”；《论语·子路》：“上好信，则民莫敢不用情”；《左传》（哀公八年）曰：“鲁有名而无情”；《国语·鲁语上》曰：“余听狱虽不能察，必以情断之”。

② 崔宜明：《生存与智慧——庄子哲学的现代阐释》，上海人民出版社1996年版，第168页。

定大于任何物的存在，所以庄子说，道“未有天地，自古以固存”、“在太极之先”、“在六极之下”、“先天地生”、“长于上古”；但悖论就在于，道是超越时空的，也就是说时空概念并不适用于道，因此，我们不能用“高”、“深”、“久”、“老”一类表示时空意义的形容词去描述它。从“狶韦氏得之”至最后的一段文字[①]，是用神话性言说方式演绎了老子“昔之得一者：天得一以清；地得一以宁；神得一以灵；谷得一以生；侯得一以为天下正”（《老子·三十九章》）的思想，极言道对天地万物存在的根本性决定作用。

二、道乃万物存在之根据

作为万物存在根据的道，也就是存在于万物之中的不得不然的道理。道的这层含义，源于庄子对万物之所以成为万物的本质性规定的形而上学的追问，即一切存在者都应有其存在的根据。因此，最终必然有一个统摄一切存在根据的终极存在作为最终的存在根据。那么，这个最终的存在根据是什么？

《渔父》篇有一句话：“道者，万物之所由也。庶物失之者死，得之者生”，明确地指出了道在形而上学层面的含义，即道乃是万物之所以成为万物的根由，没有这个根由，物便不能成为物（“死”）；有这个根由，物才能成为物（“生”）。可见，庄子所说的“万物之所系而一化之所待”（《大宗师》）者正是“道”，因为万物的存在以及流变都以道为根据。道的这个含

---

① 这段文字由于引用了诸多神话，故其真实性备受庄学研究者的质疑，如陈鼓应、施天侔、钱穆等均怀疑此段文字为后人添加，参见陈鼓应注译：《庄子今注今释》，中华书局 1983 年版，第 182 页。笔者以为，此段文字只能说明其自身的言说方式是神话性话语，而不能说明这段文字是神话性思维的反映。神话性话语，乃是一种故弄玄虚、夸大其词的言说方式，用《天下》篇中的话来说，就是“谬悠之说，荒唐之言，无端崖之辞”，如庄子对真人的描述（如“登高不栗，入水不濡，入火不热”）、对游之境的描述（如“乘云气，御飞龙，而游乎四海之外”）等，极具庄周之特色。神话性话语较为集中地体现了庄书的寓言体特征。《天下》篇中说：“以天下为沈浊，不可与庄语。以卮言为曼衍，以重言为真，以寓言为广。”在《寓言》篇中，庄子更是对“寓言”这种文体形式作了具体的解释：“寓言十九，藉外论之。亲父不为其子媒。亲父誉之，不若非其父者也。非吾罪也，人之罪也。”庄子认为，在一个举世皆浊、人心迷醉的情形下，与之直言，人必不接受，故不能采用庄重严肃的表达方式，而只能采用“寓言”等言说策略，借外立论使人易于听信。正是基于以上考虑，庄子大量采用了隐喻的表达方式，登场的只是“外”——字面含义，而真正要害的却在于隐而不明的“内”——言外之意。故此，我们没有必要在文本字面意义上处处坐实。以上研究者的错误就在于：把庄子所说的每一句话，都当作正面表达庄子哲学思想的严格命题来对待，而遗忘了庄子寓于字里行间的言外之意。

义，有时又被庄子称为“本根”：

> 六合为巨，未离其内，秋豪为小，待之成体；天下莫不沉浮，终身不故；阴阳四时运行，各得其序；惛然若亡而存，油然不形而神；万物畜而不知：此之谓本根。（《知北游》）

以上引文是对“本根”所作的解释，大意为：大到六合，小到秋毫，世间万物都是因为它才是其所是；万物之所以变化，世界之所以有序，都是因为它的存在；它并不为我们的感官所直接把握，它茫茫昧昧，没有人格，没有形相，故而仿佛不存在，但它的神妙作用却能够在万物身上得以证明，因此它是真实存在的。这段文字可视为对《天道》篇中“夫道，于大不终，于小不遗，故万物备。广广乎其无不容也，渊渊乎其不可测也”的发挥。可见，所谓“本根”就是“道”，而“道”也就是万物的本质性规定，即本体。

“本体”是一个源自西方的哲学概念，但庄子对本体的理解与西方传统哲学颇为不同。正如崔宜明所指出的，西方传统哲学是通过扬弃现象之“多”来把握本体之“一”，即不管本体和现象间有何“现实性”关联，只在观念上将现象界的物统摄于本体之下，如从古希腊哲学的米利都学派到爱利亚学派的发展路线；而庄子是不离现象、在万物之“多”中把握本体。[①] 换言之，“道”在庄子那里绝不是一个挂空的、高高在上的概念，而是现实性地在现象界中得以体现。

《知北游》篇中有一句话“天不得不高，地不得不广，日月不得不行，万物不得不昌，此其道与”，就是很典型的例子。很多注家都把“不得不”三字拆开，用增字解经的办法，中间加入“道”字，把这句话解释为：天不得道则不高，地不得道则不广，日月不得道则不行，万物不得道则不昌。[②] 这样的解释固然也可以说得通，但还是稍嫌有违庄子原意。因为《田子方》篇中已明确指出：“天之自高，地之自厚，日月之自明”，这说明，“不得不”也就是“自然而然”的意思。表面上看，这样的解释也有些让人费解，因为既然天是自高，地是自厚，那跟“道”有什么关系？为

---

① 参见崔宜明：《生存与智慧——庄子哲学的现代阐释》，上海人民出版社 1996 年版，第 162 ~ 163 页。

② 如马恒君：《庄子正宗》，华夏出版社 2006 年版，第 317 页。

什么庄子说"这就是道"？其实，这正是庄子本体论哲学的独特性所在。庄子在此是想说明，本体道的奥秘其实就藏在现象界的本然事实当中：天之所以高远的根据在天自身，地之所以广大的根据在地自身，日月之所以升沉的根据在日月自身，乃至万物之所以生生不息的根据都在万物自身，而道就是这万物是其所是的根据之统摄。

可见，道虽然是一种高度抽象性的本体，却无时无刻不在现象界的万物中得以体现。《知北游》篇中有一个著名的"东郭子问道"的寓言，深刻地揭示了本体与现象——即道与物①的关联：

> 东郭子问于庄子曰："所谓道，恶乎在？"庄子曰："无所不在。"东郭子曰："期而后可。"庄子曰："在蝼蚁。"曰："何其下邪？"曰："在稊稗。"曰："何其愈下邪？"曰："在瓦甓。"曰："何其愈甚邪？"曰："在屎溺。"东郭子不应。庄子曰："夫子之问也，固不及质。正、获之问于监市履狶也，'每下愈况'。汝唯莫必，无乎逃物。至道若是，大言亦然。周遍咸三者，异名同实，其指一也。……物物者与物无际，而物有际者，所谓物际者也。不际之际，际之不际者也。谓盈虚衰杀，彼为盈虚非盈虚，彼为衰杀非衰杀，彼为本末非本末，彼为积散非积散也。"

从以上这则寓言当中，能够归纳出庄子有关"道—物论"的两个基本命题。

首先，本体有别于现象，也就是说，道不是物。东郭子之所以因道之所在的问题而被庄子指出其所问根本就没有触及道的本质，原因就在于东郭子将道看成一个物，既然是一个物，那它就应该有其所在之处，故而要求庄子指出道之明确所在（"期而后可"）。但事实上，在庄子看来，道根本就不是物，因此其提问方式本身就错了。上段引文的最末一句还标示出了"物物者"② ——"道"与"物"之间的区别。道使物有盈虚衰杀、始终

---

① 在第三章第三节"与物为春"中，笔者对庄书中"物"的概念进行了界说，庄书中的"物"可分为自然之物与身外之物。自然之物，即大道流行的产物，也就是庄子所说的"万物"，它包括人、人之外的动物、植物乃至山石河流等一切自然存在物。此处所言之"物"特指"自然之物"。

② "物物者"的第一个"物"，当为动词的使动用法，即"使物成为……"，翻译成现代汉语，"物物者"也就是"使物成为物的那个东西"。

聚散，而道自身却没有盈虚衰杀、始终聚散。这说明，盈虚衰杀、始终聚散等形相的变化，都是属于物的现象，而决定物之流转变化的本体之道，则是超形脱相的恒定存在。

其次，本体不离现象，即道普遍存在于物之中。对于东郭子所提的道之所在的问题，庄子作了如下回答：道“无所不在，……在蝼蚁，……在稊稗，……在瓦甓，……在屎溺”。对于庄子的回答，东郭子的反应是“不应”。之所以“不应”，是因为庄子的回答颠覆了他的期待。东郭子依照世俗的逻辑，认为作为世界本根之道，应该凌驾于万物之上，居于某种神圣而高贵的处所。而庄子却故意列举了世俗所以为的卑下之物，以此证明道之存在的普遍性。庄子进而指出：“汝唯莫必，无乎逃物。至道若是，大言亦然。周遍咸三者，异名同实，其指一也。”道之所在不可能被明确指出，就是因为道不离物，物中皆有道，“周”、“遍”、“咸”三者说的都是道周遍于万物的特性。陈鼓应曾用“immanent”这个英文单词形容“道”普遍内化于“物”的状态[①]，非常贴切。“物物者与物无际”[②]一句，同样说的是道在物中的意思，即道与物之间没有界限，因为万物之中都蕴涵着道。

三、本根之道的特征

总括起来，作为万物本根的道主要具有如下特征：

其一，创生性。创生性是指道具有产生天地万物的终极力量，所谓“神鬼神帝，生天生地”。《知北游》篇中也提到：“夫昭昭生于冥冥，有伦生于无形，精神生于道，形本生于精，而万物以形相生。”可见，正是冥冥无形之道产生了昭昭有形之物。《天地》篇更是对道产生万物的过程进行了揭示：“泰初有无，无有无名。一之所起，有一而未形。物得以生，谓之德；未形者有分，且然无间，谓之命；留动而生物，物成生理，谓之形；形体保神，各有仪则，谓之性。”“泰初”即宇宙的原始，“无”即“道”的别称。[③] 从无到有，从混一到有分，从无形到有形，可见，道创生

---

① 陈鼓应：《老庄新论》，上海古籍出版社1992年版，第188页。

② “际”，《说文》云：“壁会也”，即墙壁交会之处，也就是界限的意思。

③ 将“道”称为“无”，亦来源于老子。老子云：“无，名天地之始；有，名万物之母”（《老子·一章》），“天下万物生于有，有生于无”（《老子·四十章》），可见，“无”即“道”的同一称谓。

万物即是从无形质落向有形质的过程。

其二，同一性。道乃万物存在根据之统摄，决定了道的同一性，也就是无差别性。《齐物论》篇说："道未始有封。"还说："举莛与楹，厉与西施，恢诡谲怪，道通为一。"这都说明万物之道是没有分别和界限的。正是基于道的同一性特征，庄子常常用"一"或"大通"来指称"道"，如《德充符》篇中的"万物皆一"、《在宥》篇中的"我守其一"、《大宗师》篇中的"同于大通"、《秋水》篇中的"反于大通"等。道的同一，决定了万物的齐一。换言之，道的同一性是庄子齐物论的理论根据，而道的同一性则源于道的绝对纯粹之抽象性，即抽象得没有任何具体的规定性。也正是由于道没有任何具体的规定性，庄子又常常用"无"来形容"道"，如《齐物论》篇中的"寓诸无竟"、《应帝王》篇中的"游于无有者"等。同时也是基于道的无规定性，庄子在描述道时，常常采用类似于中国佛教的"遮诠"法，即从反面作否定的表述，排除对象不具有的属性的方法，比如"大道不称"（《齐物论》），道"不为义"、"不为仁"、"不为老"、"不为巧"，等等。

其三，自然性。庄子屡次提及道的无为性，如道"无为无形"（《大宗师》）、"夫虚静恬淡寂漠无为者，万物之本也"（《天道》）。无为性，就是自然性。虽然是道生成并决定了万物，但这并不是出于某种目的或者意志的结果，而是自然而然的过程。《大宗师》篇中说道：道"齑万物而不为义，泽及万世而不为仁，……覆载天地、刻雕众形而不为巧"。意为：道肃杀万物并非出于正义，泽及万世并非出于仁义，塑造万物之形并非显露灵巧。可见，道不是人格性的存在，没有任何意志或世俗意义上的情感。《齐物论》篇还说道："已而不知其然谓之道"，另据王叔岷所辑，唐代佛教经疏两处引《庄子》云："不知所以然而然，故曰自然。"① "已而不知其然"意同于"不知所以然而然"，即同于"自然"。由此也可看出道的无为自然性特征。

其四，非物性。虽然道没有人格，但道并不是物。《知北游》篇中云："有先天地生者物邪？物物者非物。"意思是说：产生天地万物的就不是物。如前文已述，天地万物的起源是道，这也就意味着道不是物。对此，

---

① 王叔岷：《庄子校释》，转引自刘笑敢：《庄子哲学及其演变》，中国社会科学出版社 1993 年版，第 109 页。

庄子是这样解释的："物出不得先物也，犹其有物也。犹其有物也无已"（《知北游》），大意为：如果道是物，那么势必有作为物的道为何物所生的问题，因此，只要道是物，那么道就不可能先于物。

物与道的本质区别之一在于：物都是相对的、有条件的，而道是绝对的、无条件的。道"生天生地"，说明一切自然存在皆以道的存在为终极条件，因为道决定了天地万物的存在；而道则"自本自根"，即道的存在不以其他任何存在为条件，仅以其自身为依据。

物与道的本质区别之二在于：物是变化的，而道是恒定的。所谓"物彼为盈虚非盈虚"、"杀生者不死，生生者不生"（《大宗师》），物属于现象界，因此有形相生死的变化；而道则属于本体，永远守一。

物与道的本质区别之三在于：物是经验的，而道是超验的（transcendent）。"超验"即逻辑上先于且独立于经验，不来源于经验，且绝不能被经验性地使用。简言之，就是超越于人类的经验之外。道的超验性主要表现在两个方面：一是道超越感官，道"可传而不可受，可得而不可见"，"道不可闻，闻而非也；道不可见，见而非也"，道"视之无形，听之无声"（《知北游》），这都说明，道是视觉、触觉、听觉等感官所无法感知的存在；二是道超越知性，正如《天地》篇中那个"知"索"玄珠"而不得的寓言所揭示的，知性思维无力把握道的真义。可见，一般的感性认识和知性认识都不足以体认庄子之道，只有凭借一种超越感官和知性的内在直觉才能悟道。庄子将这种难以用概念加以描述的直觉形容为"以无翼飞者"（《大宗师》），即没有翅膀的飞，足见其神秘。

物与道的本质区别之四在于：物具有时空的内在规定性，即物在时空上是有限的；而道则不具有时空的规定性，换言之，道是超越时空的无限存在。就空间而言，即使是最大的物"天地"，也是有形的，所谓"是故天地者，形之大者也"（《则阳》）；而道则是"无形"的，在空间上无边无际，普遍存在于物之中。就时间而言，所谓"道无终始，物有死生"（《秋水》），万物都有其存在的时间限度，而道则在时间之外，没有开始，亦没有结束。正是因为道的超时空无限性，我们才不能使用"高"、"深"、"久"、"老"一类表示时空意义的形容词去描述道的存在。

其五，本初性。虽然道是超越时间的，但人作为"物"的有限性，决定了人不得不运用时空观念对道进行描述。在时空观念的观照下，由于道"生天生地"，那么道势必在时间上先于任何物的存在，换言之，道一定是最原始、最本初的存在，因此庄子常常用“始”（如《大宗师》篇中的“疑始”）、“初”（如《田子方》篇中的“物之初”）、“祖”（如《山木》篇中“万物之祖”）等词来指称“道”。另外，由于万物乃道所生，就有如树的枝叶出自树的根本一样，所以庄子又常常用“根”（如《在宥》篇中的“各复其根”）、“本原”（如《天地》篇中“立之本原”）等来指称“道”。

其六，实存性。实存性，即道真实不妄的客观实在性。虽然道不能为人的经验所把握，甚至被庄子称为“无”，但道仍然是真实存在的，所谓“有情有信”、“惛然若亡而存，油然不形而神”、“若有真宰，而特不得其眹。可行已信，而不见其形，有情而无形”（《齐物论》）。虽然凭借感官看不见道的形象，找不到道的痕迹，但道的作用确实可以在天地万物的运行中得以证明。真实而没有形象，这就是道的特点。

综上可知，道不仅是创生天地万物的终极力量，而且是天地万物是其所是的本质性规定。它超越于人类经验之外，但又是真实不妄的客观存在。它无人格、无意志、无目的，自然而然。它不以其他任何存在为条件，而仅以其自身为根据。万物的变化都由它决定，而它却永恒不变。它是超越时空的无限存在，时空概念并不适用于它。如果一定要用时空观念去描述它，也可将之称为最本初的存在。

第二节　自然之天

“天”是中国古代特有的哲学概念，在西方哲学中找不到能与之准确对应的词。冯友兰曾概括出了“天”的五种含义，基本上反映了先秦诸子中“天”字的用法：

在中国文字中，所谓天有五义：曰物质之天，即与地相对之天。曰主宰之天①，即所谓皇天上帝，有人格的天、帝。曰运命之天，乃指人生中吾人所无奈何者，如孟子所谓“若夫成功则天也”之天是也。曰自然之

① 主宰之天是“天”最初的含义。据郭沫若与陈梦家考证，天的观念最早出现于西周初期，那时的天和殷人所讲的上帝是同义词，如《尚书·大诰》中的“天降威，知我国有疵，民不康”。参见刘笑敢：《庄子哲学及其演变》，中国社会科学出版社1993年版，第123页。

天，乃指自然之运行，如《荀子·天论篇》所说之天是也。曰义理之天，乃谓宇宙之最高原理，如《中庸》所说“天命之谓性”之天是也。[①]

庄书中的“天”主要包含了上述含义中的三种：即物质之天，也就是我们今天所说的“天空”，如“天之苍苍”（《逍遥游》），它与“地”一同所构成的“天地”一词，即我们今天所说的“宇宙”这个概念[②]；自然之天，如“知天之所为，知人之所为者，至矣”（《大宗师》）；运命之天，即庄子所说的“命”，如“备物以将形，藏不虞以生心，敬中以达彼。若是而万恶至者，皆天也，而非人也”（《庚桑楚》）。这三种含义各有侧重，但仍然具有亲缘性。物质之天是有形有色的自然“物”存在，自然之天即以物质之天为代表的自然物的内在规定性，运命之天则是从自然之天中所分得的限度。[③] 可见，三者的含义在根本上是贯通的。由于物质之天很好理解，而运命之天已在本书第一章第二节“安命”部分中得以详论，故此，天的这两个含义均无须赘述。在这里，我们主要探讨的是自然之天。

一、天即自然

在《天地》篇中，庄子对自然之天的含义进行了明确界定：“无为为之之谓天。”可见，无为是天的一个最重要的规定性。那“无为”又是什么呢？“无为”这个词在《老子》中就已经出现，如：

是以圣人处无为之事，行不言之教。（《老子·二章》）

为学日益，为道日损。损之又损，以至于无为。（《老子·四十八章》）

我无为，而民自化；我好静，而民自正；我无事，而民自富；我无欲，而民自朴。（《老子·五十七章》）

老子所说的“无为”，绝非什么也不为，而乃顺其自然而不加以强作妄为之义。“无为”的这个含义很容易使我们联想到《老子》中的“自然”一词。《老子》中共有五处提到了自然，分别为：

---

① 冯友兰：《中国哲学史》（上册），华东师范大学出版社 2005 年版，第 35 页。

② 可参见第三章第二节“逍遥游”部分有关“天地”的注释。

③ 可参见第一章第二节“安命”部分对命运来源问题的论述。

功成事遂，百姓皆谓：“我自然”。（《老子·十七章》）

希言自然。（《老子·二十三章》）

人法地，地法天，天法道，道法自然。（《老子·二十五章》）

道之尊，德之贵，夫莫之命而常自然。（《老子·五十一章》）

学不学，复众人之所过，以辅万物之自然而不敢为。（《老子·六十四章》）

以上除“道法自然”句中的“自然”作为名词指自身的固有性状外[①]，其余均为形容词，指不受干扰、不加强制、自然而然的状态，与“无为”一义。陈鼓应曾指出：《老子》中的“‘自然’和‘无为’这两个名词可说是二而一的”[②]。尽管陈先生对二者词性的判断有偏差[③]，但他指出二者在所指上存在一致性又的确颇有见地。

庄子继承了老子对“无为”与“自然”的理解，从以下庄子对这两个词语的使用中，我们可以看出这一点：

汝徒处无为，而物自化。（《在宥》）

玄古之君天下，无为也，天德而已矣。（《天地》）

夫虚静恬淡寂漠无为者，天地之平而道德之至也。（《天道》）

吾所谓无情者，言人之不以好恶内伤其身，常因自然而不益生也。（《德充符》）

汝游心于淡，合气于漠，顺物自然而无容私焉，而天下治矣。（《应帝王》）

真者，所以受于天也，自然不可易也。（《渔父》）

庄子甚至明确将无为与自然相提并论，如“夫水之于汋也，无为而才自然矣”（《田子方》），“当是时也，莫之为而常自然”（《缮性》）。可见，正如崔宜明所说：“‘自然’作为价值原则，其内涵就是‘无为’。”[④] 翟林奈

---

① 本章上一节“道”部分已对这一问题进行了详细的论述，可参阅。

② 陈鼓应注译：《老子今注今译》，商务印书馆2003年版，第50页。

③ 《老子》中的“无为”都是形容词，不是名词，而《老子》中的“自然”只有“道法自然”句中的“自然”是名词，其他都是形容词。

④ 崔宜明：《生存与智慧——庄子哲学的现代阐释》，上海人民出版社1996年版，第208页。

(Lionel Giles) 也指出:“无为”的准确含义应是“spontaneity”(笔者按:自然性),而非“inaction”(笔者按:无行动)。[①] 美籍华人学者陈荣捷亦持同样见解,他指出:“无为”与其说是“inactivity”(笔者按:无所作为),毋宁说是“taking no action that is contrary to Nature”(笔者按:不做与自然相违背的事),或“letting Nature takes its own course” (笔者按:任其自然)。[②] 既然“无为”等同于“自然”,而“无为”又是“天”的本质规定性,那么“自然”当然也就是“天”的本质规定性。据王叔岷所辑庄子佚文,原《庄子》五十二篇本就有“天即自然”一句。[③] 至少这在逻辑上是可以成立的。

明白了天即自然,《齐物论》篇中“天籁”的含义也就很好理解了:

子游曰:“地籁则众窍是已,人籁则比竹是已,敢问天籁。“子綦曰:“夫吹万不同,而使其自已也。咸其自取,怒者其谁邪?”

郭象注曰:“天籁者,岂复别有一物哉?……自己而然,则谓之天然。天然耳,非为也,故以天言之。以天言之所以明其自然也,岂苍苍之谓哉!”[④] 诚如郭言,天籁并非地籁、人籁外另有一籁,只是自然而然之籁,即指因其本然性状、非外力干预而发出的声响。换言之,天籁并非相对于大地的天空之籁,而是自然之籁。

对于庄书中的“天”字,治庄者多径直以自然释之,如郭象在对《山木》篇“何谓人与天一邪”一句注曰:“凡所谓天,皆明不为而自然。”[⑤] 不仅郭象多以自然释天,成玄英在对《大宗师》篇“知天之所为”一句的疏解中更是明确指出:“天者,自然之谓也。”[⑥] 柳宗元亦曾说:“庄周言天曰自然,吾取之。”(《柳河东集·天爵论》)可见,天最基本、最重要的含义即是自然。

---

① *Chuang Tzu. Teachings and sayings of Chuang Tzu.* Dover Publications. 2001. p. 7.

② Wing - tsit Chan. *A Source Book in Chinese Philosophy*. Princeton University Press, 1963. p. 136.

③ 王叔岷:《庄子校释》,转引自刘笑敢:《庄子哲学及其演变》,中国社会科学出版社 1993 年版,第 125 页。

④ (清)郭庆藩撰,王孝鱼点校:《庄子集释》,中华书局 2004 年版,第 50 页。

⑤ (清)郭庆藩撰,王孝鱼点校:《庄子集释》,中华书局 2004 年版,第 649 页。

⑥ (清)郭庆藩撰,王孝鱼点校:《庄子集释》,中华书局 2004 年版,第 224 页。

在此需着重指出的是，现代汉语中的“自然”一词主要包含四种含义：一曰自然界，又称大自然，指与人类社会相区别的自然物的总和；二曰宇宙，即具有无穷多样性的一切存在物；三曰本性，即事物自身固有的性状；四曰本然，即自然而然。其中，前三种含义为名词，唯有第四种含义为形容词。在中国古代，“自然”一词并没有我们今天所说的“自然界”或“宇宙”的含义，而多以“本性”与“本然”之义出现①，这正如吴国盛所言：“中文‘自然’一词兼有‘本性’和‘自然物’这两种含义，而且其原初和基本的含义是前者，但现代汉语更多用于后一种含义。”② 因此，天即自然，也就意味着天即本性、本然。如果我们把自然之天当作一个名词性的“概念”③ 来看待，它的含义就是万物之本性，即万物自身的内在根据、最初特征或固有性状。

庄书中除“天下”、“天地”二词外，绝大部分的“天”都乃自然之义，换言之，自然是庄书中作为范畴的“天”的最主要的所指，比如“彼其所以会之，必有不蕲言而言，不蕲哭而哭者，是遁天倍情，忘其所受，古者谓之遁天之刑”（《养生主》），“安排而去化，乃入于寥天一”（《大宗师》），“尽其所受乎天而无见得，亦虚而已”（《应帝王》），“忘乎物，忘乎天，其名为忘己。忘己之人，是之谓入于天”（《天地》），“复命摇作而以天为师”（《则阳》），“自是，有德者以不知也，而况有道者乎！古者谓之遁天之刑”（《列御寇》），等等。这也就意味着，“自然之天”构成了庄书中

---

① 这恰与古希腊人对“自然”的理解如出一辙。对“自然”概念有深入研究的柯林伍德指出：现代欧洲语言中 nature 一词，其原义或固有含义是“涉及的是某种使它的持有者如其所表现的那样表现的东西，其行为表现的这种根源是其自身之内的某种东西”，这不仅是“自然”一词在早期希腊作者们那里的唯一含义，而且是贯彻整个希腊文献史的标准含义。参见［英］柯林伍德著，吴国盛译：《自然的观念》，北京大学出版社 2006 年版，第 52 页。柯林伍德的这个观点，可从亚里士多德对“自然”概念的总结，以及海德格尔对“自然”原初含义的考证中得以印证。亚里士多德说：“‘自然’是它原属的事物因本性（不是因偶性）而运动和静止的根源或原因。”参见［希］亚里士多德著，张竹明译：《物理学》，商务印书馆 1982 年版，第 43 页。海德格尔指出：“自然是涌现着向自身的返回，它指说的是在如此这般成其本质的作为敞开域的涌现中逗留的东西的在场。”参见［德］海德格尔著，孙周兴译：《荷尔德林诗的阐释》，商务印书馆 2002 年版，第 65 页。可见，在西方早期思想中，“自然”也没有自然界的意思，而是指事物自身所具有的自然而然、是其所是的本性。东方原初智慧和西方原初智慧何其相似！

② ［英］柯林伍德著，吴国盛译：《自然的观念》，北京大学出版社 2006 年版，第 53 页。

③ 正如刘笑敢曾屡次强调的：“概念的最低标志是名词化”，因此当自然之天作为一个“概念”时，我们说的是它的名词性含义。参见刘笑敢：《经典诠释中的两种定向及代表作——王弼〈老子注〉与郭象〈庄子注〉》，《中国思想史研究通讯》2004 年第 3 期，第 24～28 页。

“天”最基本同时也是最重要的含义。

二、天与人

1. 天人对立

在庄书中，凡与“人”对举之天，也多是自然之天。如《养生主》篇载：“公文轩见右师而惊曰：‘是何人也？恶乎介也？天与？其人与？’曰：‘天也，非人也。’”“介”即一足，公文轩问右师为何只有一只脚，是天生如此，还是人为造成的？右师回答说是天生的。可见，这里所谓的“天”与“人”，即先天自然与后天人为。

再比如《大宗师》篇中的“知天之所为，知人之所为者，至矣”。刘笑敢将此句中的天解释为“自然界”，将人解释为“人类”①，笔者以为欠妥。我们可以结合这句话的上下文语境来考察“天”与“人”的含义：

> 知天之所为，知人之所为者，至矣。知天之所为者，天而生也；知人之所为者，以其知之所知以养其知之所不知，终其天年而不中道夭者，是知之盛也。虽然，有患。夫知有所待而后当，其所待者特未定也。庸讵知吾所谓天之非人乎？所谓人之非天乎？且有真人而后有真知。

以上文字无非是说：知道“天”是什么、“人”是什么，可称得上最高智慧。庄子认为他还不具备这种智慧，因为“天”是一个“未定”的存在，所以无法对“天”的内涵作出界定，而只能通过真人的形象，勾勒出“天”的某些特征。接着，庄子用了六百余字的篇幅，对真人进行了描述：

> 古之真人，不逆寡，不雄成……古之真人，其寝不梦，其觉无忧，其食不甘，其息深深……古之真人，不知说生，不知恶死……是之谓不以心捐道，不以人助天，是之谓真人。

从以上文字中看不到真人与自然界的任何瓜葛。可见，以“自然界”释“天”缺乏依据，而唯有将“天”解释为“自然本性”，才能使前后文意连贯。陈鼓应将这句话解释为“知道哪些是属于天然的，知道哪些是人

① 参见刘笑敢：《庄子哲学及其演变》，中国社会科学出版社1993年版，第124页。

为的，这就是洞察事理的极境了”[1]，则较符合庄子原意。

《秋水》篇中更是明确地提出了“何谓天？何谓人?”的问题，回答是：“牛马四足，是谓天；落马首，穿牛鼻，是谓人。”成玄英疏曰：“夫牛马禀于天，自然有四脚，非关人事，故谓之天。羁勒马头，贯穿牛鼻，出自人意，故谓之人。”[2]“非关人事”，也就是天然而然；“出自人意”，也就是后天人为。可见，保持着自然所赋予的内在既定规定性就是“天”，所谓“天在内”；而体现了人的实践意志，对自然物的内在既定规定性人为地加以改变的，就是“人”，所谓“人在外”。换言之，“天”乃本性、本然之谓，而“人”则是对那些改变本性、本然的行为与事物的称谓。紧随其后，庄子提出了“无以人灭天”的重要命题。他说：“无以人灭天，无以故灭命，无以得殉名。谨守而勿失，是谓反其真。”意为：不要用人为性毁灭天性，不要用巧故去篡改规定性，不要为了名声而破坏天德，小心持守天性，不要失去它，这就叫做反归本真。

由此不难发现，庄子对“天”持肯定态度，而对“人”则持否定态度。所以他才会在《德充符》篇中感叹“人”的渺小与“天”的伟大：“眇乎小哉，所以属于人也；謷乎大哉，独成其天”；也才会在《列御寇》篇中称颂：“古之人，天而不人”。在《大宗师》篇中，庄子甚至将“天”与“人”完全对立起来：“畸人者，畸于人而侔于天。故曰：天之小人，人之君子；人之君子，天之小人也。”保持了本性的人，却因异于世俗而被世人称为“畸人”。这句话意味着，天之君子，也就是人之小人。庄子的这个判断与后面所强调的“天之小人，人之君子”共同表明：“天”与“人”是一对无法协调的矛盾。可见，庄子对“天”与“人”采取了一种两极化的思维，“天”意味着绝对正面的价值，而“人”则意味着绝对负面的价值。客观地说，庄子尊天抑人的思想只能说是一种理论独断，无怪乎受到荀子的批评，被荀子称为“蔽于天而不知人”(《荀子·解蔽》)。

2. 人与天一

当然，并不是庄书中所有的“天”与“人”都是对立的，请看以下文字：

---

① 陈鼓应注译：《庄子今注今释》，中华书局1983年版，第176页。

② （清）郭庆藩撰，王孝鱼点校：《庄子集释》，中华书局2004年版，第591页。

“何谓人与天一邪?”仲尼曰：“有人，天也；有天，亦天也。人之不能有天，性也。圣人晏然体逝而终矣!”(《山木》)

“人与天一”表明“天”与“人”可以达成统一与和谐，这岂不是与前面所说的天人对立相抵牾?在笔者看来，这种表面上的抵牾，只是源于表达上的含混，并不存在真正的矛盾。正如“天”在庄书中具有多重含义一样，“人”也具有多重含义：当庄子说天人对立时，此“人”特指违逆自然的人为妄作，即与自然本性对立的一种属性和状态，我们称之为“人为之人”；而当庄子说到“人与天一时”，此“人”则特指作为一种自然物的人，可以称之为“自然之人”。明白了“人”的多重含义后，上段文字就很好理解了。它无非是说“自然之人”的存在，乃是自然使然；“物质之天”的存在，也是自然使然。但一般的“自然之人”却不能保持自然本性，这是由“性”所决定的。《庚桑楚》篇中的一句话可对此作以解释：“性之动谓之为，为之伪谓之失。”只有圣人能够安然地随顺自然而变化，真正做到“人与天一”。可见，所谓“人与天一”，也就是作为万物之一的人保持其自身的本性。

在《大宗师》篇中，庄子更是明确提出了“天与人不相胜”的命题：

故其好之也一，其弗好之也一。其一也一，其不一也一。其一与天为徒，其不一与人为徒，天与人不相胜也，是之谓真人。

所谓“一”，就是万物在道的层面齐一。不管你喜欢或是不喜欢，万物都是齐一的。承认万物齐一，就是师法本性，即“与天为徒”；否认万物齐一，就是师法与本性相对立的人为性，即“与人为徒”。可见，“与人为徒”中的“人”乃“人为之人”。但“天与人不相胜”中的“人”则不然，它是指“自然之人”，即作为万物之一的人。对于“天与人不相胜”，笔者是这样理解的：“不相胜”中的“相”说明了一种相互性，即一方面天不胜人，另一方面人又不胜天。天不胜人的意思，成玄英讲得比较清楚：“若使天胜人劣，岂谓齐哉”①，人与其他自然万物一样都具备自己的天性，否则齐物无从谈起；而人不胜天的意思则是说，人不应去试图改变

① (清)郭庆藩撰，王孝鱼点校：《庄子集释》，中华书局2004年版，第240页。

自己的本性。当然，庄子在此主要强调的是后者。能做到持守本性的人，就是达到最高人格境界的“真人”。可见，“天与人不相胜”所表达的含义与“人与天一”是相通的。

由上不难发现，“人与天一”乃是庄子为个体生命所设定的一种生命理想。庄书与之相类似的表达还有很多，比如“安排而去化，乃入于寥天一”（《大宗师》）、“夫形全精复，与天为一”（《达生》）、“夫工乎天而俍乎人者，唯全人能之”（《庚桑楚》）、“不离于宗，谓之天人”（《天下》），等等。

最后总结一下庄书中的天人关系。庄子一方面谈天人对立，仿佛“天”与“人”之间水火不容；另一方面又谈人与天一，仿佛“天”与“人”内在相通。庄子为何要如此吊诡地阐释他对天人关系的认识？在笔者看来，其中的奥秘全在于“人”这一物种的特殊性。人作为自然万物中的一种自然物，当然拥有其自身的本性，因此从这个意义上说，天与人是相通的。但人是一种特异的物种，在拥有其本性的同时，还具有其他自然物所不具有的人为性。[①] 而这种人为性与其自然本性根本对立，这也就是庄子所说的天人对立。因此，人要实现“人与天一”的理想境界，就必须去除其人为性，保持其本性。这样我们也就理解了庄子屡屡强调天人对立的目的，其实正是为了实现“人与天一”。

三、天与道

在明白了“道”与“天”的所指之后，不妨再探讨一下“天”与“道”之间的关联。崔宜明曾指出：“在庄子哲学中，‘天’与‘道’的关系是个难以清理的问题，以至在最简单的意义上问是‘天’大抑或‘道’大，都无法有个明确无疑的答案。”[②] 诚如其言，天与道的关系问题一直困扰着学界。庄子一方面说道“生天生地”（《大宗师》），另一方面又说“道兼于天”（《天地》），那么到底是道高，还是天高？

依笔者之见，学界之所以在“天—道”问题上一直缺乏解释的有效

---

① 根据庄子的逻辑体系，道乃产生万物的根源与万物存在之根据，本性应是万物所拥有的唯一性状，因此，人的“人为性”最初从何而来的问题就很难理解。崔宜明也曾表示过类似的困惑，并称这个理论困难是庄子哲学的“一个矛盾死结”与“哲思的梦魇”。参见崔宜明：《生存与智慧——庄子哲学的现代阐释》，上海人民出版社 1996 年版，第 206～207 页。

② 崔宜明：《生存与智慧——庄子哲学的现代阐释》，上海人民出版社 1996 年版，第 205 页。

性，最主要的原因在于他们没有廓清“天”的所指。正如前文所述，庄书中的“天”有三重含义，因此，笼统地讨论“天”大还是“道”大的问题，当然无法得出明晰的结论。如果我们把庄书中涉及“天—道”论中关于“天”的含义进行细分，就会发现，很多所谓的“矛盾”会自行消解。

先来看道高于天论。《大宗师》篇云：道“生天生地”。这里的“天”，显然是与地相对的“物质之天”。既然道创生了天，那么道在逻辑上一定高于物质之天。

再来看道等于天论。《德充符》篇云：“道与之貌，天与之形。”“道”与“天”的互文，显示了二者之间的微妙关系。根据对称原则，既然“貌”与“形”说的都是一个意思，那么“道”与“天”也应为一义。再者，本章的上一节已对道的含义进行了分析：道即万物之本根，具有自然性和本初性的特征。这和作为概念的自然之天的含义——天即万物之本性，具有极大的相似性。其实，有不少学者早已提出了庄书中道与天的等同性，如徐复观指出：“庄子常使用‘天’字以代替原有‘道’字的意义”，“庄子所说的天，即是道”，道与天“属于同一层次的互用名词”。①张恒寿亦指出：庄书中有关本体的论述有三种形态，第一种是万物之中有一个根本的东西，称为“天”、“真宰”等，还没有“道”这个名称；……第三种与第一种实质一样，但用了“道”这一名称。② 可见，张先生亦认为，在作为万物根本这一点上，“天”与“道”是等同的。以上都说明，道与天的确在含义上具有极大的通约性。但这并不意味着道与天是等同的，因为庄书中的“天”，并没有“道”的宇宙发生学角度上的“产生万物之根源”的含义，而只有“道”的形而上学角度上的“万物存在之根据”的含义。因此，我们只能说，在作为万物存在之根据这一点上，道与天是等同的。

最后再来看天高于道论。《天地》篇中云：“技兼于事，事兼于义，义兼于德，德兼于道，道兼于天。”很多学者都认为，“道兼于天”即意味着“天高于道”，这其实是一种误解。“道兼于天”的“天”乃自然之天，即本性之谓。“道兼于天”也就是道兼于自然。孙以楷对此有一段颇为精当的分析，不妨赘引如下：

---

① 参见徐复观：《中国人性论史》（先秦篇），上海三联书店 2001 年版，第 325 ~ 329 页。
② 参见张恒寿：《庄子新探》，湖北人民出版社 1983 年版，第 329 页。

“道兼于天”。这里的“天”当指天然之天，也就是“道法自然”的意思。其前文曰：“君原于德而成于天”，“故通于天地者，德也；行于万物者，道也”。德已为“通于天地者”，而“德兼于道”。由是知“道”之上不可能再有一自然之天[①]。[②]

诚如其言，在庄子哲学中，道已是终极存在，不可能存在比道更高的存在。“道兼于天”，其实就是《老子》中所讲的“道法自然”，即道效法其自身的固有性状。在此，“天”与“自然”并不是道之外的他物，而是内在于道的一种固有性状和存在根据。说得更明确些，这里的天、自然与道都是同义的。我们甚至可以把“道兼于天”理解为“道兼于道”，意同于《大宗师》篇所讲的道“自本自根”，表明道并未统属于他物，而只以其自身为根据。

现在可以总结一下庄书中的“天—道”关系。当天作为物质之天时，天为道所生，这里的道指宇宙发生学角度上的“产生万物之根源”，所以道高于天。而当天作为自然之天时，其与道形而上学角度上的“万物存在之根据”的含义相同，所以天同于道，都是指称万物之本性。

庄书中与自然之“天”与本体之“道”的概念极为接近的，还有“德”、“性”等。《天地》篇对德界定得很清楚：“物得以生谓之德。”正如徐复观所指出：“所谓物得以生，即是物得道生。”这就意味着，道与德的含义是相通的。当然，若仔细辨别，德与作为本体的道之间也有些细微区别。《庚桑楚》篇曰：“道者，德之钦也。”《徐无鬼》篇曰：“德总乎道之所一，……道之所一者，德不能同也。”这说明道是德之总，德是道之分。关于道与德的这一点分别，郑开说得非常明确：“‘道’的‘独一’（普遍、一般）方面称为‘道’，而其‘分殊’（具体、特殊）方面则称为‘德’。”[③] 此外，在庄书中，“德”也常常与“性”互文，如“骈拇枝指出乎性哉，而侈于德”、“且夫待钩绳规矩而正者，是削其性者也；待绳约胶漆而固者，是侵其德者也”（《骈拇》），“在之也者，恐天下之淫其性也；宥之也者，恐天下之迁其德也”（《在宥》），可见，性与德的含义也是一致的，

---

① 笔者按：孙先生所说的“自然之天”，乃与地对举之天，即本书所说的“物质之天”；而本书所说的自然之天，在孙先生那则被称为“天然之天”。

② 孙以楷、甄长松：《庄子通论》，东方出版社1995年版，第166页。

③ 郑开：《道家形而上学研究》，宗教文化出版社2003年版，第184页。

都是指向自然本性。

第三节　反其性情而复其初

由本章前两节的分析可知，庄书中的“道”与“天”这两个概念，在作为万物存在之根据这一点上是同义的。而且，从庄子对天人对立的论述中可以发现，道/天不仅被庄子视为一种终极存在，更被建立为个体生命存在的终极价值指向。这是庄子道论极具个性之处。不少学者都曾通过老子之道与庄子之道间的对比，对这一点进行了说明，如陈鼓应指出：“老子的‘道’，本体论与宇宙论的意味较重，而庄子则将它转化而为心灵的境界”①；束景南指出：庄子与老子的一个很大不同就在于，庄子“把‘道’同‘我’（即人的精神意识活动）联系了起来”②；朱良志亦指出，老子侧重从宇宙论本体论的角度谈“道”，而庄子则从人的生命、人的精神空间、人的心灵氛围的角度去投视“道”③。

这就意味着，庄子讲“道”的最终目的并不是探究宇宙的本体是什么，而是为了导出个体生命的生存依据，并在此基础上建立一种理想人格与理想人生。正如李泽厚所说：“庄子的兴趣并不在于去探讨或论证宇宙的本体是什么，是有是无，是精神是物质，也不在于去论证自然如何生成和演化……这些问题在庄子看来均毫无意义。他之所以讲‘道’，讲‘天’，讲‘无为’、‘自然’等等，如同他讲那么多‘谬悠之说，荒唐之言，无端崖之辞’、讲那么多预言故事一样，都只是为了要突出地树立一种理想人格地标本。所以他讲的‘道’并不是自然本体，而是人的本体，他把人作为本体提到宇宙的高度来论说，也就是说，它提出的是人的本体存在与宇宙自然存在的同一性。”④ 也正是由于道被视为个体生命存在的终极价值指向，所以庄子才一再强调“闻道”、“得道”、“体道”的重要性，明确指出“夫体道者，天下之君子所系焉”（《知北游》），并把“知

---

① 陈鼓应：《老庄新论》，上海古籍出版社 1992 年版，第 185 页。
② 束景南：《论庄子哲学体系的骨架》，广西师范大学出版社 2003 年版，第 111 页。
③ 朱良志：《庄子的悟“道”与审美体验》，《齐鲁学刊》1988 年第 4 期，第 18 页。
④ 李泽厚：《漫述庄禅》，《中国社会科学》1985 年第 1 期，第 129 ~ 130 页。

之能登假于道者”（《大宗师》），即得道之人，称为具有最高德性的“真人”。

那么，庄子审美体验的发生究竟与“道”有何关联呢？在本书引言的“题解”部分中，笔者曾对审美体验的含义进行了界定。所谓审美体验，就是指生命个体对于生命意义的一种情感体悟，而对于庄子而言，生命的意义就根植于道之中。依据庄子哲学，道是世界万物的终极依据，而人又是世界万物中的一种，那么，道自然也就是人的终极依据。换言之，生命个体的生存，应以道为价值依托。这就意味着，庄子的审美体验，其实就是生命个体对道的一种情感体悟。道乃是庄子审美体验产生的终极依据。质而言之，所谓审美体验，也就是得道体验。在本章的前两节中，笔者已对作为万物存在之根据的“道”的内涵作了解释，所谓道，其实就是万物之自然本性。得道，就意味着回归人的本性，用庄子自己的话说，就是“反其性情而复其初”（《缮性》）。道作为万物之本性的本初性特征，决定了庄子审美体验的价值指向，那就是“真”。

一、以真为美

1. 美

按照一般的思路，若要对庄子的审美体验作出解释，最直观的一种方法就是以庄书中所有涉及“美”这个能指符号的材料为切入点。但事实上这个方法并不十分奏效，因为庄子所提到的“美”这个能指符号，并不能与美学意义上所说的“美”完全对应。

大而言之，庄书中的“美”主要有三种含义：一是日常世俗所谓的“美”，即感官意义上的漂亮；二是世俗道德意义上所谓的“善”；三是美学所谓的“美”，即情感意义上的美。美的前两种含义，在庄子看来，都不足以成为终极的、绝对的理想价值。先说第一种含义。

阳子之宋，宿于逆旅。逆旅人有妾二人，其一人美，其一人恶。恶者贵而美者贱。阳子问其故，逆旅小子对曰：“其美者自美，吾不知其美也；其恶者自恶，吾不知其恶也。”（《山木》）

毛嫱丽姬，人之所美也；鱼见之深入，鸟见之高飞，麋鹿见之决骤，四者孰知天下之正色哉？（《齐物论》）

以上引文中的“美”，都是指感官上的漂亮。由上可知，在庄子看来，感官上的美并不具有普遍有效性：某人以为美的，别人很可能“不知其美”；即便是被众人所公认为美人的毛嫱丽姬，在其他物种看来，也并非“正色”。这就意味着感官美的价值是相对的。不仅如此，在庄子看来，世人对感官美的执着，还会对体道构成妨碍。为了破除世人对感官美的执着，庄子甚至用感官意义上的奇丑来寄托他的人格理想，如《德充符》篇中兀者王骀、叔山无趾、恶人哀骀它等诸位形象。

美的第二种含义，同样不被庄子视为终极的绝对价值。

且德厚信矼，未达人气，名闻不争，未达人心，而强以仁义绳墨之言术暴人之前者，是以人恶有其美也，命之曰灾人。（《人间世》）

昔者舜问于尧曰：“天王之用心何如?”尧曰：“吾不敖无告，不废穷民，苦死者，嘉孺子而哀妇人，此吾所以用心已。”舜曰：“美则美矣，而未大也。”尧曰：“然则何如?“舜曰：“天德而出宁，日月照而四时行，若昼夜之有经，云行而雨施矣!”尧曰：“胶胶扰扰乎！子，天之合也；我，人之合也。”夫天地者，古之所大也，而黄帝、尧、舜之所共美也。故古之王天下者，奚为哉？天地而已矣！（《天道》）

以上引文中的“美”，显然不能解释为感官上的漂亮，而只能解释为道德意义上的“善”。从“美则美矣，而未大也”这句话可知，作为善的“美”，离终极的价值标准仍有一定的距离。庄子所真正推崇的，乃是如同“昼夜之有经，云行而雨施”与天道相合的德行；而作为善的“美”，即便出于善意，仍然有悖于“天”，违逆了事物自身的终极依据，故而是不完善的价值。

《天地》篇中说：“德人者，居无思，行无虑，不藏是非美恶。”这里的“美”，既可理解为感官上的漂亮，又可理解为道德意义上的善。在庄子看来，有德之人心中没有世俗美丑善恶的观念。因为世俗所以为的美丑善恶和是非贵贱一样，都是人为的价值区分和一己成见，不仅非道所赋予，还会妨碍对道的体认，故而应被抛却遗忘。可见，作为漂亮的“美”和作为“善”的美，远非庄子所以为的真正的“美”。

庄子所以为的真正的美，乃是美的第三种含义，被庄子称为“至美”：

老聃曰："吾游心于物之初。"……孔子曰："请问游是。"老聃曰："夫得是至美至乐也。得至美而游乎至乐，谓之至人。"（《田子方》）

所谓"物之初"，也就是"道"。在庄子看来，当一个人与道相周游，体悟到道的存在时，便收获了"至美"与"至乐"，从而成为了"至人"，即德性最高的人。可见，至美乃是因道而引发的极致的审美体验。从庄子将至美体验作为区别至人和俗人的标准，以及从"至美"本身的命名方式都可以看出，至美在庄子心目中乃是美的最高形态。

由于道普遍存在于自然万物之中，既然道是至美的存在，那么依据庄子哲学，天地万物都应保有最完善的美。所以《知北游》篇中说：

天地有大美而不言，四时有明法而不议，万物有成理而不说。圣人者，原天地之美而达万物之理。是故至人无为，大圣不作，观于天地之谓也。

这里所说的"大美"与"至美"一义，在庄子看来，天地万物本身就保有最完善的美。这种美的存在无待于世人对它的评价与判断，而只是如其所是地本然呈现。对于这种美，只需去"观"，而不能"为"与"作"，更不能像《天下》篇中所说的那个"一曲之士"那样，去"判"，去"析"，去"察"，否则，大美就被在人为性的活动隐遁破坏。这就意味着，大美是不含任何人为因素的朴素淡然之美。所谓"淡然无极而众美从之"（《刻意》），"朴素而天下莫能与之争美"（《天道》），均道出了大美的本真性与终极性。

由此可见，庄书中的"美"这个能指符号具有多义性，故而不能与美学意义上所说的"美"完全对应，而只有"至美"、"大美"这样的美，才是真正美学意义上所说的"美"。徐克谦曾指出："庄子所谓'大美'，其实跟他所谓'真'是相通的。"① 这是十分深刻的见解。可以说，庄书中最能与美学意义上的"美"产生对应的概念，其实就是"真"这个能指符号。

① 徐克谦：《庄子哲学新探——道·言·自由与美》，中华书局2005年版，第213页。

2. 真

“真”这个字，在现代汉语中是使用频率非常高的常用字，然而在《庄子》之前以及与之差不多同时代的典籍中，却极少出现。“真”字仅在《墨子》和《老子》中分别出现了1次[①]和3次[②]，在《诗经》、《尚书》、《易经》、《春秋》、《论语》、《孟子》、《左传》、《国语》、《晏子春秋》、《管子》、《商君书》这些书中，完全没有出现过。从《庄子》开始，“真”字突然用得多了起来。据笔者统计，庄书中共有66个“真”字。很可能是受了《庄子》的影响，“真”字逐渐在《庄子》之后的典籍中频繁出现，如《韩非子》9次、《吕氏春秋》13次、《淮南子》27次、《春秋繁露》14次、《列子》20次。以上这些事实表明，“真”这个概念，不仅在庄子哲学中具有极其重要的地位，而且体现了庄子对中国哲学史的独特贡献。

庄书中的“真”字，除了少数几个用作人名与副词外，其他大多用作形容词与名词。用作形容词既有单独出现的，如“其德甚真”（《应帝王》）、“其为人也真”（《田子方》），也有与其他名词组成搭配的，如“真宰”（《齐物论》）、“真人”和“真知”（以上《大宗师》）、“真性”（《马蹄》）。此外，还有单独作为名词使用的，如“而已反其真”（《大宗师》）、“极物之真，能守其本”（《天道》）、“古者谓是采真之游”（《天运》）等。

何为“真”？庄子在《渔父》篇中作了如下解释：

真者，精诚之至也。不精不诚，不能动人。故强哭者，虽悲不哀，强怒者，虽严不威，强亲者，虽笑不和。真悲无声而哀，真怒未发而威，真亲未笑而和。真在内者，神动于外，是所以贵真也。……礼者，世俗之所为也；真者，所以受于天也，自然不可易也。故圣人法天贵真，不拘于俗。愚者反此。不能法天而恤于人，不知贵真，禄禄而受变于俗，故不足。

这段文字集中地体现了庄子对“真”的理解。以这段文字为中心，再结合庄书中其他有关“真”的论述，可以解读出以下几层意思：

---

① 即出现在《墨子·辞过》篇中：“真天壤之情，虽有先王不能更也。”

② 分别出现在《老子·二十一章》：“窈兮冥兮，其中有精；其精甚真，其中有信”；《老子·四十一章》：“质真若渝”；《老子·五十四章》：“修之于身，其德乃真”。

第一，“真”具有情感性。所谓“真者，精诚之至也。不精不诚，不能动人”，可见，真即情感的内在真诚，无须借助任何外在的形式，亦能直抵人心深处，引发强大的心灵共鸣。这正如涂光社所指出的：“‘真’所追求的核心不在忠实于事物的客观属性，而在于主观情感的率真至诚。”[①]《天运》篇中所描写的“丑人效颦”之所以令人厌恶，就是因为其矫揉造作，不明白“颦之所以美”的根源在于内在情感的真诚。

第二，“真”与天/道具有同一性。从“真者，所以受于天也”以及“法天贵真”中“天”与“真”的互文可知，真与天/道的含义是一致的。对“无以人灭天，无以故灭命，无以得殉名。谨守而勿失，是谓反其真”（《秋水》）一句，郭象于“反其真”句下注曰：“真在性分之内”；成玄英更是径直把“反其真”解释为“复归真性”[②]。这些都是非常准确的理解。“反其真”，就是返其天，也就是复归本性。不独此处，庄书中其他单独作为名词使用的“真”，都可解释为本性，如《齐物论》篇中的“如求得其情与不得，无益损乎其真”、《山木》篇中的“见利而忘其真”等。可见，庄子所言之真，与天/道（本性）是相通的，指的就是与生俱来的、自然天成的本真性情和本初状态，正如郑开所言：“‘真’就是本来如此的自然性。”[③]

第三，“真”是相对于“伪”而言的。正如徐克谦所指出的，庄子之所以要提出“真”这个概念，乃是“有感于眼前所见、所闻的一切的不真，或失真”[④]。不真、失真，也就是“伪”。那么，什么是“伪”？段玉裁《说文解字注》中曰：“伪者，人为之，非天真也。故人为为伪也。”[⑤]荀子说：“可学而能，可事而成之在人者，谓之伪。”（《荀子·性恶》）可见，“伪”并不是今人所谓的“假”，而是指对自然物的内在既定规定性人为地加以改变。儒家所倡导的仁义礼乐显然都在此之列。在庄子看来，一切人为性的东西，都遮蔽、扭曲了人之本性，是多余而有害的，庄子将之称为“伪”、“淫”、“侈”、“乱”，而“真”的提出，则表达了他的一种祈向，即对本性的尊崇与回归，以及对人为性的拒斥和否定。

---

① 涂光社：《庄子范畴心解》，中国社会科学出版社2003年版，第153页。
② （清）郭庆藩撰，王孝鱼点校：《庄子集释》，中华书局2004年版，第591页。
③ 郑开：《道家形而上学研究》，宗教文化出版社2003年版，第200页。
④ 徐克谦：《庄子哲学新探——道·言·自由与美》，中华书局2005年版，第69页。
⑤ 段玉裁：《说文解字注》，成都古籍书店1981年版，第402页。

第四，“真”乃是一种世人应该效法的绝对终极价值。李孺义曾指出：“在许多所谓‘价值哲学’的著述中一般都将‘真’轻易地放置在认知论中而不予理睬。”① 诚如其言，西方传统哲学由于受到亚里士多德的真理符合论的影响，大都把“真”理解为陈述与对象符合一致，即把真看作是一种实然的判断，而与应然的价值无关，然而，在庄子哲学中，“真”却是作为最完善的终极理想价值形态而存在。庄子一再强调要“贵真”，要“反其真”，并称“真”为“不可易也”，这说明“真”作为个体生命的本然形态，不仅仅是个体生命生存的根据，同时也是个体生命的终极价值指向。②

综上可知，庄子所言之真，并不是认识论意义上的真，即陈述与陈述对象的符合一致；而是存在论意义上的真，即本性的敞开与澄明。它关乎人的情感，关乎生存的意义，是个体生命存在所依托的终极价值指向。从这个意义上说，庄子所言之“真”，正是美学意义上所说的“美”。

我们可以引入海德格尔的真理观来理解庄子所言之“真”与美学意义上的“美”之间的关联。海德格尔认为，西方传统哲学的真理观，即以亚里士多德为源头的陈述与对象真理符合论，有着严重的缺陷，因为它没有把陈述符合对象的内在根据揭示出来，说得更具体些，它没有具体说明在什么条件下陈述才会与对象相符合。据此，海德格尔认为，只有从存在出发，才能弥补传统真理观自身的缺陷。依海德格尔之见，所谓真理，即“存在之真理”，是“存在者之为存在者的无蔽状态”③。为了给他的这一认识寻找根据，他对古希腊的“真理”一词作了字源学上的考证，认为古希腊表示真理的“aletheia”一词的原初意义，是指存在者之无蔽状态（Unverborgenheit），而美则是“作为无蔽的真理的一种现身方式”，属于“真理的自行发生（Sichereignen）”④。

由此可以发现，庄子所言之“真”，与海德格尔所言之“真理”有着

---

① 李孺义：《“无”的意义——朴心玄览中的道体论形而上学》，人民文学出版社1999年版，第199页。

② 叶舒宪曾专门论述过庄子的“归真”情结，可参阅。叶舒宪：《庄子的文化解析——前古典与后现代的视界融和》，湖北人民出版社1997年版，第41～47页。

③ ［德］海德格尔著，孙周兴译：《林中路》，上海译文出版社1997年版，第69页。

④ ［德］海德格尔著，孙周兴译：《林中路》，上海译文出版社1997年版，第43、69～70页。

巨大的共通性。海氏所说的“存在”，相当于庄子所说的“道”或“天”[①]；海氏所说的“存在者”，其实就是天地万物。这样看来，海氏所说的“真理是存在之真理”，是“存在者之为存在者的无蔽状态”，和庄子所说的“真者，所以受于天也”，即真乃万物本性的敞开与澄明，难道不是同一个意思吗？而海氏所说“作为无蔽的真理的一种现身方式”的美，不就是庄子所说的“真”吗？潘知常曾指出，“与海德格尔的‘真理’十分一致的是，中国美学的‘真’同样是对真实的生存状态所必具的回归内涵的揭示。在海德格尔和中国美学看来，所谓‘真理’、‘真’，就是‘告别尘嚣，回归到敞开的广阔之域’，‘为道日损’、‘观复’、‘归根’和‘反其真’”，“审美活动正是对存在之真和道之真的追问”，而“中国美学的‘真’显然源于《庄子》”。[②] 这的确是颇为精到的见解。

这样，我们也就理解了庄子的审美体验就是人回归本真性情的生存体验。庄子的审美体验是相对于世俗的日常体验而言的。在世俗日常体验中，人的本性被名利道德等种种外物所遮蔽和扭曲，不能如其所是地呈现其自身。当人回归自己的本性，以本真性情面对这个世界时，用庄子的话来说，就是“得道”、“人入于天”时，就脱离了世俗体验，进入了审美体验。身处审美体验之中，主体所感受到的是由生命之真所带来的美好与完善、自由与愉悦、至乐与逍遥。对于审美主体而言，真就是美，美就是真。

二、人与世界的原初关联

道不仅具有本初性，还具有同一性。[③] 道的同一性使得万物获得了一体性的关系。因此，道作为万物之本性统摄，不仅揭示了作为万物之一的人的存在的终极依据，也揭示了人在此世界中的位置，以及人与万物之间的原初关联。也正是从这个意义上说，“反其性情而复其初”的审美体验，不仅意味着人对本真之性的复归，也意味着人返回到自身与世界的原初亲密关联之中。

1. 物成其物

要揭示人与世界的原初关联，首先要了解在道的视域下，对于审美主

---

① 刘若愚曾指出：“确实，海德格尔对‘存在’的描述，几乎可以用来描述‘道’”。参见［美］刘若愚著，田守真等译：《中国的文学理论》，四川人民出版社1987年版，第90页。

② 潘知常：《中西比较美学论稿》，百花洲文艺出版社2000年版，第246~247、243页。

③ 有关道的本初性与同一性特征，在本章第一节“本根之道的特征”已作说明。

体而言，构成原初世界的万物意味着什么。换言之，物的意义究竟何在？①

思想史上一些深刻的见解，不一定是通过长篇大论、正襟危坐的形式得以表达，有时，一些对话背后的隐喻，更能显现出见解的独特与光芒所在。在《逍遥游》篇中，庄子与惠子围绕着一棵大树——樗，展开了如下一段对话：

惠子谓庄子曰："吾有大树，人谓之樗。其大本臃肿而不中绳墨，其小枝卷曲而不中规矩。立之涂，匠者不顾。今子之言，大而无用，众所同去也。"庄子曰："……今子有大树，患其无用，何不树之于无何有之乡，广莫之野，彷徨乎无为其侧，逍遥乎寝卧其下。不夭斤斧，物无害者，无所可用，安所困苦哉！"

对于这段文字，海德格尔有如下一段评论：

人对于无用者无需担忧。无用性的力量使他具有了不受侵犯和长存的能力。因此，以有用性来衡量无用者是错误的。此无用者正是通过不让自己依从于人［的标准］而获得了它自身之大和决定性的力量。以这种方式，无用乃是物或事情的意义。②

物的意义就是其无用性，且人无需对无用性担忧。海氏的解读，对于我们理解庄子心目中物的意义极具启发性，我们不妨沿着他的思路深入下去。

我们可以把《逍遥游》中自然而然生长出来的、不中绳墨规矩的大树看作是物的隐喻，而庄子和惠子的对话，则可看作是对于物的两种截然不同的态度的对比。

惠子的态度，乃是匠者的态度。匠人看待物，乃是从世俗的有用性视

---

① 在第三章第三节"与物为春"中，笔者对庄书中"物"的概念进行了界说。庄书中的"物"可分为自然之物与身外之物，自然之物，即大道流行的产物，也就是庄子所说的"万物"，它包括人、人之外的动物、植物乃至山石河流等一切自然存在物。笔者在此所要探讨的乃是自然之物的意义。

② ［德］海德格尔：《传统的语言和技术的语言》，转引自张祥龙：《海德格尔与中国天道》，生活·读书·新知三联书店1996年版，第448～449页。

角出发的。匠人之为匠人的基本任务，就是要将物由原材料制造成有用的器具，从而以器具为手段服务于人，而大树却恰恰因为不中绳墨规矩而缺乏这种有用性，故此，大树即使立在路旁，也丝毫不能引起匠人的兴趣。在匠者看来，自己乃是物的尺度，匠者依据物的有用性衡量物的价值，物的存在没有任何自身的意义。从这个意义上说，匠者与物之间乃是一种利用与被利用的关系，充满了紧张与对立。

与惠子根本不同，庄子所持的则是逍遥者的态度。将大树种在远离世俗喧嚣之处，人逍遥自得地与大树照面相处，对大树的无用性泰然任之。此时，人不再依据树的有用性或者无用性对其进行价值判断，树也因此而远离了人类功利性思维的威胁，完全以自在本真的方式存在于世。在逍遥者看来，物的存在有其自身的意义，这种意义不依赖于物之外他者的赋予，物存在的本身就是缘由和目的，因为道就蕴涵在每一个自然之物当中。这也就意味着，逍遥者与物之间乃是一种亲密、和谐、尊重的关系，完全没有丝毫的功用性和目的性。

不难看出，惠子所代表的乃是一种人类文明所建立起来的实用功利主义的态度。这种态度认为，物的存在必须是有用的，即符合主体的物质利益，并具有外在可见的物质效果，否则就无意义。施彭勒曾用非常犀利的笔触，对实用功利主义的本质进行了刻画："一个人为的世界成功了，它毒害着天然的世界。文明本身成了一台机器，它的作为符合机器、或愿意符合机器的方式。看到瀑布时，人们无不联想电力；无论在何地，一见众多吃草的牧群，就会想到利用其供食用的肉。"① 在实用功利主义目光的观照下，物只是用来满足主体功用性需求的工具；而我们知道，工具存在的意义就是为目的服务，目的实现的过程总是伴随着工具的损耗甚至牺牲，目的实现之后，工具也就丧失了自身的意义。这就意味着，物作为工具，在其使用者看来没有任何独立的价值。可以说，这种对物的实用功利主义的态度，是审美体验的天生抗体。

而庄子对物的理解，所映照的则是一种道的境界，一种审美体验。在庄子看来，世俗生活之中的人与物是处于异化状态的，不仅物远离了物自身，人也远离了人自身。一方面，人用实用功利主义的思维主宰了他物，

---

① ［德］施彭勒：《西方的没落》，转引自［德］狄特富尔特等编，周美琪译：《人与自然》，生活·读书·新知北京三联书店 1993 版，第 206 页。

人成为了他物的尺度，物不能以其本真的面目存在于世，正如《马蹄》篇中所描绘的，“龁草饮水翘足而陆”的马要被伯乐“整之齐之”，“埴”（黏土）要被陶者“圆者中规，方者中矩”，木要被匠人“曲者中钩，直者应绳”，白玉要被毁坏造成“珪璋”（玉器），保有“常性”的人要被“圣人”“屈折礼乐以匡天下之形，县跂仁义以慰天下之心”。另一方面，人也因实用功利主义思维的支配，遗忘了自然本性，远离了生存的终极根据，被种种本性之外的东西，如名利道德、知性情欲等所蛊惑、所牵引，从而迷失了自己，就像《齐物论》篇中所说的：“与物相刃相靡，其行尽如驰而莫之能止，不亦悲乎！终身役役而不见其成功，苶然疲役而不知其所归，可不哀邪！”

当主体回归于道时，不仅物回归于物自身，人也回归于人自身。彭锋曾指出：道的最大特征之一，就是“不做任何限制，让宇宙万物能够充分地如其所是地存在，让宇宙万物各自充分展现其自身”[①]。诚如其言。所谓道境，就是让人与万物如其本然地存在。在体道之境中，一方面，人将物从有用性的枷锁中解放了出来，让物不再作为手段而服务于人的目的，让物以其自身为目的，本真地涌现其存在的意义；另一方面，人也将人自身从功利主义的囚牢中解放了出来，不再为本性之外的种种外物所累、所烦忙，重归生命之源，倾听生命深处的内在呼唤，以本真的性情自在地居留于世。这样，人不仅给予万物以自由，而且给予自身以自由。由此可见，道的境界，抑或审美体验，所揭示的乃是人与世界万物的原初境域。在这种原初境域之中，不仅物以物自身的面目呈现，与物照面相处的人也以人自身的面目呈现。所谓物成其物，人成其人。

庄子对物之意义的原初领会和超功利的审美体验，很容易让我们联想到康德所讲的审美不涉利害关系。康德从“质的契机”方面，将审美规定为“是凭借完全无利害观念的快感和不快感对某一对象或其表现方法的一种判断力”[②]，从而把审美的性质界定为“无利害性”。康德认为，物质利害会对人构成一种束缚，因为在利害关系中，人的行动都是受私欲驱使的，这样，人就失去了他的本性；而审美则能够使人从一己的利害关系中摆脱出来，以一种宇宙生命的大视界来思考自己的生存状态，使人从现象

---

① 彭锋：《完美的自然》，北京大学出版社 2005 年版，第 245 页。

② ［德］康德著，宗白华译：《判断力批判》（上卷），商务印书馆 1964 年版，第 47 页。

世界的人提升到本体世界的人。如此看来，康德的审美无利害性，并非指与一切利害关系绝缘，相反，正如王元骧所指出的：审美“在自身里面带有的最高的利害关系”，就是“作为一个人格的生存的存在意义绝对的价值”，即康德所谓的“最高的善”。[①] 也就是说，不涉利害关系的审美，其实成为人最高的利害，这就是康德所谓的“无目的的合目的性”。

康德的审美无利害性思想，对于理解庄子审美体验中物的意义很有帮助。前文已述，物的意义就是其无用性。与康德的审美无利害却带有最高的利害一样，依庄子之见，正是物的无用成就了它的大用，这就是《外物》篇中所说的“知无用而始可与言用”，“无用之为用”。物的无用性，是指物的存在有其自身的意义，无关乎世俗功用，但并非意味着物对于人而言没有任何作用。相反，正是物的无用，凝聚着物自身的本质和意义，使得人领会到物对于人的大用。物的无用，不仅意味着物去除了有用性的遮蔽，回归于物的自然本性，进入了道的境域；同时也意味着人摆脱了功利主义的异化状态，回归于人的自然本性，升华至道的境界。因此，物的无用，也就意味着物对道境的昭示，意味着人重新回到道的怀抱，回到本真的生存状态，达致审美的人生，实现诗意地栖居。这难道不正是无用之物对于人的大用吗？不仅物成其物之物，对于人而言具有大用；而且人成其人之人，对于物而言亦具有大用。叶维廉说得好：“只有当主体（自我）虚位，从宰制的位置退却，我们才能让素朴的天机回复其活泼泼的兴现。”[②] 只有当人重新回到生命之泉的本源之处，不再用功利主义的目光去观照物，不再用有用性的思维去奴役物时，物才能从根本上改变自身作为工具与手段任人利用和宰制的处境，从而真正以自身为目的、以自己的本然面目，自在而有尊严地与人共存。这也正是审美体验中的人对于物的大用。

这样看来，庄子的审美体验的确如康德所说，带有“最高的善”。也就是说，庄子的审美，事实上是与道德相和谐的，即美善相济。当然，这里所说的“道德”，并不是庄子所抨击的世俗意义上的道德——儒墨等道德学家的道德。正如李咏吟所指出：道德学家的道德往往忽视了情感的重要地位，“是以道德约束为前提，而不是以生命自由表现为目的”[③]，因此

---

① 参见王元骧：《何谓“审美”——兼论对康德美学思想的理解和评价问题》，《社会科学战线》2006 年第 2 期，第 248 ~ 257 页。

② 叶维廉：《道家美学与西方文化》，北京大学出版社 2002 年版，第 3 页。

③ 李咏吟：《审美与道德的本源》，上海人民出版社 2006 年版，第 6 页。

往往构成了对生命的压抑和扭曲，表现为一种负价值。尼采早就说过：道德不是人心中上帝的声音，而是个人中的一些人的声音，“道德性本身就是某种形式的非道德”①。卡夫卡亦曾感叹：“人们以公正的名义做了多少不公正的事情?”② 这也正是庄子主张抛却道德的原因所在。故而，当我们说庄子的审美与道德相和谐时，这里所说的“道德”乃是道德的本源意义，即基于生命自我优化的利他性。庄子曾言：“去善而自善矣。”（《外物》）前一个“善”是世俗道德意义上的善，而后一个“善”则是本源道德意义的善。在本书第二章第二节“虚的功夫”中，笔者讲到“去善”，即抛却世俗道德观念，乃是为了体道。换言之，“去善”就是一种体道功夫，即一种获得审美体验的途径。这就意味着，“去善”后的“自善”，即本源道德意义的善，与审美体验中所感受到的美乃是一致的。从这个意义上说，庄子的审美体验，实现了美与善的统一。③

2. 人物一体

由于道具有同一性，也就是说，物与人在终极的道的层面是同质同源的。因此，当物成其物、人成其人时，就意味着物与人恢复了其原初的关联，即物与人亲密无间、本为一体、和谐浑融。那薇曾用诗意的语言，为我们描绘了这种人物一体的境域：“道是素朴之心与万物本然相融相契的状态，是至人、圣人、神人以无知无欲之心与天地共运形成的境域，是圣人的心毫阻碍地、不偏执于一事一物完全地敞开，也就是说至人、神人、圣人心灵的运作敞开了万物按其本然面目契入的空间。”④ 不难看出，这正是《齐物论》篇中“万物与我为一”所揭示出的深刻内涵。

《达生》篇中有一则吕梁丈夫蹈水的寓言，能够很好地帮助我们领会

---

① ［德］尼采著，张念东、凌素心译：《权力意志》，商务印书馆 1991 年版，第 242 页。

② ［捷］古斯塔夫·雅努施著，赵登荣译：《卡夫卡对我说》，时代文艺出版社 1991 年版，第 56 页。

③ 余虹在对以荷尔德林为代表的西方古老诗学与以庄子为代表的中国道家诗学进行比较时指出：荷尔德林对“神性”的追求意味着“最高的‘善’”；而道家对“自然”的追求则“超然于善恶之彼岸，它一无所求”。参见余虹：《中国文论与西方诗学》，生活·读书·新知三联书店 1990 年版，第 127 页。包兆会亦指出：庄子美学在道德价值上“存在着严重的亏空”。参见包兆会：《庄子生存论美学研究》，南京大学出版社 2004 年版，第 103 页。以上两位先生对道家/庄子所作出的判断，在学界很有代表性，但笔者却不能认同。因为正如前文所述，庄子对自然本性的追求，乃包含着本源性的善，只不过此至善是以一种超越于世俗善恶的面目出现。

④ 那薇：《道家与海德格尔相互诠释——在心物一体中人成其人物成其物》，商务印书馆 2004 年版，第 2 页。

人与物的原初关联：

孔子观于吕梁，县水三十仞，流沫四十里，鼋鼍鱼鳖之所不能游也。见一丈夫游之，以为有苦而欲死也。使弟子并流而拯之。数百步而出，被发行歌而游于塘下。孔子从而问焉，曰："吾以子为鬼，察子则人也。请问：蹈水有道乎？"曰："亡，吾无道。吾始乎故，长乎性，成乎命。与齐俱入，与汩偕出，从水之道而不为私焉。此吾所以蹈之也。"孔子曰："何谓始乎故，长乎性，成乎命？"曰："吾生于陵而安于陵，故也；长于水而安于水，性也；不知吾所以然而然，命也。"

在这则寓言当中，作为物的隐喻的是"水"；而孔子与吕梁丈夫对蹈水之道的不同理解，则恰好代表了对人、物关系截然不同的两种认识。

对于吕梁丈夫高超的游泳本领，孔子在惊奇之余，不免急切地想知道练就此本领的方法，于是有此一问："蹈水有道乎"。此处所说的"道"，显然不是本根之道，而是《养生主》篇所说"臣之所好者道也，进乎技矣"中的"技"①。否则，作为得道之人的吕梁丈夫不会回答"吾无道"。

孔子此问的潜台词实际是：怎样解析水的流向、旋涡等物理特征，怎样学习划水、蹬腿等游泳技术，才能练就如此高超的蹈水本领？而吕梁丈夫的回答，则是"吾无道"，意思是说，他蹈水没有任何的技术可言。依据吕梁丈夫自己的解释，他之所以具备如此高超的游泳本领，原因就在于他一直维系着自己与水与生俱来的亲密关系，所谓"始乎故，长乎性，成乎命"。也正是因为他与水如此亲近，深谙水的脾性，所以才能做到"与齐俱入，与汩偕出，从水之道而不为私焉"，和旋涡一起没入，和涌流一起浮出，顺着水势而不由自己，不是利用自己的力量去驾驭水。

不难看出，孔子所代表的乃是知性立场。在知性人看来，人要掌握蹈水的本领，就必须利用人的知性，把水当作一种外在异己的认知对象，通过解析水的物理特征，通过学习游泳技术，去探寻驾驭水的方法。这就意味着，在知性的观照下，人与物之间乃是一种认知与被认知、驾驭与被驾驭的主客分化、对立的关系。

---

① 据李壮鹰考证，以"道"指称技巧，"是中国人对'道'的比较早的用法，它一开始指的是某种具体的操作办法，或者把握某种具体事物的手段"。参见李壮鹰：《谈谈庄子的"道进乎技"》，《学术月刊》2003 年第 3 期，第 65～69 页。

在今天看来，知性作为一种科学思维，是我们认识世界的最重要的能力，而庄子却对知性保持着高度的警惕，主张“去知”（《大宗师》）、“黜聪明”（《大宗师》）、“掊击而知”（《知北游》）。正如《天地》篇中那个“知”索“玄珠”而不得的寓言所揭示的：要认识道，就必须放弃知性的运用。此外，从庄子假托孔子之口所说的“去小知而大知明”（《外物》），与庖丁所说的“臣之所好者道也，进乎技矣”，以及汉阴丈人拒绝用机械灌水（《天地》）的寓言当中亦可看出，知性会对人们体悟道的真义构成妨碍，不仅遮蔽而且扭曲了人与物的本然关系。因此，只有打破知性对心灵的蔽障，清除知性对直觉的羁绊，才能拾回生命深处对天地之道与万物之美的先验感悟能力，从而与道合一。

与孔子不同，吕梁丈夫所代表的则是道的立场。“生于陵而安于陵”，“长于水而安于水”，“不知吾所以然而然”，所揭示的正是人与水的本然相契，这种契合是与生俱来的，属于“命”的一部分，不需要任何理由。在这种本然的契合当中，水会将自身的全部秘密向人显现，人无须思考，亦无须作为，就能领会。人应和着水，水应和着人，人与水之间有一种绝对的内在默契。这就意味着，在道的境域中，人与物之间乃是一种基于生存之上的互相应和、浑然一体的亲缘关系，即《齐物论》篇中所讲的“万物与我为一”。

我们可以通过引入海德格尔“在世界之中存在”（简称“在之中”）的概念，来理解知性立场与道的立场在人物关系上的本质区别。海氏之所以提出“在之中”的问题，实际上是在探讨人与世界的关系。根据海德格尔的说法，有两种意义的“在之中”。第一种是指空间关系，即两个现成的东西，其中一个在另一个之中。按照这种意义来理解，那么人就不过是一个现成的东西（人），在另一个现成的东西（世界）之中存在，人似乎本来是独立于世界的，世界似乎是碰巧附加给人的。简言之，人与世界处于外在关系之中。海德格尔认为，西方传统哲学中的主客关系就是这样的“之中”关系：客体是现成的、外在的被认识者；主体是现成的、内在的认识者，两者彼此外在。

另一种意义的“在之中”，则是生存关系，海德格尔称之为“此在和世界”的关系。按照这种意义来理解，“我居住于世界，我把世界作为如此这般熟悉之所而依寓之、逗留之”[①]。这就意味着，人乃是“居住”、“逗留”、“融身”、“依寓”在世界之中，世界乃是由于人的“此在”而向人揭示自己、展示自己。海氏还说：存在者在世界之中，就是指存在者“能够领会到自己在它的‘天命’中已经同那些在它自己的世界之内向它照面的存在者的存在缚在一起了”[②]。这表明，人生在世，注定了人首先是同世界万物打交道，而不是首先对物进行认识；换言之，世界万物不是首先作为外在于人的现成的东西而被认识，而是首先作为人与之打交道、起作用的东西而呈现出来。人在认识世界万物之先，早已与世界万物融合在一起，早已沉浸在他所活动的世界万物之中。在海氏看来，第一种人与世界彼此外在的“在之中”，必须以第二种人与万物相融的“在之中”为基础才能产生。这就意味着，第二种“在之中”才是人生在世的原初形态。张世英由海德格尔的第二种“在之中”想到了中国古代哲学的术语“天人合一”，并指出，从把人与世界看成息息相通、融为一体来说，两者是一致的。[③] 这是非常精深的见解。庄子学说也正是中国古代哲学“天人合一”思想最集中的体现。

不难发现，海德格尔所说的两种“在之中”，恰好对应了前文所说的知性立场与道的立场。知性立场，把人与世界万物的关系看成是彼此外在的认识关系；而道的立场，则是从彼此相融的生存角度来理解人与世界万物的关系。正如海德格尔所说的第二种“在之中”才是人生在世的原初形态，道境中人与物的本然相契所呈现的才是人与世界万物的原初关联。这样，我们就明白了，所谓人与世界的原初关联，就是当物成其物、人成其人之时的人物一体。而庄子的审美体验，正是在人与世界的原初关联中得以发生的。

我们不妨再引入现象学美学家杜夫海纳对审美经验的解释来帮助我们理解这一点。杜夫海纳将审美经验视为人生在世的原初经验，他指出：“美学在考察原始经验时，把思想——也许还有意识——带回到它们的起源上去”，“审美经验解释了人类与世界的最深刻和最亲密的关系”，审美经验“处于根源部位上，处于人类在与万物混杂中感受到自己与世界的亲

---

① ［德］海德格尔著，陈嘉映、王庆节译：《存在与时间》，上海三联书店1986年版，第63页。
② ［德］海德格尔著，陈嘉映、王庆节译：《存在与时间》，上海三联书店1986年版，第66页。
③ 参见张世英：《天人之际——中西哲学的困惑与选择》，人民出版社1995年版，第5页。

密关系的这一点上”。[1] 因此，审美经验又被杜夫海纳称为“绝对经验”（absolute experience），即一种人与世界的前真实（pre - real）。此外，杜氏还经常用自然（nature）这个概念来表达这种绝对经验，表达主客体的先验统一，自然指的是“隐含在自然物与人之下的最终生成力”[2]。在杜氏看来，自然既是人的根源，同时也是世界的根源，是孕育人与世界的共同的先验或存在。自然自身沉默无言，却寻求努力表达自己。它通过诸如水与天、暗与明这些原初形象向我们说话。杜夫海纳强调，人与世界之所以具有亲缘关联，就是因为人的存在论的先验与世界的宇宙论的先验事实上是同一个东西，这个东西就扎根在作为人与世界共同的“基地”（ground）或“根源”（source）的自然之中。杜夫海纳说：“自然，这个产生一种能够照亮自身的意识的根源，代表着那个在基础层次上将人与世界连在一起的先验的先验。”[3]

杜夫海纳的以上观点，正是对庄子审美体验终极依据的深刻揭示。庄子的审美体验，就是对人生在世的根源性的领会，这种领会既是对自身的原初体验，也是对世界的原初体验，而且此二者在根源上是合而为一的。杜氏所谓的“自然”（nature），相当于庄子所说的“道”。[4] 正是道构成了人与物、主体与客体的共同根基，构成了连接人与世界的内在纽带。也正是因为道，因为人与万物在生命根源上的相通与和谐，庄子的审美体验才得以发生。

彭锋曾这样来描述审美，他说：“审美经验是人生在世的本然经验，审美对象是事物的本然样态，审美中的人与对象的关系是一种前真实的肉

---

① ［法］杜夫海纳著，孙非译：《美学与哲学》，中国社会科学出版社 1985 年版，第 1、3、8 页。

② M. Dufrenne. *The Phenomenology of Aesthetic Experience*. Edward S. Casey and others. trans.. Northwestern University press, 1973. p. xxxix. 杜夫海纳《审美经验现象学》的中译本译者将“nature”翻译为“造化”。参见［法］杜夫海纳著，韩树站译：《审美经验现象学》，文化艺术出版社 1992 年版，第 622 页。

③ M. Dufrenne. *The Phenomenology of Aesthetic Experience*. Edward S. Casey and others. trans.. Northwestern University press, 1973. p. xxxix. 杜夫海纳《审美经验现象学》的中译本译者将“nature”翻译为“造化”。参见［法］杜夫海纳著，韩树站译：《审美经验现象学》，文化艺术出版社 1992 年版，第 622 页。

④ 当然，这并不是说杜夫海纳所说的“自然”，完全等同于庄子所说的“道”，而是说此二者有本质上的共通之处，可以通约。

身关系。”① 这个判断真可谓是为庄子量身定做，其所说的“事物的本然样态”，就是物成其物时的样态；其所说的人与对象的“前真实的肉身关系”，就是人物一体的关系。套用彭锋的表述方式，我们可以这样来解释庄子的审美体验：庄子的审美体验就是人生在世的原初体验，其审美主体是与道/天合一的人，也就是返回到自我本性的人；其审美对象是与道/天合一的物，也就是以最本真的面目所呈现的物；审美中的主体与对象的关系，是一种人与物互相应和、浑然一体的原初关联。

经过本章的分析，庄子审美体验的终极依据已经显现出来。庄子的审美体验，就是一种“返其性情而复其初”的人生在世的原初生命体验。它以真为价值指向，同时也包含着本源性的善，实现了真善美的统一。置身于审美体验之中，主体不仅因返回到自我生命的本源之处而感受到生命之真所带来的至乐与逍遥；而且因恢复了自我与世界的原初亲密关联而获得和谐浑融的物我关系所引发的春天般的感受。

---

① 彭锋：《完美的自然·前言》，北京大学出版社2005年版，第3页。

第五章

审美体验之意义揭示

通过前几章的分析，我们对庄子审美体验的整个内在机制有了全面的认识，最后，我们跳出来考察一下其外部效应，即庄子审美体验学说的历史与现实意义何在，对后世产生哪些影响。下面，笔者将从艺术与人生两个角度，对庄子审美体验学说的意义进行揭示。

第一节　中国艺术精神之魂

如果说儒家学说对后世的影响主要趋于政治一途，那么庄子则在中国文人那里获得了生命。庄子审美体验学说最显著的贡献，就在于启发了中国的艺术精神。

很多学者都曾谈及庄子对中国艺术发展的决定性作用，如徐复观提出：中国的纯艺术精神，实际系由庄子思想系统所导出。[①] 白本松等指出：庄子的思想“不仅对后世艺术发展产生了巨大的影响，而且成为中国艺术理论的基础，成为在漫长的历史过程中逐渐形成的中国艺术精神的主体内容”[②]。徐克谦亦指出：“离开了庄子那孤标独致的学说的深远影响，中国传统的艺术精神和审美观或许竟会是别一种风味。”[③] 李咏吟指出：庄子“对天地自然的至高效法，创造性地将人格精神提升到自然生命时空的高度，抒发出‘吾独与天地精神相往来’的磅礴精神气概，应该说，这就是中国古典诗学之魂”[④]。这些评价并不为过。

在徐复观的如下文字中，能够清晰地看到庄子在中国艺术史上烙下的深深印迹：“在中国的艺术活动中，人与自然的融合，常有意无意地，实以庄子的思想作其媒介。……在庄子以后的文学家，其思想、情调，能不沾溉于庄子的，可以说是少之又少，尤其是在属陶渊明这一系统的诗人中，更为明显。”[⑤] 诚然，并非只有庄子一系才是支配整个中国传统艺术内

① 参见徐复观：《中国艺术精神》，春风文艺出版社 1987 年版，第 41 页。

② 白本松、王利锁：《逍遥之祖——〈庄子〉与中国文化》，河南大学出版社 1995 年版，第 152 页。

③ 徐克谦：《庄子哲学新探——道·言·自由与美》，中华书局 2005 年版，第 220 页。

④ 李咏吟：《诗学解释学》，上海人民出版社 2003 年版，第 328 页。

⑤ 徐复观：《中国艺术精神》，春风文艺出版社 1987 年版，第 116 页。

在精神的根源性力量，因为以孔子为代表的儒家思想，同样对中国艺术道路的发展产生了巨大作用。但正如美国著名学者刘若愚所指出："《庄子》对中国人的艺术感受力的影响，比其它任何一本书都要深远，这种说法绝非是夸大其辞。"① 陈望衡亦认为："在审美理论和艺术创作心理等方面，庄子的贡献最大，不仅是儒家的任何一位大师无法与之相比，就是同属道家的老子也要略逊一筹。"② 中国传统艺术中最具中华神韵的部分，最让西方文明叹为观止的内容，大都来源于庄子的启发与引导，都可以从庄子这里觅到源头。一言以蔽之，庄子构筑了中国艺术精神之魂。

然而，在此需要着重指出的是，庄子对艺术的影响，并不是通过直接谈及艺术问题而产生的。庄书中很少谈及艺术，即使谈及，如绘画上的"解衣般礴"（《田子方》）、音乐上的"咸池之乐"（《天运》）等，也都是为了阐述"道"的深意。也就是说，庄子思想的原初建构与艺术并无甚关联。正如徐复观所言：在庄子思想起步的地方，"根本没有艺术的意欲"③。不仅如此，庄子甚至还对艺术的存在发出了激烈的抨击之词："擢乱六律，铄绝竽瑟，塞瞽旷之耳，而天下始人含其聪矣；灭文章，散五采，胶离朱之目，而天下始人含其明矣。毁绝钩绳而弃规矩，攦工倕之指，而天下始人有其巧矣"（《胠箧》），俨然是一位艺术取消主义者。这都说明庄子对艺术并不关心，甚至还有些反感。因此，如果我们仅从庄子谈及艺术的言论中去寻绎庄子与中国艺术精神之间的关联，势必收获甚薄。

那么，庄子究竟是如何对中国传统艺术产生影响的呢？对于这个问题，很多学者都提出了自己的见解，如徐复观指出："当庄子把它（笔者按：指道）当作人生的体验而加以陈述，我们应对于这种人生体验而得到了悟时，这便是彻头彻尾的艺术精神。并且对中国艺术的发展，于不识不知之中，曾经发生了某种程度的影响。"④ 刘绍瑾指出：庄子"对'道'的体验和境界与艺术的审美体验和境界不谋而合。由于这种相合，后世很自然地把这些带有审美色彩的哲学问题移植到对艺术的审美特征的理解中，

① ［美］刘若愚著，田守真等译：《中国的文学理论》，四川人民出版社 1987 年版，第 46～47 页。

② 陈望衡：《庄子审美自由论》，《学术月刊》1991 年第 12 期，第 56 页。

③ 徐复观：《中国艺术精神》，春风文艺出版社 1987 年版，第 43 页。

④ 徐复观：《中国艺术精神》，春风文艺出版社 1987 年版，第 43～44 页。

从而使庄子的哲学命题获得了新的意义”[①]。白本松等指出：“庄子思想对艺术的影响，主要是通过后世的艺术家和艺术评论家对其精神的体悟而移植到艺术创作领域中来的。”[②] 以上看法均切中肯綮。的确，庄子对中国传统艺术发展道路的导向性意义，并不是通过庄子向后世文人传授某种关于艺术创作及欣赏的技巧而表现出来的，而是通过后世文人将庄子对人生终极意义的领会运用到艺术创作领域而得以实现的，而庄子对人生终极意义领会的过程就是审美体验的过程。这就意味着庄子对中国艺术精神之魂的构筑过程，就是后世文人把对庄子审美体验学说的领会和接受应用到艺术领域的过程。在此，笔者愿意借用刘绍瑾的一个比喻，庄子的审美体验学说就“有如一颗橡籽，包括了橡树的潜能”[③]，而后世的艺术和艺术理论，就是这颗橡籽在特定土壤上的生根、发芽和繁茂。

正如陶东风所说：庄子“关于人生的许多言谈正好与艺术创造或审美经验的许多特征在形式上偶合”[④]。通过对庄子与中国传统文人之间的比较，我们可以清晰地看到庄子审美体验的内在机制在中国传统艺术领域中的投影。庄子审美体验的发生基点——“贵生”、“安命”的处世之道，以及庄子审美体验从准备期转向实质性阶段的中介——“游世”的理念，正是后世许多文人的人生态度以及他们放弃仕途、寄情艺术的缘由所在；庄子审美体验的获得途径——“虚”的体道功夫，正是后世许多文人进行艺术创作的心理前提；庄子审美体验的呈现特质——至乐、逍遥、与物为春的精神状态，亦是后世许多文人在艺术作品中所表现出的情感体验；而庄子审美体验的终极依据——对本根之道与自然之天的体认，恰与后世许多文人所领悟到的中国艺术的最高境界相融通。笔者认为，这绝不仅仅是一种巧合，而是后世文人对庄子审美体验学说认同与吸纳的必然反映。下面，笔者将按照庄子审美体验学说的内在逻辑，从中国古代文人的人格、艺术创作的心理前提、艺术作品中的情感体验和古代文人的价值旨趣几个方面，对庄子审美体验学说之于中国艺术精神之魂的生成意义进行揭示。

---

① 刘绍瑾：《庄子与中国美学》，广东高等教育出版社 1989 年版，第 10 页。

② 白本松、王利锁：《逍遥之祖——〈庄子〉与中国文化》，河南大学出版社 1995 年版，第 152 页。

③ 刘绍瑾：《庄子与中国美学》，广东高等教育出版社 1989 年版，第 11 页。

④ 陶东风：《从超迈到随俗——庄子与中国美学》，首都师范大学出版社 1995 年版，第 6 页。

一、古代文人人格

在本书第一章和第二章的第一节，我们了解到，庄子倡导“贵生”、“安命”和“游世”。庄子认为，只有做到贵生、安命和游世，才能避免生存危机，脱离生存苦难，获得身心安顿，从而为审美体验/体道的发生提供了外在现实层面的保障和内在心理维度的依据。对于后世的文人而言，庄子贵生说、安命论和游世理念的最大启发性就在于其凸显了个体生命的价值，提供了旷达的生存理念，激发了对生命自由的追求。

孟子说得好：“穷则独善其身，达则兼济天下。”（《孟子·尽心上》）王夫之亦说得好：“得志于时而谋天下，则好管商；失志于时而谋其身，则好庄列。”（《诗广传》卷四）这两句话都在一定程度上对中国古代文人放弃仕途、钟情庄子、寄情艺术的一般心路历程作出了解释。当一个人在政治上得志的时候，他往往力求公共政治上的作为，多半会将主张“无用”的庄子学说视为敝屣而抛掷一边，更缺少艺术创作与艺术品鉴上的闲情雅兴，此时的他多半称不上一个真正意义上的文人[①]。只有当一个人真正认清腐败政治的本质，不满政治对生命意志的践踏和对人格的扭曲，对政治抱负的实现彻底绝望，受政治力量排挤失志而穷的时候，他才会专注于个人的精神空间，投身于艺术的天地，一方面从以庄子为源头的个体生命哲学那里寻觅生命的智慧和情感的慰藉，另一方面通过艺术表达自己对宇宙人生真谛的思考，品味文人的乐趣。

故而，表面上看，中国古代文人之所以会选择以艺术为人生，乃是源于政治生活的失意。但这并非深层原因。我们不妨进一步追问：这些文人为什么会在政治生活中处于弱势地位？又为什么会对政治感到绝望？这固然与个体政治才能的差异性有关，但更多的是源于他们对待政治的态度。比之于同时代的得志官宦，那些放弃仕途、寄情艺术的文人，譬如嵇康、陶渊明、李白等，他们经世治国的才华何曾逊色?！他们之所以选择远离政治，并不是因为他们没有兼济天下苍生的抱负和能力，而是因为他们一方面认清了当权者的丑恶和虚伪，认清了政治会对生命的尊严构成伤害，另一方面又不愿“舍其所乐，而从其所惧”（嵇康《与山巨源绝交书》），“宁固穷以济意，不委屈而累己”（陶渊明《感士不遇赋》），不愿“为五斗米折

---

① 御用文人与其说是文人，不如说是仕人，为文只是他们谋取政治功名的手段和工具。

腰”(《晋书·陶潜传》)，不愿“摧眉折腰事权贵”(李白《梦游天姥吟留别》)。总之，他们不愿为了增加政治筹码而放弃生命理想、牺牲生命自由。由此可见，中国古代文人以艺术为人生的最深层的原因，在于他们对生命意义的思考以及对生命境界的追求。在这里，我们看到了中国古代文人之人格与庄子“吾将曳尾于涂中”(《秋水》)学说不期然而然的相遇。

日本汉学家青木正儿曾把庄子的生活视为“高蹈生活的标本”，指出：

此风在魏晋间清谈家中，由道家思想的实行派的竹林七贤之徒，又作了一番盛大的宣传。高蹈的世界，是由浮世的纷扰、个人的失意而生的苦闷的救济场。这无须乎说，是因为在那里独善——个人的自由——绝对的被容许的缘故。然独善的生活，在一方面自觉有意气盎然的、独行的气魄；而同时在他的里面，也不能一点儿感不到孤独的寂寥。为安慰这种无聊，高蹈主义者往往选择了文艺。例如七贤中阮籍嵇康是显耀于魏末的诗文作家，而其中的嵇康，长于音乐，能画画，字也是名家。像这样，高蹈生活与文艺的关系，影响于魏晋以来的文坛，遂至酿成文人气质之一大要素。①

以上这段话，不仅揭示了庄子乃是以竹林七贤为代表的中国文人高蹈人格的精神渊源，而且揭示了高蹈人格与艺术之间的内在关联。不难看出，这里所谓的“高蹈主义”，其实就是一种自由而旷达的人格形态。下面，我们以大文豪苏轼为个案，看看庄子学说究竟是如何塑造中国古代文人旷达超迈的人格的。

苏轼早年就对庄子学说十分推崇，称庄书“得吾心矣”；但同时他也受到了儒家文化的影响，“奋厉有当世志”。二十二岁那年，苏轼通过科举考试这一正统的功名道路，顺利地进入了仕途。初入仕途的他，充满了治国平天下的政治抱负，甚至站在儒家治世济时的立场，对庄子学说进行过批判。然而，入仕不久，苏轼便卷入了新旧党争的旋涡，政治生涯从此充满了苦涩艰险，而震惊朝野的文字狱——乌台诗案，更是使他遭受了空前严重的政治打击。在这一系列的政治挫败中，苏轼积极入世的热情逐渐消退，并最终对政治感到绝望，《自题金山画像》刻画了他当时的心态：“心

① ［日］青木正儿著，隋树森译：《中国文学概说》，重庆出版社1982年版，第38～39页。

似已灰之木，身如不系之舟。”政治热情的冷却伴随着个体生命意识的抬头，苏轼早年的庄子情结由此复苏。在《送文与可出守陵州》这首诗中，苏轼道出了自己对庄子学说更强烈的皈依之情，亦表达了自己对生命自由的渴望与旷达超迈的人生态度：“清诗健笔何足数，逍遥齐物追庄周。夺官遣去不自沉，晓梳脱发谁能收。”

数十年的官宦生涯，使得苏轼看透了政治背后所隐藏的人生陷阱，他渴望能够远离政治旋涡，回归自然自由的生命形态。苏轼在《临江仙》中写道：

长恨此身非我有，何时忘却营营？夜阑风静縠纹平，小舟从此逝，江海寄余生。

“长恨此身非我有”，化用庄子《知北游》篇中的“舜问乎丞曰：‘道可得而有乎？’曰：‘汝身非汝有也，汝何得有夫道？’”之意。“何时忘却营营”，则化用庄子《庚桑楚》篇中“全汝形，抱汝生，无使汝思虑营营”之意。在这首词中，苏轼表现出了一种对生命的珍视、一种不以世事萦怀的恬淡、一种对自由的向往，而这正是庄子贵生说的真意。据宋人笔记记载，苏轼作了这首《临江仙》后，“挂冠服江边，拏舟长啸去矣。郡守徐君猷闻之惊且惧，以为州失罪人，急命驾往谒，则子瞻鼻鼾如雷，犹未兴也”（叶梦得《避暑录话》卷二）。郡守之所以会有这场虚惊，缘于他对这首《临江仙》的误读。其实，对于苏轼而言，“江海寄余生”的“江海”并不是一个物理的空间概念，而是一种心灵的境界。也就是说，“江海寄余生”并不意味着他决心逃离尘世，要在江海山林中隐遁起来，而只是他对身虽在俗世、心灵却能够不为世俗欲求所牵绊的人生信念的表达，类似于陶渊明所说的“心远地自偏”。这显然与庄子的游世理念有着内在契合。

苏轼长期过着贬谪生活，在常人看来，自是充满了凄苦艰辛，然而他却能够做到随遇而安。以下这首《定风波》可见其心性：“试问岭南应不好？却道，此心安处是吾乡。”这正是庄子《人间世》篇中所云的“知其不可奈何而安之若命，德之至也”在苏轼身上的清越传响。凭借一种安命的理念，苏轼成功地使自己从“寂寞沙洲冷”（《卜算子·黄州定慧院寓居作》）的泥淖中挣脱出来，重获生命之乐土。在苏轼谪居时期的诗作中，我们极少看到悲苦乞怜之态，更多的是充满了超然俊逸之趣，而这正是苏轼自由旷达的人生哲学在艺术层面的显现。

从以上个案中不难发现，中国古代文人之所以能够形成崇尚自由而旷达超迈的人格，实与庄子的贵生说、安命论和游世理念有着割不断的血缘关联。这种主要由庄子所促成的自由而旷达的人格，在深受道家影响的嵇康、阮籍、陶渊明、李白等的身上表现得尤为鲜明，在以儒家为尊的文人身上也有所体现。如宣扬儒家诗教的白居易在谪居时，曾写下“去国辞家谪异方，中心自怪少忧伤。为寻庄子知归处，认得无何是本乡”（《读庄子》）的诗句。大意为：如今从京都远谪异地，只怪自己未看透官场的积弊，因此内心并不感到忧伤，在《庄子》那里，我找寻到了生命的归宿，原来逍遥自由的生活才是我真正所要追求的。显然，白居易在这首诗里所表现出来的豁达和对自由的向往，同样受到了庄子的影响。

二、艺术创作的心理前提

在本书第二章的第二节，我们了解到“虚”的功夫，也就是把那些扰乱、遮蔽自我本性的一切内容——如感官活动、生理欲望、贪生意识、名利物欲、道德观念、情感波动、知性活动、一己成心等渐次剥离的内心修炼功夫，乃是庄子获得审美体验，也就是体道的必然途径。

庄子所倡导的虚的功夫之所以能够对后世的艺术创作理论产生深刻影响，主要有两个原因：一是虚的功夫之所以要排除普通意义上的感官关注、欲望关注、道德关注、情感关注、知性关注、是非关注等，就是为了获得审美关注，把世俗之人提升为审美之人。也就是说，虚的功夫本身就具有审美特征，正如张利群所指出的：庄子的“虚”，就是一种超功利、超现实、超物体的审美态度。① 而艺术创作从根本上来说就是一种审美创造。因此，虚的功夫所显示出的这种审美心胸，也很容易被应用到艺术创作的领域中来。二是庄子为了阐述虚的道理，运用了许多手工技艺的寓言，如庖丁解牛（《养生主》），帝张咸池之乐（《天运》），佝偻者承蜩、梓庆削木为锯（《达生》），大马捶钩（《知北游》），宋元君画史作画（《田子方》）等。这些手工技艺本身就包含着艺术的雏形，或者其本身就是艺术形式的一种。正如张少康等所指出的：庄书中这些手工技艺的寓言故事，正是

① 张利群：《庄子美学》，广西师范大学出版社 1992 年版，第 107 页。

“直接把哲学上的‘虚静’和艺术创作联结起来的桥梁”①。因此，后世的文人很容易将虚的功夫与艺术创作联系起来。

对于后世的文人而言，“虚”的思想的最大启发意义就在于：强调了审美主体的超世俗利害性，建立起了有关审美心胸的理论。叶朗曾指出：“中国古典美学关于审美心胸的理论，可以说就是由庄子建立起来的。”②诚如其言。庄子所倡导的虚的功夫，被后世的文人自觉移植到艺术创作领域，当作艺术创作的心理前提，从而对古代艺术创作理论的建构产生了重要作用。下面，我们再来看看庄子所倡导的虚的功夫在后世的艺术创作理论中究竟有哪些体现，对艺术创作究竟有何作用。

庄子认为，虚的功夫是体道的精神条件。这一思想运用到艺术创作中时，虚就成为了艺术创作的心理前提。说得更具体些，虚的审美心胸就是艺术构思的起点。最早将虚的功夫自觉运用于艺术创作领域的是西晋的陆机。陆机在《文赋》中专门谈到了艺术构思时的心理状态：“其始也，皆收视反听，耽思傍讯，精骛八极，心游万仞。”在此，陆机强调了作家的艺术构思正是从“收视反听”开始的，“收视反听”正是“精骛八极，心游万仞”的艺术想象活动的首要条件。“收视反听”，即不视不听，也就是摆脱感官活动对心灵的干扰。这与庄子所说的“以神遇而不以目视”（《养生主》）、“无听之以耳而听之以心，无听之以心而听之以气”（《人间世》）等排除感官活动的内心功夫，显然是一脉相承的。陆机还写道：“罄澄心以凝思，眇众虑而为言。”（《文赋》）与之类似的表达还有刘勰的“寂然凝虑，思接千载”（《文心雕龙·神思》），同样肯定了虚的审美心胸是艺术构思中想象翅膀展开的先决条件。

陆机和刘勰这两位文论家同时谈到了“凝”亦是艺术构思的重要前提。非常巧合的是，庄子在《达生》篇“佝偻者承蜩”的寓言中，也用到了“凝”这个字——“用志不分，乃凝于神”。“佝偻者承蜩”这个寓言所讲述的乃是一个“守”的道理。佝偻者粘蝉之所以能如此娴熟，就是因为他能够“唯蜩翼之知”，“不以万物易蜩之翼”，能够持守凝聚心灵的能量，排除一切外物对心灵的干扰，是之谓“用志不分，乃凝于神”。可见，“凝”就是“守”的另一种说法。由本书第二章第二节第二部分“复初与

---

① 张少康、刘三富：《中国文学理论批评发展史》，北京大学出版社2001年版，第72页。
② 叶朗：《中国美学史大纲》，上海人民出版社1985年版，第119页。

守本”可知，“虚”的功夫同时就是一个“守”的功夫。这就意味着，“凝”与“虚”乃是一体两面的关系。尽管我们不能确定陆机和刘勰是否因为直接受到了庄子的影响，从而使用了这个“凝”字，但至少陆、刘二人将“虚”与“凝”并置而言，是与庄子“虚”即“凝”的认识相吻合的。《宣和画谱》中的以下一段文字，足以印证以上观点：“嵩以画牛名高，盖用志不分，乃凝于神。苟致精于一者，未有不进乎秒也。如津人操舟，梓庆之削镰，皆所得于此。于是嵩之画牛，亦致精于一时也。”显而易见，所谓“致精于一”就是庄子所说的凝与守的功夫，亦即虚的功夫。从中可以清楚地看到庄子所倡导的虚的思想在后世文人身上的体现。

在我国古代最杰出的文论家刘勰有关艺术构思的理论中，能够寻绎到庄子的更多影子。在《文心雕龙·神思》中，刘勰开篇便写道：“古人云：‘形在江海之上，心存魏阙之下。’神思之谓也。”显然，刘勰所说的那位“古人”就是庄子，因为正是庄子说过极其类似的话：“身在江海之上，心居乎魏阙之下。”（《让王》）尽管刘勰在此借用庄子的话对“神思”，即艺术想象进行解释并不恰当，因为“身在江海之上，心居乎魏阙之下”的原意，乃是对中山公子虽隐居江湖却仍心系俗世荣华的形容，其本身的含义是负面的，是与艺术想象所要求的那种超功利和自由性相违背的；但至少刘勰对庄子的推崇之意由此可见一斑。《文心雕龙·神思》中化用《庄子》的地方还有很多，比如“陶钧文思，贵在虚静，疏瀹五藏，澡雪精神”。这句话出自庄子《知北游》篇：“汝齐戒，疏瀹而心，澡雪而精神，掊击而知。”刘勰在此明确指出了虚的审美心胸对于艺术构思的重要作用：艺术创作主体只有排除外在干扰，净化自身精神，心境澄明安宁，才能使艺术想象自由驰骋，发挥出巨大的创造力。在《文心雕龙·养气》篇中，我们同样可以感受到庄子的余音。不仅如刘绍瑾曾指出的那样：刘勰所养之“气”，有似于庄子《人间世》篇所说的“无听之以心而听之以气”、“气也者，虚而待物者也。唯道集虚”的“气”①；而且《养气》篇之赞曰：“水停以鉴，火静而朗。无扰文虑，郁此精爽”，显然是吸纳了庄子《天道》篇中所说“水静则明”、“水静犹明，而况精神”、“虚则静”的思想。由此可见，无论是在思想精神上，还是在字句转借上，刘勰的艺术构思论与庄子虚的思想都有着密不可分的渊源关系。

---

① 刘绍瑾：《庄子与中国美学》，广东高等教育出版社1989年版，第185页。

不独在深受老庄学说影响的魏晋时期的文人，在后世的很多文人谈及艺术创作的言语中，我们都能够发现虚的审美心胸的重要意义。譬如唐人虞世南指出："欲书之时，当收视反听，绝虑凝神，心正气和，则契于妙。"（《笔髓论》）符载记张璪作画云："当其有事，已知夫遗去机巧，意冥玄化，而物在灵府，不在耳目，故得于心，应于手。"（《江陵陆侍御宅燕集·观张员外画松石序》）张彦远亦云："守其神，专其一，合造化之功。"（《历代名画记》卷二）宋人李涂云："做大文学，须放胸襟如太虚始得。"（《文章精义》）朱熹指出：学诗者之所以写不出好诗，"只是心里闹不虚静之故"。（《清邃阁论诗》）郭熙亦说："不因静居燕坐，明窗净几，一炷炉香，万虑消沉，则佳句好意亦看不出，幽情美趣亦想不成。"（《林泉高致·画意》）明人李日华云："点墨落纸，大非细事，必须胸中廓然无一物，然后烟云秀色，与天地发生之气凑泊，笔下幻出奇诡。若世营营世念，澡雪未尽，即日对丘壑，日摹妙迹，到头只与采圬墁之工争巧拙于毫厘间也。"（《紫桃轩杂缀》）袁中道亦曰："及瞑而息焉，收吾视，返吾听，万缘俱却，嗒然丧偶，而后泉之变态百出。"（《爽籁亭记》）清人贺贻孙云："胸中无事，则识自清。"（《诗筏》）况周颐云："据梧冥坐，湛怀息机。每一念起，辄没理想排遣之。乃至万缘俱寂，吾心忽莹然开朗如满月。"（《惠风词话》）王国维亦说："吾人之胸中洞然无物，而后其观物也深，而其体物也切。"（《文学小言》）类似的言语俯拾皆是，足见庄子虚的思想对中国古代艺术创作心理理论的深远影响。

三、艺术作品中的情感体验

在本书第三章，我们了解到，"至乐"、"逍遥游"与"与物为春"的情感体验乃是庄子审美体验所呈现出的特质。这几种情感体验，已沉淀为生命深处的心灵追求，吸引着一代又一代的文人墨客，并在他们的艺术创作中一再出现。

先来看"至乐"的情感体验在后世艺术作品中的表现。所谓"至乐"，就是一种超越于世俗意义苦乐之上的、永恒绝对的快乐境界，一种宁静超然、无所扰动、澄明通达的心灵状态，一种把自我的舒适与满足推向极致的精神享受。后世的许多文人都在他们的艺术作品中抒发了这种至乐的情感体验，比如陶渊明这首脍炙人口的《饮酒》（其五）：

结庐在人境，而无车马喧。问君何能尔，心远地自偏。采菊东篱下，悠然见南山。山气日夕佳，飞鸟相与还。此中有真意，欲辨已忘言。

这首诗表现了陶渊明在远离世俗喧嚣的田园生活中所感受到的无限乐趣：劳作之余，采菊东篱，与南山之晚景不经意间相遇，伴着山岚、日暮与归鸟，这其中的情味，何其深永！结语“此中有真意，欲辨已忘言”中的“真意”所指究竟为何？诗人并没有明示。但凭借直觉，我们能感受得到这是一种语言所不能传达的、超越于世俗之乐的莫大快乐。南宋词人张孝祥最为人所称道的一句“悠然心会，妙处难与君说”（《念奴娇》），所抒发的亦是这种快乐。而这种快乐，其实就是庄子在《天运》篇中所描述的聆听咸池之乐的感受：“此之谓天乐，无言而心说。”① 朱良志对无言之心悦是这样解释的：这是“一种会心的愉悦，必须心有所感，意有所通，从而洒洒乎身心自适，荡荡乎神思飞扬……这也是一种心意被印证的欢悦，不过它不是某种道德观念被予印证，而是自我的生命被印证。……它表现为一种心灵的满足和平衡”②。诚如其言，无论是从本质上看，还是从特征上看，陶渊明的忘言之真意、张孝祥的难说之心会，与庄子的无言之心悦都是一致的，都表现为一种本真心意得以印证的生命情感，一种无法用语言传达的审美愉悦，一种自我极度惬意、满足、舒适的至乐体验。

还比如苏轼的这首广为世人所传唱的《定风波》：

（三月七日沙湖道中遇雨。雨具先去，同行皆狼狈，余独不觉。已而遂晴，故作此。）

莫听穿林打叶声，何妨吟啸且徐行。竹杖芒鞋轻胜马，谁怕？一蓑烟雨任平生。料峭春风吹酒醒，微冷，山头斜照却相迎。回首向来萧瑟处，归去，也无风雨也无晴。

根据词中的描绘，苏轼一行几人当时在野外突遇大雨，同行几人均狼狈不堪，而唯有苏轼从容自得。该词的最后一句“也无风雨也无晴”，为全词的点睛之笔，是词人当时心境的自然流露。“也无风雨也无晴”，其实

---

① 据陆德明《经典释文》，此处之“说”通“悦”。（清）郭庆藩撰，王孝鱼点校：《庄子集释》中华书局2004年版，第462页。

② 朱良志：《中国艺术的生命精神》，安徽教育出版社1995年版，第410页。

就是一种无忧亦无乐的情感状态。表面上看，这种状态仿佛停止了一切情感活动。然而，这样的判断显然与整首词中所表现出来的超逸怡悦之情不相符。“也无风雨也无晴”，并不意味着苏轼当时像植物人一样没有了任何痛苦或快乐的情感，而是说他摆脱了苦乐彼此对立的纠缠，从而获得了一种超越于世俗意义苦乐之上的快乐。这种快乐，也就是庄子所说的“喜怒哀乐不入于胸次”（《田子方》）的“无乐”之“至乐”（《至乐》），呈现为一种恬静、清欢、澄明、通达、空灵的情感体验。可以说，这种情感已成为艺术情感的一种经典范型，在中国艺术史上传响不绝，如陶渊明的“纵浪大化中，不喜亦不惧”（《神释》），范仲淹的“不以物喜、不以已悲”（《岳阳楼记》），洪应明的“宠辱不惊，看庭前花开花落；去留无意，望天空云卷云舒”（《菜根谭》）等，不胜枚举。

再来看“逍遥游”的情感体验在后世艺术作品中的表现。所谓“逍遥游”，就是一种精神绝对自由的感受，具体表现为一种通达宇宙、充溢天地的博大感和超然自在、无滞无挂的独立感。胡家祥曾言：“毋庸讳言的是，庄子美学助长了中国艺术精神的弱化倾向，尤其在古代社会后期，我国诗画领域的艺术实践普遍拒绝刚健。这既在于艺术形式有着自身的生命历程，也与庄学的影响密切相关。”[①] 这是笔者所不能认同的。只需循着庄子“逍遥游”一脉在后世的传承，就能发现中国艺术精神中阳刚之美的一面亦有庄子的功劳。

极为推崇庄子、曾写过《达庄论》的竹林七贤之一阮籍，其最重要的散文作品当属《大人先生传》。《大人先生传》语言华丽、音韵铿锵、想象诡谲、情感壮阔，一反他在《咏怀诗》中的如履薄冰、隐而不显、深沉苦痛。这篇作品无论是在字词用语、行文风格还是在思想情感上，都明显受到了庄子的影响。该文主人公的名号“大人”就来自于《庄子》。《徐无鬼》篇云：“是故生无爵，死无谥，实不聚，名不立，此之谓大人。”大人先生，乃是阮籍人生理想之化身，他登天游雾，超越生死，睥睨世俗，通达宇宙，不受束缚。以下这段文字，是阮籍对大人先生精神境界的描绘，从中可以清晰地看出庄子逍遥游的踪迹：

---

① 胡家祥：《庄子美学的基本特点及其现代意义》，《中南民族大学学报》（人文社会科学版）2003 年第 4 期，第 101 页。

必超世而绝群，遗俗而独往。登乎太始之前，览乎忽漠之初，虑周流于无外，志浩荡而自舒，飘飖于四运，翻翱翔乎八隅。……廓无外以为宅，周宇宙以为庐，强八维而处安，据制物以永居。夫如是，则可谓富贵矣。……激八风以扬声，蹑元吉之高踪，被九天以开除兮，来云气以驭飞龙，专上下以制统兮，殊古今而靡同。夫世之名利，胡足以累之哉？

这段文字，与庄书中的以下文字何其相似：“出入六合，游乎九州，独往独来，是谓独有。独有之人，是之谓至贵”（《在宥》），“乘云气，御飞龙，而游乎四海之外”（《逍遥游》），“物物而不物于物，则胡可得而累邪”（《山木》），而这些文字都是庄子对逍遥游的得道体验的描述。由此可见，阮籍借大人先生所表现出的这种博大独立、自由无碍的精神境界，其实就是庄子所谓逍遥游的自由体验。

在唐人司空图的《二十四诗品》中，我们亦能发现，那些偏重于阳刚之美的诗歌风格，同样与庄子有着不解之缘。如“雄浑”一品：“大用外腓，真体内充。反虚入浑，积健为雄。具备万物，横绝太空。荒荒油云，寥寥长风。超以象外，得其环中。持之非强，来之无穷”；“劲健”一品：“行神如空，行气如虹。巫峡千寻，走云连风。饮真茹强，蓄素守中”；“豪放”一品：“由道返气，处得以狂。天风浪浪，海山苍苍。真力弥满，万象在旁”。这里不仅袭用了庄子的诸多术语，如“大用”、“真”、“虚”、“浑”、“得其环中”、“神”、“气”、“素”、“守”等，而且这其中所传达出来的恢宏博大、饱满超逸的精神气韵，也正是庄子“独与天地精神往来”的情感体验的写照。

此外，在刘勰“精骛八极，心游万仞”、“观古今于须臾，抚四海于一瞬”（《文心雕龙》）的神思之中，在李白以“大鹏”（《大鹏赋》）自比的豪情之中，在张怀瓘“幽思入于毫间，逸气弥于宇内”（《书断》）的逸怀之中，在怀素“忽然大叫三五声，满壁纵横千万字”（《怀素自叙帖》）的恣情之中，我们都能够感受其与庄子逍遥游的情感体验的巨大共通之处。由此可见，所谓“庄子美学助长了中国艺术精神的弱化倾向”的观点并不成立。还是徐复观看得更为深透：庄子的精神中“实含有至大至刚之气，以为从沉浊中解脱而超升向‘天地精神的力量’”，所以庄学之“柔”，“实以刚大为其基柢”。[1]

最后来看“与物为春”的情感体验在后世艺术作品中的表现。所谓“与物为春”，就是一种因和谐融洽、相亲无碍、泯然为一的物我关系所引发的和豫感受。“与物为春”的审美体验，揭示了审美主体与客体之间的亲密关系，表现在后世的艺术作品中，就是一种物我相冥的审美境界，比如陶渊明的“采菊东篱下，悠然见南山”（《饮酒》其五）、柳宗元的“千山鸟飞绝，万径人踪灭，孤舟蓑笠翁，独钓寒江雪”（《江雪》）、元好问的“寒波淡淡起，白鸟悠悠下”（《颍亭留别》）等诗歌中所呈现出的“无我之境”——“以物观物，故不知何者为我，何者为物”（王国维《人间词话》），亦即人与宇宙万象的浑融之境；还比如中国山水画中所流淌出来的天人合一的意境。李泽厚在《美的历程》中曾指出：“人与自然那种娱悦亲切和牧歌式的宁静”，是中国山水画的基本音调。[2]

不少后世的文人在谈及艺术创作中审美主体与审美对象的关系时，都对这种“与物为春”的情感体验进行了描述。其中，最典型的莫过于苏轼对文与可画竹的评论：

与可画竹时，见竹不见人，岂独不见人，嗒然遗其身。其身与竹化，无穷出清新。庄周世无有，谁知此疑神。（《书晁补之所藏与可画竹》）

这几乎可以说是庄子《达生》篇中“梓庆削木为鐻”的寓言的翻版。诗中所说的“疑神”，直接借用了庄子的用语，表示一种鬼斧神工的天成胜境。而文与可画竹时由“嗒然遗其身”到“身与竹化”的过程，亦与庄子由“辄然忘吾有四枝形体也”到“以天合天”的过程全然一致。何谓“以天合天”？林希逸解释得非常精到，乃“以我之自然，合其物之自然”[3]，也就是心物双方的自然契合，即我与物化。由此可见，中国美学史上的经典命题“身与竹化”，其实就是庄子“与物为春”的审美体验的另一种说辞。

与之类似的例子还有很多，比如罗大经评论曾云巢作画曰：“方其落笔，不知我为草虫耶，草虫之为我耶？此与造化生物之机缄盖无以异，岂

① 徐复观：《中国艺术精神》，春风文艺出版社1987年版，第404页。

② 李泽厚：《美学三书》，安徽文艺出版社1999年版，第167页。

③ （宋）林希逸著，周启成校注：《庄子鬳斋口义校注》，中华书局1997年版，第296页。

有可传之法哉！”（《鹤林玉露》卷六）董逌评李成画曰：“积好在心，久而化之，疑念不释，殆与物忘。则磊落奇特，蟠于胸中，不得遁而藏也。”（《广川画跋》）郑板桥论李方膺画梅曰：“日则凝视，夜则构思，身忘于衣，口忘于味，然后领梅之神，达梅之性，挹梅之韵，吐梅之情。梅亦俯首就范，入其剪裁刻划之中而不能出。所谓剪裁者，绝不剪裁，乃真剪裁也；所谓刻划者，绝不刻划，乃真刻划也。……有莫知其然而然者。”（《题李方膺画梅长卷》）石涛曰：“山川使予代山川而言也，山川脱胎于山川也，予脱胎于山川也。搜尽奇峰打草稿也。山川与予神遇而迹化也，所以终归之于大涤也。”（《画语录·山川章第八》）以上事例虽各不同，艺道却并无二致，都可视为对“与物为春”的审美体验的诠释。

四、古代文人的价值旨趣

在本书第四章，我们了解到，本根之道与自然之天，亦即万物之本性，乃是庄子审美体验产生的终极依据。所谓审美体验，就是一种“反其性情而复其初”的人生在世的原初生命体验，以“真”为价值指向。包兆会曾指出：“庄子的‘道’给后世艺术影响最深也最有价值的，也就是他提倡的本真自然和天趣的人生格调，这一人生格调滋养和开启了中国传统艺术强调本真和情趣的审美风范。”[1] 白本松等也指出：“魏、晋以后的中国艺术，始终是在《庄子》思想影响之下发展的，不管艺术家们是否自觉认识到这一点，但当他们倾向于对自然美的追求，努力从自然中找寻美的源泉和美的感受，并把这种感受用艺术的手段表现出来的时候，就实际上已同《庄子》发生了关系，把自己置于《庄子》的影响之下了。”[2] 诚如其言，庄子有关道与天的学说，对后世文人价值旨趣的塑造产生了深远的影响。

庄子对道与天的推崇，其实就是对真与自然这种价值形态的推崇，应用到艺术领域，就形成了崇尚自然的审美原则。崇尚自然的审美原则具体又可分为三个小原则：一是倡导整体风格的自然，反对刻意雕琢；二是倡导物象传达的自然，反对苦心经营；三是倡导主体情感的自然，反对为文造情。这三个原则并非有截然之别，但为了行文方便，姑且分而论之。

---

① 包兆会：《庄子生存论美学研究》，南京大学出版社 2004 年版，第 60～61 页。

② 白本松、王利锁：《逍遥之祖——〈庄子〉与中国文化》，河南大学出版社 1995 年版，第 158 页。

庄子推崇真朴、反对人为的价值取向，直接促成了第一个审美原则的形成，用庄子的话来说，就是“淡然无极而众美从之”（《刻意》），“朴素而天下莫能与之争美”（《天道》）。这种倡导自然、反对雕琢的审美趣味，在历代文人对艺术品评中表现得最为鲜明。比如钟嵘把诗分为上、中、下三品，其最推崇的是“自然英旨”，认为“文多拘忌，伤其真美”（《诗品·序》）。张怀瓘把书法分为神、妙、能三品，其中的神品即“造化发灵”所致，“不可以智识，不可以勤求”（《书断》）。可见，神品就是自然之作。张彦远将画分为自然、神、妙、精、谨细五等，首标自然之品，指出：“夫失于自然而后神，失于神而后妙，失于妙而后精，精之为病也，而成谨细。自然为上品之上，神者为上品之中，妙者为上品之下，谨而细者为中品之中。”（《历代名画记·论画体工用搨写》）荆浩把画分为神、妙、奇、巧四种，其中最高品为神品，乃“亡有所为，任运成像”，可见，所谓神品，就是毫无雕琢之痕的自然之品；而奇品和巧品，乃“雕缀小媚”，根本无法与神品相媲美（《笔法记》）。姜夔认为诗有四种“高妙”，其中，“知其妙而不知其所以妙”的“自然高妙”为最上（《白石道人诗说》）。李贽认为戏曲有化工、画工之分，化工乃第一义，而所谓“化工”，就是不假雕饰、不刻意求工而自工的自然之作（《杂说》）。以上诸位对自然的推崇以及对雕琢的鄙弃，无疑是与庄子法天贵真的思想一脉相承的。

此外，在历代文人论及审美标准与艺术创作原则的相关言论中，这种崇尚自然、反对雕琢的价值旨趣亦随处可见。比如王晋升指出：“诗文不论平奇浓淡，总以自然为贵。”（《皋兰课丛本原解》）李白诗曰：“圣代复元古，垂衣贵清真”（《古风五十九首》），“清水出芙蓉，天然去雕饰”（《经乱离后天恩流夜郎忆旧游书怀赠江夏韦太守良宰》）。王国维说：“古今之大文学，无不以自然胜。”（《宋元戏曲考》）这种“朴素而天下莫能与之争美”的价值旨趣，影响了中国传统艺术的走向，在某些时代的某种艺术形式中表现得尤为突出，比如唐人山水诗、宋人瓷器和山水画、清人水墨写意画等，真可谓洗尽铅华而又美不胜收。

在第三章第三节，本书讲到庄子主张恢复人与物的原初关联，即人与物都以其本真面目呈现于世，物成其物，人成其人，物与人亲密无间，融为一体，反对以人作为物的尺度。庄子的物论思想反映到艺术领域，就形成了第二个审美原则——倡导物象传达的自然、反对苦心经营，即反对运用人的知性去支解物象，而让物象本真自然活脱脱地自行显现。这一美学原则几乎贯穿了从钟嵘经司空图到王夫之再到王国维的整个文艺批评史，尤其在王夫之现量说的理论主张上表现得最为突出。

王夫之是被称为“中国美学史上的双子星座”① 之一的著名诗论家，受庄子影响颇深，曾写过《庄子解》、《庄子通》，此二书均为庄学研究方面的力作。“现量”一词，乃是王夫之从古印度的因明学中借用过来的术语，用以描述诗歌的最高境界。在《相宗络索·三量》中，他对“现量”的含义作了如下解释：

现量，现者，有现在义，有现成义，有显现真实义。现在，不缘过去作影；现成，一触即觉，不假思量计较；显现真实，乃彼之体性本自如此，显现无疑，不参虚妄。

虽然现量这个术语来源于佛家，但只需将其与庄子学说相比照，就会发现：所谓的“现在义”——“不缘过去作影”，与庄子所主张的对一己成心的破除是一个意思；所谓的“现成义”——“不假思量计较”，与庄子所主张的对知性活动的摒弃也是一个意思；而所谓的“显现真实义”——“乃彼之体性本自如此”，亦与庄子“物成其物，人成其人，物我合一”的物论思想相汇通。由此可以说，王夫之的现量说亦承庄子之意而来。在《夕堂永日绪论内编》中，王夫之写道：

“僧敲月下门”，只是妄想揣摩，如说他人梦，纵令形容酷似，何尝毫发关心？知然者，以其沉吟“推”“敲”二字，就他作想也。若即景会心，则或推或敲，必居其一，因景因情，自然灵妙，何劳拟议哉？“长河落日圆”，初无定景；“隔水问樵夫”，初非想得，则禅家所谓现量也。

现量绝不是诗人苦心经营的结果，所谓“何劳拟议哉”。因此像贾岛那样推敲苦吟，以知性求佳，是绝对创作不出现量之作的。现量源于诗人在与物冥然为一中的“即景会心”，获得感兴，自然拾得。王夫之认为，最好的诗歌应是物象（景）本真自然的显现，不假思索，不劳剪裁。他说：“景语之合，以词相合者下，以意相次者较胜”，最上等为“即目即事”之

① 叶朗：《中国美学史大纲》，上海大学出版社1985年版，第452页。

作，具有“天然之妙”。(《古诗评选》) 根据语言关系写出的诗，是最低级的诗；根据意义关系写出的诗，是较好的诗；而只有根据当下本然呈现的物象写出的“溢目盈心”、“寓目同感”的诗，才是最好的诗。现量之作中的情与景浑然一体，“情景名为二，而实不可离。神于诗者，妙合无垠。巧者则有情中景，景中情”(《夕堂永日绪论内编》)。情(人心)与景(物象)的区别只是一种人为的划分，二者在本质上具有先验统一性。不难发现，现量说中所透露出来的对物象本身的尊重，以及对情景先验统一性的认识，与庄子的物论，从根本上说是一致的。

这种倡导物象传达的自然、反对苦心经营的价值旨趣，直接影响了中国古代艺术的创作方式，为意境理论的最终诞生奠定了基础。从谢灵运的“池塘生春草，园柳变鸣禽”(《登池上楼》)，到萧悫的“芙蓉露下落，杨柳月中疏”(《秋思》)，到韦应物的“春潮带雨晚来急，野渡无人舟自横”(《滁州西涧》)，到温庭筠的“鸡声茅店月，人迹板桥霜”(《商山早行》)，再到元好问的“寒波澹澹起，白鸟悠悠下”(《颍亭留别》)，物象自身的生命气韵如在目前，绝无人工经营的痕迹，这就是中国艺术特有的天籁之美、意境之美。

在禅宗思想中，同样可以见证其与庄子物论的汇通。五祖弘忍曾验弟子禅解浅深，命各人作偈呈验。神秀作一偈云：“身是菩提树，心如明镜台。时时勤拂拭，莫使有尘埃。”惠能亦作一首：“菩提本无树，明镜亦非台。本来无一物，何处惹尘埃。”神秀所持的是一种身心二分、物我彼此的外在的二元认识论，对物心怀执着、紧张与对立，因此害怕外在的物会引发心灵的妄念。而惠能则以负的否定方法，视身心为一如，视物我为一体，不作任何分别计较，既然物我冥同、佛性普存，就无所谓断恶去染。弘忍认为，偈诗立判高下，故而密召惠能传予衣钵。不难发现，惠能这首偈诗中所揭示的世界观以及修行方法，与庄子的物我同一论有着高度的契合。另外，无论是禅宗重要的理论命题“青青翠竹，总是法身；郁郁黄花，无非般若”(《神会语录残卷》)，还是《五灯会元》中所载禅宗公案——“庭前柏树子”、“春来草自青”等，都传达了这样一种思考，即佛法大意就内存于物自身，物自身就是一个意义圆融的世界，这与庄子对物的认识显然一以贯之。范文澜曾说：“禅宗是披着天竺式架装的魏晋玄学，释迹其表，老庄（尤其是庄周思想）其实。”[①] 可谓切中肯綮。

第三个审美原则——倡导主体情感的自然、反对为文造情，其实就是刘绍瑾所说的“抒发真实的情感，表现真实的性格”[②]。经过第四章的分析，我们了解到，道就是万物本性之统摄。因此，得道就意味着回归本性。庄子的这一认识，被后世的文人普遍接受并加以发挥，形成了一股抒发真性情的文艺思潮。但在此需要着重指出的是，后世文人所理解的人之本性，与庄子所理解的人之本性并不完全相同。因为后者是以“喜怒哀乐不入于胸次”和无欲为特征的，而前者则认同情欲的合理性。这说明后世文人在构建其艺术理论时，并没有完全照搬庄子学说，而是在吸收庄子学说的同时，对其进行了改造。

庄子《渔父》篇中说道：“真者，精诚之至也。不精不诚，不能动人。”古今中外艺术的实践都可视为这句话的一个注脚：只有抒发真性情，作品才会富有感染力，才能引发共鸣，打动人心；反之，矫揉造作，无病呻吟，则犹丑人效颦，味同嚼蜡，令人生厌。明人雷思霈在《叙中郎〈潇碧堂集〉》中，就直接沿用了庄子《渔父》篇中的这句话，以强调性情之真对于艺术创作的重要性。正如朱志荣所说：“对真情实感的强调，是中国文论的一个重要特征。”[③] 在我国古代文学批评史上，这一类倡导真性情的言论可谓层出不穷。如刘勰就反复强调要“为情而造文”，反对“为文而造情”（《文心雕龙·情采》）。张维屏指出：“诗安有定格哉？但有真才真学真性情，其诗自有佳处。”（《国朝诗人征略》）尤侗指出：“诗无古今，惟其真尔。有真性情，然后有真格律，有真格律，然后有真风调。”（《吴虔升诗·序》）王国维亦指出：“能写真景物、真感情者，谓之有境界。否则谓之无境界。”（《人间词话》）

在晚明时期，更是出现了一股倡导真性情的文艺思潮。这一思潮以李贽的“童心说”发端。所谓“童心”，即“绝假纯真，最初一念之本心也”（《童心说》），也就是人的本真性情。李贽认为：“凡天下之至文，未有不出于童心焉者也”（《童心说》），天下最好的文章，都是源于本真性情的自然抒发；反之，“不愤而作，譬如不寒而颤，不病而呻吟也，虽作何观乎”（《忠义水浒传·序》）。公安派承接了这一思潮，其领袖人物袁宏道提出

---

① 范文澜：《中国通史》，人民出版社 1994 年版，第 208 页。

② 刘绍瑾：《庄子与中国美学》，广东高等教育出版社 1989 年版，第 199 页。

③ 朱志荣编：《中国古代文论名篇讲读·前言》，北京大学出版社 2006 年版，第 5 页。

了“独抒性灵，不拘格套”（《叙小修诗》）的“性灵说”。所谓性灵，就是与生俱来的真实性情。袁宏道认为，文章有性灵方有真趣，所谓“夫趣得之自然者深，得之学问者浅”（《叙陈正甫会心集》）。此外，徐渭的“真我”说和汤显祖的“情至”说等，均是这股文艺思潮的重要理论形态。这种“不诚则不能动人”的审美旨趣，对中国古代的艺术实践产生了深远的影响，造就了一大批优秀的文艺作品，如情感真切的《古诗十九首》，被李贽称为“化工”之作的《拜月亭》、《西厢记》，本色酣畅的元曲，沁人心脾的明人小品，等等。

基于上文的分析，笔者认为，庄子的审美体验学说堪称中国艺术精神之魂。当然，庄子审美体验学说的意义并非仅仅止于艺术。正如郑开所言：“艺术所创造的其实就是生活化的艺境，审美实践则意味着有滋有味的生活本身。艺术家的使命就是创造或展示出生活的理想和人性的光辉。”[①] 这就意味着，中国的艺术精神，其实是古代中国人生存理念、生存状态的一种折射。那么，从这个意义上说，庄子审美体验学说给后世带来的并不仅是一件件美轮美奂的艺术瑰宝，同时也成就了一种诗情画意的生存态度。

第二节　对构筑幸福人生的启示及其局限

徐复观曾不无自嘲地写道：“他们（笔者按：指老庄）追求所达到的最高境界的‘道’，假使起老、庄子于九泉，骤然听到我说的‘即是今日之所谓艺术精神’，必笑我把他们的‘活句’当作‘死句’去理会。”[②] 自然，庄子对中国传统艺术所作出的莫大贡献，是其始料未及的。因为庄子著书立说的初衷，完全是为了解决人生问题，与艺术无涉。既然庄子学说是基于人生问题的解决而建立起来的，那么，我们不禁要问：庄子的审美体验学说究竟可以解决哪些人生问题？可以解决到什么程度？又以何种代价去解决？庄子的审美体验学说对我们当下的生活究竟有何启示，又有何

---

① 郑开：《道家形而上学研究》，宗教文化出版社 2003 年版，第 287 ~288 页。

② 徐复观：《中国艺术精神》，春风文艺出版社 1987 年版，第 41 页。

局限？我们该如何评价庄子审美体验学说的贡献与缺陷？本节的论述也将围绕这些问题而展开。

一、启示

庄子的审美体验即得道体验，而得道正是庄子所以为的终极幸福，故而庄子的审美体验学说亦即得道的幸福学说。清人胡文英曾在比较庄子与屈原时指出："庄子最是深情，人第知三闾之哀怨，而不知漆园之哀怨有甚于三闾也。盖三闾之哀怨在一国，而漆园之哀怨在天下；三闾之哀怨在一时，而漆园之哀怨在万世。"[①] 他的意思是，屈原只忧心当时的楚国，而庄子则忧心超越时代、超越身份的天下人，所以庄子的哀怨更为深重。当然，庄子并不见得为谋求世人的幸福而失落了自己的幸福，所以用"哀怨"一词来形容庄子未必准确，但庄子的确是对每个生命个体的本质性苦难都寄予了深切同情，并以其深邃的智慧教导世人该如何在苦难中实现自我救赎，获得幸福。庄子所目睹的世人的苦难，既有因情和欲所带来的精神负累与心灵痛苦，即"情欲之困"；也有因死亡和病残所引发的恐惧与哀伤，即"生死之困"；还有因贪婪暴虐的强权者所导致的生存危难，即"无道之困"。可以肯定地说，只要是人，就都会在不同程度上遭遇这些苦难。即便在物质文明与政治文明已大为改观的今天，这些苦难依然未曾离我们而去，反而在某些方面变得更为深重。这就意味着，庄子所致力于解决的问题——如何使自己摆脱苦难，获得幸福——乃是任何时代的任何人都要面临的问题，身处当下的现代人自然也无法回避。那么，到底如何在苦难中实现自我救赎、谋求幸福？庄子的审美体验学说或许能够为我们带来许多有益的启示。

1. 以个体幸福为本

在解决如何使自己摆脱苦难、获得幸福这个人生问题之前，还有一些更为本质的问题需要厘清，那就是生命个体究竟有没有权利追求自己的幸福？生命个体追求自己的幸福，究竟是不是生命个体之所以存在的最本质的目的？如果这些问题的答案是否定的，那么生命个体追求幸福的合法性就不能得以保障。而庄子审美体验学说带给我们的启示，就在于庄子在任

---

① 胡文英：《庄子论略》，转引自谢祥皓等编：《庄子序跋评论辑要》，湖北教育出版社 2001 年版，第 337 页。

何时候都把个体幸福[1]放在绝对优先的位置，肯定获得幸福是生命个体的人生意义所在，从而为个体渴望幸福的诉求赢得了合法性基础。

可以说，庄子这一以个体为本的理念，在中国哲学史上是相当独特的，因为更多的哲人是以社会为本。以社会为本的哲学家，往往把个体与社会的关系看成是对立的，因此主张个体应为社会的整体幸福让渡或牺牲自己的幸福，所以就有了儒家所谓的“克己复礼为仁”（《论语·颜渊》）与法家所谓的“化性而起伪”（《荀子·性恶》）。这些哲人当然也认同追求个体幸福的合理性，但在他们看来，个体的幸福是次要的，社会的整体幸福才是第一位的，因此在追求社会整体幸福的过程当中，个体幸福往往遭到了漠视、压抑乃至牺牲。换言之，个体的意义常常被淹没在社会的名义之下，成为一个空洞的符号。比如儒家大力推行仁义道德，本意是想通过社会道德意识的树立来救民于水火，初衷可嘉，但在此我们不妨追问一句：儒家所宣扬的道德，果真是那么名副其实地“道德”吗？在笔者看来，儒家在推行仁义道德的过程中，有一些做法恰恰是以非道德的面貌出现的。最极端的例子，莫过于孔子提倡世人“杀身以成仁”（《论语·卫灵公》），即牺牲只有一次、失去便不可复得的生命以成就所谓的仁德。这种倡导本身就有些非仁德。诚然，如果一个人情愿牺牲个体的幸福去换取社会的整体幸福，这种意愿的确是一种高尚的道德，但一旦把这种自愿的行为变成一种道德律令，对凡是没有这种意愿的人就黥以不道德的污名，那么这种道德就已经沦为对个体幸福构成戕害的非道德了。这也正是庄子反对儒学的根本原因之一。

相比之下，以个体为本的庄子，对个体与社会间关系的思考显然迥异于此，强调的是个体与社会之间的一致性。在庄子看来，只要每个个体都实现了自己的幸福，那么整个社会就不会存在不幸。正如韩林合所说：“如果社会中的所有人都能够体道，那么所有的社会问题也便迎刃而解了。”[2] 庄子自始至终都把个体放在最高的位置，认为不能以任何名义牺牲个体幸福，即使是以社会的整体幸福为名也不行，因此他反对追名逐利，否定道德仁义，抨击有为政治。这种以个体为本的意识最突出的表现就是

---

① 前文已作说明，庄子所以为的幸福，乃是一种至乐、逍遥游、与物为春的审美体验/得道体验，与现代人所以为的世俗享乐绝不可同日而语。

② 韩林合：《虚己以游世——〈庄子〉哲学研究》，北京大学出版社2006年版，第294页。

庄子的“贵生”说[①]，因为生命从来都是每个个体的生命。正是在这个意义上，贵生不仅意味着对生命的珍重，也意味着对个体的珍重。

尽管庄子对个体与社会间关系的处理过于简单化，但他对个体价值的强调无疑具有相当的合理性，因为正如马克思所说：“任何人类历史的第一个前提无疑是有生命的个人的存在。”[②] 个体价值理应得到关切。尤其在个体价值长期得不到尊重的中国历史大背景的衬托下，庄子以个体为本的思想便显得更为可贵。梁漱溟曾指出：“中国文化最大的偏失，就在于个人永不被发现这一点上。一个人简直没有站在自己立场说话的机会，多少感情要求被压抑，被抹杀。”[③] 梁先生的这番话道出了中国历史的真相，然而却找错了原因。在漫长的中国历史长河中，个体的确长期处于失语状态，但个体的失语并不是中国文化的偏失，而是中国社会的偏失。也就是说，中国文化中并非没有以个体为本的声音，庄子就奏响了个人主义的最强音，只是庄子为个体价值的呐喊之音相当遗憾地未被社会所听信、接纳，无法从应然变为实然。

中国社会因不重视个体价值，造成了长期以来个体幸福感的缺失。连最基本的人身自由都难以保障的奴隶社会和充斥着君为臣纲、父为子纲、夫为妻纲等道德纲常的封建社会自不必多言，即使社会文明发展到今天，个体价值仍然没有得到充分的重视。好在新的历史转机正在孕育，现在国家提出了“以人为本”的执政理念，为整个社会重新反思“人”的本质提供了一个契机。什么是“以人为本”？归根结底，就是以个体为本，进一步说，就是以个体的幸福为本。假如不以个体为本，个体幸福就只是一纸空言；假如不以个体的幸福为本，以人为本就不可能落到实处。从这个意义上说，“以人为本”的提出，正是庄子以个体幸福为本的理念在当下的激越回响。

2. 善待自己

那么，究竟如何使自己摆脱苦难，获得幸福呢？笔者从庄子审美体验学说中归纳出了一条最重要的解决方案，那就是善待自己。善待自己有三重含义：一曰生命减法，二曰自适其适，三曰达观面对。

首先看生命减法。幸福可以被抽象地理解为所获得的东西与所欲求的

---

① 有关庄子的“贵生”说，可参见本书第一章第一节。

② 《马克思恩格斯全集》（第三卷），人民出版社 1995 年版，第 23 页。

③ 梁漱溟：《中国文化史》，学林出版社 1987 年版，第 259 页。

东西之间的一种比例关系，即：

$$幸福感 = \frac{所获得的东西（现实）}{所欲求的东西（欲望）}$$

因此，提高幸福感可以通过两种方式：或增大分子，增加所获得的东西，即“生命加法”；或减小分母，减少欲望，即“生命减法”。

不难发现，一般的思维方式，总是通过生命加法，即不断地激荡欲望，使欲望对象物化，以增强幸福感。人常言“梦想成真”、“万事如意”，可见，欲望总是走在现实的前面。然而，这种做法有着很大局限。首先，一个人要获得一样东西往往取决于天时、地利、人和等诸多因素，换言之，一个人是否能获得一样东西，并不是他一个人能掌控的。其次，即使一个人幸运地获得了他想要的东西，实现了既定欲求，但由于他的欲望先行于现实，加之欲望又是无限膨胀的，因此，通过生命加法这种方式并不能必然提高幸福感。

消费主义——当今盛行的意识形态，就是典型的生命加法，其叙事策略是：首先不断煽动欲望；然后鼓动众人不断消费以满足欲望；进而把消费更多商品作为幸福人生的标志。在消费主义意识形态中，人们消费的其实不是商品的使用价值，而是显示地位、身份、品位的符号象征价值。换言之，消费的目的不是为了实际生存需要（needs）的满足，而是为了被现代文化刺激起来的欲望（wants）的满足。

在此，有必要对需要与欲望进行仔细的区分。长期以来，人们都以为欲望是人的动物性的一个表征，而事实上，欲望恰是人类特有的标志。需要对于每个生命体而言，都是客观的、必需的、自然的，而且是有限度的，所以野兽吃饱了之后就不会去攻击人。而欲望则不然，欲望是人类独有的一种需求，是一种被塑造出来的主观感觉，因此甚至在某种程度上可称之为虚假的需求，而且，欲望是无限度的。所以，正如徐岱所说：“动物只有饿死、渴死、冻死，而不会有人类的‘过劳死’。后者的病理原因是生理透支，症结所在是心理上的纵欲。”[①] 消费主义煽惑世人，只要消费就能获得幸福，这表面上似乎合乎逻辑，因为消费即意味着欲望的满足，但事实上，即使是那些极具购买力的有钱人，也并未得到消费主义所允诺

---

① 徐岱：《不学诗无以言——论生活世界中的人文关怀》，《东疆学刊》2005 年第 3 期，第 8 页。

的幸福，更遑论那些无力消费的穷人。其关键原因在于，消费主义所诱导出来的欲望是无限的，正如一句广告词所宣示的那样：“没有最好，只有更好。”故而从这个意义上说，消费主义的实质是永无止境的欲望。消费主义把人对金钱的欲望空前地调动起来，通过种种社会制度及媒介舆论，使人成为欲望的俘虏，使人在对金钱的无尽追逐中遗忘了倾听生命自身的内在需求。身不由己，焦虑抑郁，心力交瘁，饱受“阴阳之患”而又难以自拔，这一切都构成了现代人生存的最大悲剧。

截然不同于生命加法，庄子认为，一个人要体道，要获得幸福，其真正的奥秘在于减法。《人间世》篇中讲道：“唯道集虚。”只有做到“虚”，方能得道。所谓“虚”，其实就是一种通过不断使自我减少欲望，以增强幸福感的内心功夫。① 庄书中最为世人所熟知的“心斋”（《人间世》）、“坐忘”（《大宗师》），都对这一道理进行了揭示。庄子告诉世人，当我们驱散遮掩心灵的欲望迷雾，心灵彻底“虚”下来时，大道的福善便会眷顾我们，让我们感受到“虚室生白，吉祥止止”（《人间世》）的至美境界。这就好比太阳照进了一间干净的空房子，四壁生辉，澄澈清芬，温暖宜人。

在庄子看来，欲望的膨胀会让我们远离本真生命，进而对生命造成伤害。《大宗师》篇云：“其耆欲深者，其天机浅。”《天地》篇中亦言：“且夫失性有五：一曰五色乱目，使目不明；二曰五声乱耳，使耳不聪；三曰五臭熏鼻，困惾中颡；四曰五味浊口，使口厉爽；五曰趣舍滑心，使性飞扬。此五者，皆生之害也。”因此，庄子认为人应该学会支配欲望，而不应被欲望支配，所谓“物物而不物于物”（《山木》）。人不应本末颠倒，“丧己于物”，做“倒置之民”（《缮性》）。

由此不难发现，庄子有关生命减法的学说对现代人超越由欲望无限膨胀所导致的生存悲剧具有重大意义。现代生活中，人为物役、心为欲役的现象越来越严重，庄子不物于物、返璞归真的思想，也就越能显现出其光芒。正如刘梦溪所指出的：庄子哲学能够为现代人摆脱为外物所困的“天刑”处境，提供精神解脱的普遍性资源。西方思想界近年极重视老庄学说，原因就在于此。② 虽然生命减法会对个人的进取心和社会发展的动力构成消解，亦不必然会提高幸福感，但对改善现代人的心灵生态还是颇具

---

① 庄子虚的功夫，参见本书第二章第二节。

② 参见刘梦溪：《庄子与现代和后现代》，河北教育出版社 2004 年版，第 5 页。

启迪的。现代社会中，很多人都面临着来自财富、名誉、情感等各方面的诱惑与重压，普遍感到焦虑与疲惫。从这个意义上说，烦忙的现代人的确应懂得淡然与退让，懂得留出一些精力和心灵空间去体悟生命自身的自由与美好。

再来看自适其适。在这个世界上，是否存在一个普适性的幸福标准呢？庄子在《齐物论》中谈到了“孰为正”的问题：

民湿寝则腰疾偏死，鳝然乎哉？木处则惴慄恂惧，猨猴然乎哉？三者孰知正处？民食刍豢，麋鹿食荐，蝍蛆甘带，鸱鸦耆鼠，四者孰知正味？猨猵狙以为雌，麋与鹿交，鳝与鱼游。毛嫱丽姬，人之所美也，鱼见之深入，鸟见之高飞，麋鹿见之决骤。四者孰知天下之正色哉？

庄子对“孰为正”的思考同样可以适用于对幸福的理解。正如不存在统一的美居、美食、美色的标准，在这个世界上，亦不存在一个人为规定的幸福标准。幸福有不同的模式，每个人都有其自身对于幸福的独特体认，这种体认不应以他人为尺度。罗素曾言：“如果你自己觉得幸福，你才幸福。”禅宗亦云：“如鱼吞水，冷暖自知。”一个人是否幸福，只有自己才是判断的最后因。如果自己觉得痛苦，那么即使拥有再多他人艳羡的目光，也不能把自己送入幸福的殿堂。否则，就不会有那么多备受追捧的明星饱受抑郁症的纠缠，甚至走上不归路。

庄子曾谈到两种幸福，一种是“适人之适”，如“藏之庙堂之上”的神龟；一种是“自适其适”，如“曳尾于涂中”的小鱼。二者的区别在于：前者需要通过迎合他人对幸福的理解从而实现自我幸福，而后者则是听从生命深处最本真的对幸福的呼唤。《骈拇》篇言：“夫适人之适而不自适其适，虽盗跖与伯夷，是同为淫僻也。”在世俗眼光看来，拥有名与利便能拥有幸福，如盗跖以逐利为幸福，伯夷以邀名为幸福；而在庄子看来，逐利邀名，都不过是一种世俗所假想的幸福标准，即“适人之适”，而并非个体内心真正的幸福体验，即“自适其适”。

当今社会的“成功学”意识形态，可以说就是一种典型的“适人之适”。依照成功学的逻辑，如果一个人没有成为拥有豪宅名车、年收入百万的成功人士，就证明他不行，犯了“不成功罪”。成功学的意识形态，无视个体对成功的理解的多样性以及个体禀赋的差异性，如强盗普洛克鲁特斯之床一般，以统一的功利标准来定义“成功”，以“成功”与否来称量人的价值和幸福，并通过种种社会制度及媒介舆论，剥夺那些非成功人士的幸福感。形形色色的媒体总是不遗余力地给受众营造一种幻觉：富人、名人——这些所谓的“成功人士”都生活在幸福的城堡当中，而芸芸大众平庸细琐的生活是不值得过的。当然，在这些媒体的背后，是巨大的资本之手在操纵。有人曾把这些成功人士的生活状态比作“戴着假牙吃肉”，别人看着挺香，自己觉得没味儿。这话虽不免刻薄，但也并非全无道理。就像《红楼梦》里王熙凤对刘姥姥说的，“大有大的难处”。不难发现，成功学所认为的“成功”是一种“适人之适”，而幸福则是“自适其适”。成功与幸福其实并没有必然的关联：成功或许存在外在的标准，但幸福是一种内心的感觉。强行将成功与幸福画上等号，无疑是一种意识形态上的压迫。

《马蹄》篇中有一个伯乐治马的寓言：

龁草饮水，翘足而陆，此马之真性也。虽有义台路寝，无所用之。及至伯乐，曰：“我善治马。”烧之，剔之，刻之，雒之。连之以羁絷，编之以皂栈，马之死者十二三矣！饥之，渴之，驰之，骤之，整之，齐之，前有橛饰之患，而后有鞭筴之威，而马之死者已过半矣！

这个寓言能够帮助我们很好地理解“适人之适”与“自适其适”的区别。众人都梦想能够成为伯乐治下的千里马，并以此为适；而庄子却认为，成为千里马并不符合马之真性，千里马所感受到的适并不是自适。在此，我们可以把伯乐理解为他人的价值标准；把未经伯乐治过的马理解为听从内心真实意愿的人；把经过伯乐治过的马理解为按照他人的价值标准塑造自我的人。从庄子对马的描述的前后对比中可以发现：只有依从自我真性生活的马，才能获得真正的幸福；而那些经过伯乐训练的马，其失落感显然远远大于幸福感。

庄子虽然夸大了“适人之适”与“自适其适”之间的鸿沟，夸大了世俗与自我之间的对立，然而他对于二者的区分仍然体现了深邃的生命智慧。尤其当“适人之适”成为这个时代压迫个体的强大意识形态，当世俗的“成功”成为定义自我幸福的“魔鬼之床”时，我们确实应该回归自我，叩问内心：什么才是我真正要的幸福生活？

最后来看达观面对。生活当中总是存在种种无可奈何的困苦，成为实现幸福的障碍。该如何超越这些苦难？庄子达观的人生态度或许值得借鉴。

人生中最大的无可奈何，莫过于死亡与不治之疾。生死之困，应是人所最不能承受的一种痛苦。在世人心中，死亡与疾病意味着不幸的降临。在超越死亡之困方面，庄子有大量极为深刻的论述。大而言之，庄书中的死亡有两种方式：一曰不可避免的自然死亡，即“终其天年”（《人间世》），如庄妻之死（《至乐》）；二曰可避免的非正常死亡，也就是“中道夭”（《人间世》），即由本可以规避的外来祸害或主动选择所导致的生命提前终止，如北人无择之“自投清泠之渊”（《让王》）。对于后者，庄子当然是反对的，因为他们的死亡在很大程度上都是由自己酿成的；而对于前者，庄子则是安顺的。

庄子告诉世人，应达观面对自然死亡，做到“死生无变于己”（《齐物论》），因为死亡是自然造化的必然环节，“死生，命也，其有夜旦之常，天也”（《大宗师》）。任何人都无法抗拒死亡的到来，再辉煌的生命也不免一死，所谓的生者，不过是被死神判了缓期。对于一个珍爱生命的人而言，认识到这一点似乎很沮丧，但从另一方面来说，认识到这一点又是释然的，因为正如曹植诗中所写：“先民谁不死，知命复何忧。”（《箜篌引》）如果我们能够把生命的衰亡看作是一种人所无可奈何的必然——命运，那么自然就认清了痛苦的无意义。更何况，死亡并不意味着彻底消亡，而是新生命的开始，所谓“生也死之徒，死也生之始，孰知其纪”（《知北游》）。因此，庄妻死了，庄子非但不哭，反而“鼓盆而歌”（《至乐》）。庄子意欲以言传身教的方式告诉世人，与其为生命的消逝而惶恐悲痛，还不如顺应大道的生死流转，安然处之。虽然庄子解决死亡之困的方式较之于医学而言是消极的，但其意义却是积极的，因为它确实能够为将死之人提供有效的临终关怀，同时亦能为死者的亲友提供巨大的精神慰藉。

仅次于死亡与不治之疾的无可奈何之事，当属无道之困，即因贪婪暴虐的强权者所导致的生存危难。尤其在一个无道乱世，个体若想反抗强权者的暴行，几乎无异于螳臂当车。从社会历史的角度分析，统治集团的昏暴应是无道之祸首。在这种情况下，人们解脱苦难的一般思维方式是劝谏统治者采取仁政，就像孔子所做的那样。但庄子认定这种方式行不通，《人间世》篇中孔子打消颜回救世热情的一段对话已将其理由阐明。庄子式独特的救赎之路在于：把无道之困的罪责统统推诿于一种先验性定数——命运，然后再设法调整自我与命运的关系，力求达到一种心理平衡。庄子认为，如果世人能够把时代的生存危难看作命运的安排而非统治者的过失，就能平息愤恨，走出痛苦的深渊。《秋水》篇有一个寓言，在匡地面临围困之际，孔子竟一改往日“累累若丧家之狗”的窘态，欣然弹唱。为何？就是因为他终于认识到自己对政治无能为力，坦然接受了无可奈何的现实。他说：“我讳穷久矣，而不免，命也；求通久矣，而不得，时也。”庄子意欲通过这则寓言说明：安之若命能够消解世人在生存危难中的妄念与痛苦。

李敖在接受记者采访时，曾说了如下一段看似玩世不恭却大有深意的话：

我自己心态也好，从来不生闷气，像我的老师殷海光，他是得胃癌死的！得胃癌什么原因呢？很大原因就是心理不愉快！他是哲学家、思想家，结果得了这个病死掉了，就好像神父得了梅毒死掉一样。这是不对的，他不该得这个病嘛！你当个思想家怎么可以想不通呢？所以我一直都保持一个很快乐的状态。①

李敖作为民主斗士的身份有目共睹，但即使是他，也深知政治上的很多事情是无可奈何的。对于那些无可奈何之事，郁闷忧愤无济于事，反倒伤身害己，还不如善待自己，达观面对。

余虹亦曾向我们讲述了百岁老人石璞是凭借着一种什么样的智慧，坚韧地走过了中国历史上灾难最为深重的百年的：

石璞常说：“不如意事常八九。”这就是命运。如何过一种不如意的生活？是高漂在事事如意的幻想中，还是切实面对不如意的现实？是牢骚满腹地抱怨命运，还是心平气和地承担命运？是在不如意的生活中沉沦，还是在一种精神超越中自持？石璞选择了后者，因此而走过了百年。②

① 陈婉容：《李敖：大陆哪有文化名流》，《南都周刊》2007年1月26日。
② 余虹：《一个人的百年》，《南方周末》2007年8月16日。

从石璞身上不难觅出庄子思想的影子，那就是对于对命运的安顺和对无可奈何的达观。斯宾诺莎曾说：“心灵理解到万物的必然性，理解的范围有多大，它就在多大的范围内有更大的力量控制后果，而不为它们受苦。”① 这很好地解释了安命对痛苦心灵的慰藉作用。

诚然，安命把苦难的原因全部推诿于命运，简化了人类悲剧性的根源，而且事实上也很难判定有些事情是否真的到了无可奈何的地步。《庄子》中有一句话叫“安之若命”，就是把遇到的困境当作一种不可改变的必然。至于这困境是否真的无可改变，庄子并不去理会和追究。这样的做法有着很大的负面效应，它意味着把我们自己的主动权拱手相让。但即使这样，从心理效应上说，安命背后的达观之情，的确能够给人们提供一种坚忍沉毅的生存理念，帮助人们释放痛苦。

3. 与世界和谐相处

庄子把个体幸福放在绝对优先的位置，并不意味着他遗忘了个体与世界的关系。前文已经讲到，庄子是反对避世的，与物为春才是庄子生命理想的一部分。② 庄子清楚地认识到，人是世界中的人，因此，一个人要摆脱苦难、获得幸福，就必须处理好自己与世界的关系，与世界和谐相处。

我们知道，世界是由自然界与社会组成的，而社会又是由一个个人所组成的。这样看来，自我与世界的关系，其实就是自我与自然、自我与他人的关系。从现今的状况来看，我们与世界的关系是有问题的。一方面，我们破坏了与自然界本有的和谐，贪婪地向大自然索取掠夺，给自然和自身带来了毁灭性的灾难：生态平衡惨遭破坏、生存环境日趋恶劣、自然资源日益枯竭，不一而足。另一方面，由于我们的物欲极大膨胀，而利益空间却十分有限，势必造成自我与他人之间利害关系的紧张和对立。如果我们一再听任这些问题存在，继续对自然无所顾忌地豪夺践踏，与他人明争暗斗、相刃相靡，那么我们与世界的未来极有可能被庄子“混沌之死”的寓言不幸言中。

那么，是什么破坏了自我与世界间的和谐呢？实用功利主义的意识形态难辞其咎。实用功利主义在“有用性”的观念中把握世界，宣称任何事物（包括人）的存在必须是有用的，即符合主体的物质利益，并具有外在

① 冯友兰：《中国哲学简史》，北京大学出版社1996年版，第94页。

② 相关论述，参见本书第二章第一节“游世”，以及第三章第三节“与物为春”。

可见的物质效果，否则就无意义。施彭勒曾用非常犀利的笔触对实用功利主义的本质进行了刻画：“一个人为的世界成功了，它毒害着天然的世界。文明本身成了一台机器，它的作为符合机器或愿意符合机器的方式。看到瀑布时，人们无不联想电力；无论在何地，一见众多吃草的牧群，就会想到利用其供食用的肉。”[①] 在实用功利主义目光的观照下，任何事物都只是用来满足主体功用性需求的工具与手段，而没有其独立的尊严，因而人与自然、自我与他人间的关系，不过是利用与被利用的关系。实用功利主义这种急功近利的态度，势必促成人向自然界疯狂索取、自我与他人争名夺利的短视行为。

而庄子的审美体验学说，则恰好有助于将人从功利主义的泥淖中解脱出来，回归生命的单纯，实现“诗意地栖居”。在庄子看来，人与物[②]的原初关联是非功利性的。在功利主义思想还未萌芽的原初境遇中，人从来不会用功利的尺度去衡量物的意义，更无须为物的无用性担忧，人与物浑然一体，和谐相处，其乐融融，就像《逍遥游》篇中所描述的那样：“彷徨乎无为其侧，逍遥乎寝卧其下。”而正是实用功利主义的意识形态，使得人与物走向了异化，不仅人远离了人自身，物也远离了物自身，人与物和豫融洽的关系在根底上遭到了破坏。一方面，人用实用功利主义的思维支配了他物，人成为他物的尺度，物自身的意义得不到尊重，正如《马蹄》篇中所描绘的，“龁草饮水，翘足而陆”的马要被伯乐“整之齐之”，“埴”（黏土）要被陶者“圆者中规，方者中矩”，保有“常性”的人要被“圣人”“屈折礼乐以匡天下之形，县跂仁义以慰天下之心”。另一方面，人也因实用功利主义思维的支配而遗忘了自然本性，被种种本性之外的东西，如名利道德等所蛊惑牵引，从而迷失了自己，远离了最初的幸福，就像《齐物论》篇中所说的：“与物相刃相靡，其行尽如驰而莫之能止，不亦悲乎！”故而，庄子认为，人要实现自身的幸福、体悟到道的真谛，就必须摆脱实用功利主义的异化状态，返回人自身，一方面将物从有用性的

---

① 施彭勒：《西方的没落》，转引自［德］狄特富尔特等编，周美琪译：《人与自然》，生活·读书·新知三联书店 1993 年版，第 206 页。

② 在第三章第三节“与物为春”中，笔者对庄书中“物”的概念进行了界说，庄书中的“物”可分为自然之物与身外之物。自然之物，即大道流行的产物，也就是庄子所说的“万物”，它包括人、人之外的动物植物乃至山石河流等一切自然存在物。这里所说的“物”，指的是自然之物，包含了自然界与他人的含义。

枷锁中解放出来，不再用功利主义的目光去观照物，不再用有用性的思维去奴役物，让物不再作为手段服务于人的目的，让物以其自身为目的，自在而有尊严地与人共存；另一方面，也将人自身从功利主义的囚牢中解放出来，重归生命的单纯，达致审美的人生，实现“诗意地栖居”，不再为本性之外的种种外物所困扰。总而言之，人要获得幸福，就必须与物维系一种“天地与我并生，而万物与我为一”（《齐物论》）的和谐浑融的关系。显然，庄子对自然与他人所抱的这种超功利的、审美的态度，对实用功利主义的佞妄和流弊有着巨大的纠偏作用，无论从生态学还是从伦理学意义上，对我们构筑与世界的和谐关系都大有裨益。

此外，庄子所提出的“顺人而不失己”（《外物》）、“外化而内不化”（《知北游》）、“内直而外曲”和“形莫若就，心莫若和”（《人间世》）、“形莫若缘，情莫若率”（《山木》）的游世理念①，对协调自我与他人之间的观念差异、促进人际交往的和谐亦有借鉴意义。庄子认为，在自我与他人的观念无法趋同的情况下，自我可以在与他人的交往中，尽量随顺他人，而在内心秉持自我的追求。当然，这种随顺绝不等于没有任何原则的迁就迎合，更不意味着与污浊的积极合谋，而只是尽可能地避免与他人发生摩擦和冲突，从而使自我更和谐地与他人相处。

现在可以来总结一下庄子的审美体验学说对于自我摆脱苦难、获得幸福的启示意义。首先，庄子在任何时候都把个体幸福放在绝对优先的位置，肯定获得幸福是生命个体的人生意义所在，从而为个体渴望幸福的诉求赢得了合法性基础。其次，庄子向世人传授了获得幸福的三大方案：一曰生命减法，二曰自适其适，三曰达观面对。这三大方案，一言以蔽之，就是要善待自己。最后，庄子告诉世人，绝对不能够脱离世界去寻求个人幸福。一个人要获得幸福，就必须处理好自己与世界的关系，尤其要将自我从实用功利主义的囚牢中解放出来，重归生命的单纯，达致审美的人生，与世界和谐相处。由上文的分析不难发现，庄子深邃的生命智慧，无论在生态学、伦理学还是心理学意义上，都能够成为现代人构筑和谐人生的宝贵理论资源。

---

① 庄子的游世理念，可参见本书第二章第一节。

二、局限

丰厚的遗产总是包裹着问题而被永久寄存。尽管庄子审美体验学说蕴涵着超越时空的智慧之光，却仍有其阿喀琉斯之踵。下面，笔者将着重对其危殆性进行探讨，以期对庄子审美体验学说的外部效应有一个清醒、客观的认识。

1. 对恶的妥协

在本书第二章第二节"虚的功夫"中，笔者指出，庄子的审美体验之所以能够实现，其中必不可少的一条途径就是对道德善恶[①]的忘却，"与其誉尧而非桀也，不如两忘而化其道"（《大宗师》）。庄子之所以主张忘却道德善恶，是因为在他看来，道德善恶是一种自然本性之外东西，本不属于人，而且还会对自然本性构成破坏。这固然有其合理的一面，但其中也蕴涵着深刻的危机，那就是对恶的妥协。

尽管世俗所谓善恶的概念，极有可能如庄子所说并非人之为人的本质所在，而且有时候善恶也的确难以区分，因为每个时代有每个时代的道德，每个阶层有每个阶层的道德。但不可否认的是，种种恶的罪行的确每时每刻都在人间世上演，给世人带来深重的苦难。对于这一点，庄子其实也深有体会，否则他不会对凶残暴虐的强权者进行控诉："轻用民死，死者以国量乎泽若蕉，民其无如矣"、"祸重乎地，莫之知避"（《人间世》），"殊死者相枕也，桁杨者相推也，刑戮者相望也"（《在宥》）。这意味着世间的恶是实实在在、真真切切的存在，恶包围着这世上的每一个人，任何人都无法幸免。

那么，庄子是如何面对恶的呢？他并没有像儒家那样，举出一个善去与恶对抗。因为正如前文所提及的，儒家的善在庄子看来亦是一种有违本性之伪[②]，而且庄子认为，就当时而言，善根本无法形成足够强大的力量去跟恶势力的最高意志——暴虐无道的君王相抗衡，善甚至也不能感化恶，否则，孔子就不会"再逐于鲁，削迹于卫，伐树于宋，穷于商周，围于陈蔡"、"七日不火食"（《让王》），"累累若丧家之狗"（《史记·孔子世

---

① 庄子所要忘却的道德，乃是世俗意义上的道德，即儒墨等道德学家的道德，而并非本源性的道德。相关论述，可参见本书第四章第三节第二部分"人与世界的原初关联"。

② 只需看看《二十四孝》中"哭竹生笋"的可疑、"卧冰求鲤"的可怕、"老莱娱亲"的可笑和"郭巨埋儿"的可憎，就能明白，有时所谓的孝善其实是另一种丑恶。

家》)。早已参透人间世之艰难，并极其看重个体幸福，以审美体验的获得为生命理想的庄子，不愿去作类似以卵击石般的无谓牺牲。

在庄子看来，只有通过忘却和摆脱道德善恶、知性情欲、一己成心等本性之外的一切内容，重归自然本性，返回本源的善①，人类才能从根底上解决恶的问题，呈现出《胠箧》篇中的至德之世的景象："夫至德之世，同与禽兽居，族与万物并。恶乎知君子小人哉！同乎无知，其德不离；同乎无欲，是谓素朴。素朴而民性得矣。"(《马蹄》)客观地说，庄子的解决思路虽"可得而论"，然"难得而行"，缺乏现实的可操作性。正如葛洪所言："道家之言，高则高矣，用之则弊。"(《抱朴子·外篇》)很显然，并不是每个人都会去践行庄子的学说，尤其是那些强权的恶人。因此，庄子所设计的这个终极解决方案，乌托邦的色彩过于浓重，不可能现实地解决恶的问题。

庄子同时也是一个有着强烈现实感的人，既然恶无法根除，又无法反抗，那么，就只能把如何从根底上解决恶的问题转换为如何与恶相处的问题。为此，庄子向世人传授了诸多处世策略，比如做"无用"之人(《人间世》)，把才能小心隐藏起来，以防被人利用；"缘督以为经"(《养生主》)，在各种矛盾如善恶、刑名之间寻找空隙，在夹缝中求得最大的生存空间，避免摩擦与冲突；"顺人而不失己"(《外物》)，"外化而内不化"(《知北游》)，不偏执，不拘泥，屈伸无定，懂得随着时境的变化而变化，在万物纷纭变化之中保持内心的虚静安宁；"形莫若就，心莫若和"(《人间世》)，尽管心存异议，仍需在表面上表现出随顺迁就，等等。这些处世策略，都有一个共同的特征，那就是对于恶的妥协。正如刘小枫曾指出的：庄子的审美主义"不是克制恶的力量，而是与恶相处的技艺"②。

当然，我们只需换位思考，而不是站在一个道德制高点，就能明白，当恶的力量已经强大到无可奈何的地步时，知之不可为而不为，与恶相妥协是可以理解的。毕竟为了一个注定失败的结局去牺牲个体的幸福乃至生

---

① 关于人性本善，还是人性本恶？这是一个争论了数千年之久，至今尚未达成共识的问题。与庄子一样，笔者亦认为，人性本善，这种善是一种本源的善，即基于生命自我优化的利他性，而不是道德学家所谓的克己利他的善。游历甚广的人可能都有这样的感受：那些闭塞的、原生态村落的村民，都是非常淳朴、与人为善的，他们没有什么关于道德的知识，他们之所以为善，完全是出于一种不知所以然而然的本能。

② 刘小枫：《拯救与逍遥》，上海三联书店2001年版，第192页。

命，代价过于惨烈。就连一心以治国平天下为己任的儒家也懂得这个道理，说“邦有道，不废；邦无道，免于刑戮”（《论语·公冶长》），“天下有道则见，无道则隐”（《论语·泰伯》），“邦有道，则仕；邦无道，则可卷而怀之”（《论语·卫灵公》），“穷则独善其身，达则兼善天下”（《孟子·尽心上》）。但，难道在庄子所处的年代，就不存在自我可以对抗的恶吗？对于那些自我完全有能力制约的恶，难道也要一味地退让吗？该如何分辨我们所面临的恶，是可以对抗的还是无法对抗的？如果人人都因为害怕祸及自身而与恶相妥协，那恶的力量何以得到掣肘？在庄书中，我们只能看到庄子对恶的控诉；看到庄子为从根底上消除恶所提出的乌托邦色彩过于浓重的解决方案；看到庄子劝说世人安命，容忍恶的存在；看到庄子教导世人如何处世才能避免与恶的摩擦与冲突，保全自身，却看不到庄子任何落实在自我行动上的对恶的反抗，也就是鲁迅所说的“立意在反抗，指归在动作”的摩罗精神，不管这个恶是本可以克制的，还是不可以克制的。

庄子之所以对恶的存在一味妥协，是因为庄子认定，与恶进行对抗会对个体的身体和心灵造成伤害，故而在《人间世》篇中，借孔子的名义打消颜回的救世热情。然而，庄子似乎没有意识到，对恶一味退让反而会成为个体幸福实现的隐患，因为得不到惩罚与制衡的恶会得寸进尺、肆无忌惮地向无辜的个体施暴。个体连最基本的人身安全都没有保障，连最基本的做人的尊严都可以被任意践踏，幸福从何谈起？那些死于“轻用民死”的暴君之手的“以国量乎泽若蕉”的死者（《人间世》），那些在奥斯维辛集中营中死于细菌实验、毒气浴室和焚尸炉的死者，都在向我们证明：如果不对恶的力量进行反击，杜绝类似悲剧的再度上演，个体幸福的破灭与否，只不过在恶人的一念之间。

在庄子审美体验的发生机制中，对恶的妥协还表现为遗忘那些由恶所导致的苦难。换言之，庄子是通过排除对恶的关切意志，通过对现世恶进行隔离，来维持其审美体验的。余虹和朱大可曾分别写道：

> 毕竟，在通往“天堂”的路上，可以审美了。但这是如何可能的呢？请不要忘了这个细节：走出净界的但丁是喝了“忘川”的水之后，才上了“天堂”的。即“忘川”之水抹去地狱和炼狱的黑暗恐怖，抹去了“过去的记忆”。事实上，悲剧的喜剧化正是通过对苦难的遗忘来进行的。“忘”是审美的本质特征。所谓“物我两忘”，“忘而自失”，正是主体在审美中

的极限状态。……“忘”之所以可能，是因为审美对存在之“实”闭上了眼睛。①

面对质量低劣的日常生活、庞大的谎语制度、古老的暴力传统及其腐败的道德涌流，也就是面对极度阴郁的生存场景，人佚脱了起码的悲楚心情。这与其说是人对外在事物的抵制，不如说是一种深刻的妥协。环绕虚妄的幸福火焰，他们唱出了欢喜之歌，以颂扬他们在其中垮掉的事物。这造成如下印象，即人与境遇的关系并不像通常认为的那样糟糕，相反，它们散发着芬芳的天堂气味。②

尽管两位先生的以上这番话并不是针对庄子而言的，但却深刻地道出了庄子审美体验学说的根本性缺陷，那就是不敢正视由恶所引发的苦难。虽然庄子正是因为怀着对世人的悲悯才让世人遗忘恶之苦难，初衷是美好的，但已有无数的历史教训告诉我们，恶之苦难必须得以见证、得以关注、得以反思、得以铭记，对恶之苦难的遗忘只会纵容恶之苦难的蔓延。

2. 解脱而非解救

前文讲到，庄子之所以要立下文字，构建起审美体验学说，就是为了给苦难深重的世人指明出路，帮助世人获得自身的幸福。为了疗治世人的心灵创伤，庄子开出了安顺命运、减少欲望、返璞归真等解决方案，教导世人用一种达观、审美、自然的态度去面对人生的苦难。不可否认，庄子的药方的确能够让世人获得心灵的慰藉，有助于世人从苦难中解脱出来。但遗憾的是，这仅仅是解脱，而非解救。

解脱与解救，虽然只有一字之差，却截然有别。解脱，意味着从主观上对痛苦进行超越，即通过心灵转换，将痛苦理解为不痛苦；而解救则意味着彻底根除引发痛苦的现实根源。比如，一个无辜之人经常遭受强权恶人的欺压打骂，心灵与肉体都非常痛苦，这时庄子会告诉他：你之所以备受恶人的折磨，乃是命运的安排，个人无法抗拒，所谓“物不胜天久矣”（《大宗师》），与其与命运作无谓的抗争，心怀愤恨悲楚，不如安于命运抛给你的一切，泰然处之。此无辜受欺之人，若是听从了庄子的话，心灵的痛苦定能得到一定的化解，肉体的痛苦也相应得以减轻。从效果上看，庄

---

① 余虹：《中国文论与西方诗学》，生活·读书·新知三联书店1990年版，第253~254页。

② 朱大可：《聒噪的时代——在话语和信念的现场》，湖南文艺出版社1989年版，第179~180页。

子学说的确发挥了作用，能够使无辜受欺之人从苦难中解脱出来。事实上，庄子也的确慰藉了大量破碎的心灵，魏晋文人就是其中的范例，这证实了庄子审美体验学说的实践功用。但这仅仅是解脱，并不是解救，因为人不可能总是沉浸在“无何有之乡”的精神世界中。要真正解救此无辜受欺之人，就必须根除恶人作恶的行为，否则，此无辜受欺之人所获得的幸福永远只能停留在心灵层面，无力落实到现实层面，如镜花水月般虚幻脆弱。从以上例子中不难看出，庄子的审美体验学说并没有真正解决个体的痛苦问题，而只是通过内在心灵的力量，使个体对痛苦的理解发生了转变。

朱大可在《亚细亚痛苦及其消解模式》一文中指出：《庄子》“载录了痛苦飞临之后的对策，却从未对痛苦本身进行追问。对庄子而言，重要的不是何为痛苦，而是怎样迅速快捷地消解痛苦。这一反本体论立场支配了此后整个庄禅系统，使之呈现出亚细亚痛苦形态中最轻盈的面貌”，庄子“在痛苦之神的周围聒噪，但不进入它的里面。这其实就是用大量边缘性话语去掩蔽一种中心的缄默。这缄默性以后得到了来自印度（而实际上形成于中国）的禅宗的有力支持，并汇成一个强大的痛苦处理系统”①。李牧恒等也指出：“精神上的巨人与行为上的侏儒奇特地结合在一起，而这恰恰是庄子哲学自身难以化解的深刻矛盾。”② 任何对庄子所进行的理性研究，都不应回避这样的批评。当然，当个体遭遇痛苦时，出于对生命的善待和对幸福的追求，谋求自我解脱，寻求精神慰藉，这并没有什么可指责的。但如果仅仅满足于心灵层面的解脱，而不去追问造成痛苦的现实根源，不去向现实层面解救的方向努力，那就有些精神胜利法似的自欺了。庄子审美体验学说的不足，也正在于此。

打个比方，当一个人被刀子划伤而流血不止时，他当然要把伤口包扎好，即谋求自我解脱与精神安慰；但同时也不要忘了把刀子收好，即追问造成痛苦的现实根源，并向现实层面解救的方向努力，否则，他很有可能

---

① 朱大可：《聒噪的时代——在话语和信念的现场》，湖南文艺出版社 1989 年版，第 173 页。
② 李牧恒、郭道荣：《自事其心——重读庄子》，四川人民出版社 1996 年版，第 59 页。

再度被刀子划伤。但庄子显然只做了第一步，而遗忘了后一步。[①] 由此可见，庄子对人生痛苦所采取的解脱而非解救的方式是不彻底的。我们还可以以幸福感、自由感与平等感的获得为例来进一步说明这个问题。

先来看幸福的实现。幸福可被抽象地理解为所获得的东西与所欲求的东西之间的一种比例关系，即

$$幸福感=\frac{所获得的东西（现实）}{所欲求的东西（欲望）}$$

不难发现，提高幸福感可通过两种方式：或增大分子，增加所获得的东西，即“生命加法”；或减小分母，减少欲望，即“生命减法”。一般人总是通过加法，使欲望对象物化以增强幸福感。而庄子认为，一个人要获得幸福，要感受到“虚室生白，吉祥止止”（《人间世》）的体道之境，其真正的奥秘在于减法，也就是看淡、摆脱那些对心灵构成负累的包括名利、欲望等在内的一切内容。庄书中最为世人所熟知的“心斋”（《人间世》）、“坐忘”（《大宗师》），都是这样一种生命的减法。庄子实现幸福的策略对于人为物役、心为欲役的现代人超越欲望之困具有深远的意义，西方思想界近年来极其重视老庄学说的原因就在于此，但其局限性亦是显而易见的。从上面的公式可以看出，幸福作为一种价值判断是主观性（欲望）与客观性（现实）双重维度的统一，因此一个人要获得幸福，必须客观维度与主观维度同时用力，缺少后者，再优良的资源亦不能被贪婪的心灵转换为幸福的体验；缺少前者，幸福如镜花水月般虚幻。而庄子式幸福的软肋恰恰就在于片面强调从主观维度减少欲望，却没有从客观维度去保障个人欲望的合理实现。对于个体而言，由于人不可能总是沉浸在“无何有之乡”的精神世界之中，因此庄子式的幸福在残酷的现实面前难免会显出“精神胜利”的自欺意味；而对于社会而言，庄子对欲望的片面遏止会对整个社会

---

① 当然，只做了第二步而遗忘了第一步，亦同样不可取。刘小枫就属于此类。刘先生对人生痛苦的根源有着很强的问题意识，却对人正在遭遇痛苦、亟待消解痛苦这一基本事实缺乏同情。他的言语中经常出现这样的论调：“为什么在对人间的苦楚和眼泪表达关注的同时，津津乐道‘乐’？”“既然孔子看到了人间无谓的受苦，他怎么竟敢称自己的人生理想为悠哉乐哉、逍遥自适的‘吾与点也’？”“在一个恶无法消除的不幸世界中，‘审美’的逍遥难道是问心无愧的？”“把庄禅情怀放在约伯的天平上称一下吧，这架天平上，人类的苦难比大海的沙子还要沉重，庄禅情怀的高超不就因为它比大海的沙子轻逸吗？”在刘先生看来，仿佛只要这世间有人在承受苦难，个体就不应奢谈自我苦难的解脱。参见刘小枫：《拯救与逍遥》，上海三联书店 2001 年版，第 112、225、271 页。

的创造力构成消解，进而导致物质文明与制度文明的全面落后，这样幸福便失去了坚实的现实根基。

再来看自由的实现。庄子为世人谋求自由设计了两条途径：第一条着眼于外部，希望君王放弃有为政治，效法“功盖天下而似不自己，化贷万物而民弗恃”的“明王之治”（《应帝王》），即无为之治；第二条着眼于内部，劝导个体通过摆脱生死、功名、感官、道德、知性等一系列心灵束缚，体露自然本性，获得“逍遥游”[①] 的审美体验，即绝对的精神自由。从第一条途径中可以看出，庄子渴望现实层面的政治自由，但他所设计的方案根本不可行，而只是一种空想。前文已经讲过，要掌权者放弃既得利益无异于与虎谋皮。所以从这个意义上说，庄子为世人谋求的自由，仅仅是一种精神自由。精神自由固然非常令人向往，尤其在被种种意识形态裹挟驱迫的现代社会，精神自由更显珍贵，但如果一个人仅仅满足于精神层面的自由，而不以实际行动去争取以个体权利为基础的自由，那么显然，他并没有从种种不自由的桎梏中得以解救。而且，从某种程度上说，仅仅满足于精神自由，还会对现实政治自由的获得构成潜在的妨碍。试想，当一个国家的国民已能从精神领域中获得自由感，而现实政治领域自由的获得往往又是如此艰难，那么，这些国民还会愿意付出较大的代价去追求现实政治领域的自由吗？正如王中江所指出的：庄子式的精神自由“在多大程度上影响或制约了中国传统向现代政治自由之路的迈进，是不容易作出具体测算的，但很难否认它对此会有所影响”[②]。

最后来看平等的实现。在现实社会中，最大的不平等就是人与人之间自我付出与利益获取比例的不平等。庄子是这样来为世人谋求平等感的：首先，庄子把利益归入命运支配的范畴，劝说世人超然面对人与人之间的利益差异。庄子说：“穷达、贫富”皆“命之行也”（《德充符》），穷达贫富等利益差异是命运安排好的，个人无从改变，不甘只会徒增烦恼，戕害自身生命，还不如安其现状，彻底释怀。其次，庄子把利益纳入“所虚之物”，也就是虚的功夫中所要遗忘的内容，劝说世人彻底排除对利益的关切意志，做到“无功”、“无名”（《逍遥游》），“少私而寡欲”（《山木》）。最后，庄子告诉世人，当摆脱了本性之外的包括名利情欲等在内的一切内容

---

① 相关论述，可参阅本书第三章第二节“逍遥游”。

② 崔大华等：《道家与中国文化精神》，河南人民出版社2003年版，第629页。

之后，人就能够在道与美的层面获得平等感，所谓“恢诡谲怪，道通为一”（《齐物论》），“万物皆一”（《德充符》），“以道观之，物无贵贱”、“万物一齐”（《秋水》）。庄子这种将不平等的原因统统推诿于命运，然后再设法调整自我与命运的关系，力求通过心理平衡以实现终极平等的做法，在民间有着广泛的基础。老百姓常言的“命中有时终须有，命中无时莫强求”，就是庄子这一思想的衍化。尽管这种做法能够慰藉苦难的心灵，甚至能够带给世人一种“与物为春”的审美体验，但其消极性亦不言而喻，因为它无助于发现导致不平等的根本原因，对于那些严重破坏社会公平的特权与腐败，它更是无力解决。这就意味着，庄子式获得平等的思路并不能将社会往公正民主的方向推动。故而从这一点上说，庄子的审美体验学说，并不能真正将世人从不平等的境遇中解救出来。

现在我们来总结一下庄子审美体验学说的局限性。

首先，庄子审美体验学说对世间恶的处理过于懦弱。在庄书中，我们看不到庄子任何落实在自我行动上的对恶的反抗，不管这个恶是否本可以克制。庄子对恶所采取的这种一味妥协退让的策略，会成为个体幸福实现的隐患。在庄子审美体验的发生机制中，对恶的妥协具体表现为遗忘那些由恶所导致的苦难。但已有无数的历史教训告诉我们，恶之苦难必须得以铭记和反思，对恶之苦难的遗忘只会导致恶之苦难的再度降临。

其次，庄子审美体验学说为世人所设计的人生苦难的解决方案只能使世人从苦难中解脱出来，而并不能真正解救世人。解脱与解救，虽然只有一字之差，却截然有别。解脱本身并没有什么可指责的，但如果仅仅满足于心灵层面的解脱而不去追问造成痛苦的现实根源，不去向现实层面解救的方向努力，那么这种解脱只会如同镜花水月般虚幻脆弱。

庄子对苦难进行审美救赎的方式，只能停留在个体心灵层面，无力落实到现实的公共层面，这显然倾向于弱者的哲学。弱者，一方面固然可以定义为处于弱势地位无助无奈的普通人；另一方面也可视为人的普遍特性。每个人都可能是弱者，再强大的人也有脆弱的时候，况且强者亦难以恒强，因为强者只是在与他人的暂时比较中胜出，而这种胜出并不见得可以始终保持，在更强者出现时，他便成为弱者。弱者在外在行为上的无力感，使自己不得不向内转，对饱受痛苦折磨的心灵进行自我疗伤，这便与庄子学说产生了内在共鸣。南怀瑾曾把庄子比作“药店”，这个比方可谓熨帖。从现实功用来看，庄子学说中所包蕴的解脱人生苦难的药剂，的确庇护了大量破碎的心灵，这也是数千年庄子总被人津津乐道的最重要的原因之一。但所谓“是药三分毒”，尽管弱者谋求自我解脱无可厚非，但如果每个弱者只埋头于关注自我的世界，那么社会的改良便终究不可能推进，于是，弱者都只能在封锁无助的状态下日趋孤立化，甚至成为被各种强权势力宰杀的羔羊。因此，从庄子的关注个人的解脱，走向当代的关注社会的解救，便成为文化转型的应然之路。

综上所述，我们可以看到，作为生命苦难的关注者与寻求解脱者，庄子确实当得起胡文英所说的深情哀怨、心系万世的称叹。然而，因为传统思想资源的局限，庄子终未能从抚慰个体生命的苦难转向解除社会现实的灾难。姚汉荣等曾指出：“不读《庄子》，你就无法理解历史上的中国人何以如此乐天知命、豁达大度，又何以如此明哲保身、谦让退缩。”① 诚如其言，庄子思想深远地影响了中华民族性格的塑造，庄子审美体验学说中的很多因子，都已沉淀为中国人的一种深层文化心理。然而，遗憾的是，国人似乎更多地继承了其中比较负面的东西，而淡忘了其中比较正面的东西。也正因为此，我们在汲取庄子审美体验学说的精神营养的同时，也需要对其缺陷和危害性有着清醒的认识。

---

① 姚汉荣等：《庄子直解》，复旦大学出版社 2000 年版，第 1 页。

参考文献

一、庄子注书类

1. 曹础基:《庄子浅注》，北京：中华书局1982年版。

2. 陈鼓应注译:《庄子今注今释》，北京：中华书局1983年版。

3. 黄锦宏:《新译庄子读本》，台北：三民书局1974年版。

4. （清）郭庆藩撰，王孝鱼点校：《庄子集释》，北京：中华书局2004年版。

5. （宋）林希逸著，周启成校注:《庄子鬳斋口义校注》，北京：中华书局1997年版。

6. 刘文典:《庄子补正》，合肥：安徽大学出版社，昆明：云南大学出版社1999年版。

7. 马恒君:《庄子正宗》，北京：华夏出版社2006年版。

8. （清）王夫之著，王孝鱼点校：《庄子解》，北京：中华书局1985年版。

9. （清）王先谦撰，沈啸寰点校：《庄子集解》，北京：中华书局1999年版。

10. 杨柳桥:《庄子译注》，上海：上海古籍出版社2006年版。

11. 姚汉荣等:《庄子直解》，上海：复旦大学出版社2000年版。

12. 张默生原著，张翰勋校补：《庄子新释》，济南：齐鲁书社1993年版。

13. 钟泰:《庄子发微》，上海：上海古籍出版社1988年版。

二、庄子研究著作类

1. 白本松、王利锁：《逍遥之祖——〈庄子〉与中国文化》，开封：河南大学出版社1995年版。

2. 包兆会：《庄子生存论美学研究》，南京：南京大学出版社 2004 年版。

3. 陈鼓应：《老庄新论》，上海：上海古籍出版社 1992 年版。

4. 陈少明：《〈齐物论〉及其影响》，北京：北京大学出版社 2004 年版。

5. 陈引驰：《庄子精读》，上海：复旦大学出版社 2006 年版。

6. 崔大华：《庄学研究》，北京：人民出版社 1992 年版。

7. 崔宜明：《生存与智慧——庄子哲学的现代阐释》，上海：上海人民出版社 1996 年版。

8. 关锋：《庄子内篇译解和批判》，北京：中华书局 1961 年版。

9. 韩林合：《虚己以游世——〈庄子〉哲学研究》，北京：北京大学出版社 2006 年版。

10. 胡道静主编：《十家论庄》，上海：上海人民出版社 2004 年版。

11. 郎擎霄：《庄子学案》，上海：上海书店 1992 年版。

12. 李宝红、康庆：《二十世纪中国庄学》，长沙：湖南人民出版社 2006 年版。

13. 李牧恒、郭道荣：《自事其心——重读庄子》，成都：四川人民出版社 1996 年版。

14. 刘梦溪：《庄子与现代和后现代》，石家庄：河北教育出版社 2004 年版。

15. 刘绍瑾：《庄子与中国美学》，广州：广东高等教育出版社 1989 年版。

16. 刘生良：《鹏翔无疆——〈庄子〉文学研究》，北京：人民出版社 2004 年版。

17. 刘笑敢：《庄子哲学及其演变》，北京：中国社会科学出版社 1993 年版。

18. 陆钦：《庄周思想研究》，郑州：河南人民出版社 1983 年版。

19. 钱穆：《庄老通辨》，北京：生活·读书·新知三联书店 2002 年版。

20. 强昱：《知止与照旷——庄学通幽》，北京：宗教文化出版社 2004 年版。

21. 时晓丽：《庄子审美生存思想研究》，北京：商务印书馆 2006

年版。

22. 束景南：《论庄子哲学体系的骨架》，桂林：广西师范大学出版社 2003 年版。

23. 孙雪霞：《文学庄子探微》，广州：广东人民出版社 2006 年版。

24. 孙以楷、甄长松：《庄子通论》，北京：东方出版社 1995 年版。

25. 陶东风：《从超迈到随俗——庄子与中国美学》，北京：首都师范大学出版社 1995 年版。

26. 涂光社：《庄子范畴心解》，北京：中国社会科学出版社 2003 年版。

27. 王博：《庄子哲学》，北京：北京大学出版社 2004 年版。

28. 王建疆：《澹然无极——老庄人生境界的审美生成》，北京：人民出版社 2006 年版。

29. 王凯：《逍遥游——庄子美学的现代阐释》，武汉：武汉大学出版社 2004 年版。

30. 王叔岷：《庄子校释》，上海：商务印书馆 1947 年版。

31. 吴怡：《逍遥的庄子》，桂林：广西师范大学出版社 2006 年版。

32. 谢祥皓等编：《庄子序跋评论辑要》，武汉：湖北教育出版社 2001 年版。

33. 熊铁基等：《中国庄学史》，长沙：湖南人民出版社 2003 年版。

34. 徐克谦：《庄子哲学新探——道·言·自由与美》，北京：中华书局 2005 年版。

35. 颜世安：《庄子评传》，南京：南京大学出版社 1999 年版。

36. 杨国荣：《庄子的思想世界》，北京：北京大学出版社 2006 年版。

37. 叶舒宪：《庄子的文化解析——前古典与后现代的视界融和》，武汉：湖北人民出版社 1997 年版。

38. 张恒寿：《庄子新探》，武汉：湖北人民出版社 1983 年版。

39. 张利群：《庄子美学》，桂林：广西师范大学出版社 1992 年版。

40. 张涅：《庄子解读——流变开放的思想形式》，济南：齐鲁书社 2003 年版。

41. 张松辉：《庄子考辨》，长沙：岳麓书社 1997 年版。

42. 止庵：《樗下读庄》，北京：东方出版社 1999 年版。

43. 朱荣智：《庄子的美学与文学》，台北：明文书局 1992 年版。

44. ［美］爱莲心著，周炽成译：《向往心灵转化的庄子：内篇分析》，南京：江苏人民出版社 2004 年版。

三、其他著作类

1. 北京大学哲学系编：《古希腊罗马哲学》，北京：商务印书馆 1961 年版。

2. 陈鼓应：《老子今注今译》，北京：商务印书馆 2003 年版。

3. 崔大华等：《道家与中国文化精神》，郑州：河南人民出版社 2003 年版。

4. 丁四新：《郭店楚墓竹简思想研究》，北京：东方出版社 2000 年版。

5. （清）段玉裁：《说文解字注》，成都：成都古籍书店 1981 年版。

6. 范文澜：《中国通史》，北京：人民出版社 1994 年版。

7. 方东美：《原始儒家道家哲学》，台北：台湾黎明文化事业公司 1985 年版。

8. 冯友兰：《三松堂全集》，郑州：河南人民出版社 1986 年版。

9. 冯友兰：《中国哲学史》，上海：华东师范大学出版社 2005 年版。

10. 傅斯年著，雷颐点校：《史学方法导论——傅斯年史学文辑》，北京：中国人民大学出版社 2004 年版。

11. 傅伟勋：《从西方哲学到禅佛教》，北京：生活·读书·新知三联书店 1989 年版。

12. 高亨：《诸子新笺》，济南：山东人民出版社 1962 年版。

13. 顾颉刚：《古史辨》（第一册），上海：上海古籍出版社 1982 年版。

14. 郭沫若：《郭沫若全集·历史编》，北京：人民出版社 1982 年版。

15. 胡适：《先秦名学史》，上海：学林出版社 1983 年版。

16. 蒋孔阳编：《二十世纪西方美学名著选》，上海：复旦大学出版社 1987 年版。

17. 金开诚：《文艺心理学论稿》，北京：北京大学出版社 1982 年版。

18. 李孺义：《“无”的意义——朴心玄览中的道体论形而上学》，北京：人民文学出版社 1999 年版。

19. 李咏吟：《审美价值体验综论》，北京：中国社会科学出版社 2009

年版。

20．李咏吟：《审美与道德的本源》，上海：上海人民出版社 2006 年版。

21．李咏吟：《诗学解释学》，上海：上海人民出版社 2003 年版。

22．李泽厚、刘纲纪：《中国美学史》，北京：中国社会科学出版社 1984 年版。

23．李泽厚：《美学三书》，合肥：安徽文艺出版社 1999 年版。

24．李泽厚：《中国古代思想史论》，北京：人民出版社 1985 年版。

25．梁漱溟：《中国文化史》，上海：学林出版社 1987 年版。

26．林语堂：《生活的艺术》，哈尔滨：北方文艺出版社 1987 年版。

27．刘成纪：《青山道场——庄禅与中国诗学精神》，北京：东方出版社 2005 年版。

28．刘小枫：《拯救与逍遥》，上海：上海三联书店 2001 年版。

29．刘小枫主编，魏育青等译：《人类困境中的审美精神——哲人、诗人论美文选》，北京：东方出版社 1994 年版。

30．刘兆吉：《文艺心理与美育心理》，重庆：西南师范大学出版社 1987 年版。

31．鲁枢元：《创作心理研究》，郑州：黄河文艺出版社 1985 年版。

32．栾栋：《感性学发微——美学与丑学的合题》，北京：商务印书馆 1999 年版。

33．那薇：《道家与海德格尔相互诠释——在心物一体中人成其人物成其物》，北京：商务印书馆 2004 年版。

34．潘知常：《中西比较美学论稿》，南昌：百花洲文艺出版社 2000 年版。

35．彭锋：《诗可以兴——古代宗教、伦理、哲学与艺术的美学阐释》，合肥：安徽教育出版社 2005 年版。

36．彭锋：《完美的自然》，北京：北京大学出版社 2005 年版。

37．彭立勋：《审美经验论》，北京：人民出版社 1999 年版。

38．任继愈编：《中国哲学发展史（先秦）》，北京：人民出版社 1983 年版。

39．孙周兴编：《海德格尔选集》，上海：上海三联书店 1996 年版。

40．腾守尧：《审美心理描述》，北京：中国社会科学出版社 1985

年版。

41. 童庆炳：《现代心理美学》，北京：中国社会科学出版社 1993 年版。

42. 童庆炳：《艺术创作与审美心理》，天津：百花文艺出版社 1990 年版。

43. 王先霈：《文艺心理学概论》，武汉：华中师范大学出版社 1988 年版。

44. 王旭晓：《美学原理》，上海：上海人民出版社 2000 年版。

45. 王一川：《审美体验论》，天津：百花文艺出版社 1999 年版。

46. 王一川：《意义的瞬间生成》，济南：山东文艺出版社 1997 年版。

47. 王元骧：《文学理论与当今时代》，杭州：浙江大学出版社 2002 年版。

48. 徐复观：《中国人性论史》（先秦篇），上海：上海三联书店 2001 年版。

49. 徐复观：《中国艺术精神》，沈阳：春风文艺出版社 1987 年版。

50. 阎国忠编：《西方著名美学家平评传》，合肥：安徽教育出版社 1991 年版。

51. 叶朗：《现代美学体系》，北京：北京大学出版社 1988 年版。

52. 叶朗：《中国美学史大纲》，上海：上海人民出版社 1985 年版。

53. 叶维廉：《道家美学与西方文化》，北京：北京大学出版社 2002 年版。

54. 于海：《西方社会思想史》，上海：复旦大学出版社 2000 年版。

55. 余虹：《中国文论与西方诗学》，北京：生活·读书·新知三联书店 1990 年版。

56. 张岱年：《中国哲学大纲》，北京：中国社会科学出版社 1982 年版。

57. 张岱年：《中国哲学史史料学》，北京：生活·读书·新知三联书店 1982 年版。

58. 张庆熊：《熊十力的新唯识论与胡塞尔的现象学》，上海：上海人民出版社 1995 年版。

59. 张少康、刘三富：《中国文学理论批评发展史》，北京：北京大学出版社 2001 年版。

60. 张世英：《天人之际——中西哲学的困惑与选择》，北京：人民出版社 1995 年版。

61. 张祥龙：《海德格尔思想与中国天道——终极视域的开启与交融》，北京：生活·读书·新知三联书店 1997 年版。

62. 郑开：《道家形而上学研究》，北京：宗教文化出版社 2003 年版。

63. 朱大可：《聒噪的时代——在话语和信念的现场》，长沙：湖南文艺出版社 1988 年版。

64. 朱狄：《当代西方美学》，北京：人民出版社 1996 年版。

65. 朱光潜：《文艺心理学》，合肥：安徽教育出版社 1996 年版。

66. 朱立元：《美学》，北京：高等教育出版社 2001 年版。

67. 朱良志：《中国艺术的生命精神》，合肥：安徽教育出版社 1995 年版。

68. 宗白华：《美学散步》，上海：上海人民出版社 1981 年版。

69. [德] 狄尔泰著，艾颜等译：《历史中的意义》，北京：中国城市出版社 2002 年版。

70. [德] 狄特富尔特等编，周美琪译：《人与自然》，北京：生活·读书·新知三联书店 1993 年版。

71. [德] 伽达默尔著，洪汉鼎译：《真理与方法》，上海：上海译文出版社 1999 年版。

72. [德] 海德格尔著，陈嘉映、王庆节译：《存在与时间》，上海：上海三联书店 1986 年版。

73. [德] 海德格尔著，孙周兴译：《荷尔德林诗的阐释》，北京：商务印书馆 2002 年版。

74. [德] 海德格尔著，孙周兴译：《林中路》，上海：上海译文出版社 1997 年版。

75. [德] 胡塞尔著，李幼蒸译：《纯粹现象学通论》，北京：商务印书馆 1992 年版。

76. [德] 康德著，宗白华译：《判断力批判》，北京：商务印书馆 1964 年版。

77. [德] 尼采著，张念东、凌素心译：《权力意志》，北京：商务印书馆 1991 年版。

78. [德] 叔本华著，石冲白译：《作为意志和表象的世界》，北京：

商务印书馆 1982 年版。

79. ［德］耀斯著，顾建光等译：《审美经验与文学解释学》，上海：上海译文出版社 1997 年版。

80. ［法］杜夫海纳著，孙非译：《美学与哲学》，北京：中国社会科学出版社 1985 年版。

81. ［法］杜夫海纳著，韩树站译：《审美经验现象学》，北京：文化艺术出版社 1996 年版。

82. ［法］加斯东·巴什拉著，刘自强译：《梦想的诗学》，北京：生活·读书·新知三联书店 1996 年版。

83. ［荷］斯宾诺莎著，贺麟译：《伦理学》，北京：商务印书馆 1983 年版。

84. ［捷］古斯塔夫·雅努施著，赵登荣译：《卡夫卡对我说》，长春：时代文艺出版社 1991 年版。

85. ［美］本杰明·史华兹著，程钢译：《古代中国的思想世界》，南京：江苏人民出版社 2004 年版。

86. ［美］赫伯特·施皮格伯格著，王炳文等译：《现象学运动》，北京：商务印书馆 1995 年版。

87. ［美］刘若愚著，田守真等译：《中国的文学理论》，成都：四川人民出版社 1987 年版。

88. ［日］青木正儿著，隋树森译：《中国文学概说》，重庆：重庆出版社 1982 年版。

89. ［希］亚里士多德著，张竹明译：《物理学》，北京：商务印书馆 1982 年版。

90. ［英］柯林伍德著，吴国盛译：《自然的观念》，北京：北京大学出版社 2006 年版。

91. ［英］汤林森著，冯建三译：《文化帝国主义》，上海：上海人民出版社 1999 年版。

四、英文类

1. Benjamin I. Schwartz. *The World of Thought in Ancient China*. Cambridge: Harvard University Press, 1985.

2. Colemen, E. J.. *Varieties of Aesthetic Experience*. NewYork:

University Press of America, 1983.

3. Ingarden, R.. Aesthetic Experience and Aesthetic Object. *Philosophy and Phenomenological Research*, Vol. 21, 1961.

4. Jauss, H. R.. *Aesthetic Experience and Literary Hermeneutics*. Ninneapolis: University of Minnesota Press, 1982.

5. Maquet, J.. *The Aesthetic Experience: An Anthropologist Looks at Visual Arts*. New Haven: Yale University Press, 1986.

6. M. Dufrenne. *The Phenomenology of Aesthetic Experience*. Edward S. Casey and others. trans.. Evanston: Northwestern University Press, 1973.

7. Michael Crandell. "On Walking without Touching the Ground: 'play' in the inner Chapters of the Chuang - tzu". Victor H. Mair. ed. *Experimental Essays on Chuang - tzu*. Hawaii: University of Hawaii Press, 1983.

8. Robert E. Allinson. *Chuang - Tzu for Spiritual Transformation*. New York: State University of New York Press, 1989.

9. Chuang Tzu. *Teachings and sayings of Chuang Tzu*. New York: Dover Publications, 2001.

10. Vivas, E.. "A Definition of the Esthetic Experience". *Journal of Philosophy*, Vol. 34, 1937.

11. Wing - tsit Chan. *A Source Book in Chinese Philosophy*. Princeton: Princeton University Press, 1963.

五、论文类及其他

1. 陈徽:《因自然而自由——庄子对老子“道法自然”思想的充实与演进》,《同济大学学报》(社会科学版)2006年第4期。

2. 陈书录:《直致任真、率情而往——试谈<庄子>的审美情感论》,《学术月刊》1986年第5期。

3. 陈婉容:《李敖:大陆哪有文化名流》,《南都周刊》2007年1月26日。

4. 陈望衡:《庄子审美自由论》,《学术月刊》1991年第12期。

5. 陈引驰:《〈庄子〉“天”“性”脉络与美的生成》,《学术月刊》1994年第8期。

6. 邓晓芒:《康德的“先验”与“超验”之辨》,《同济大学学报》

（社会科学版）2005 年第 5 期。

7. 杜书瀛：《审美愉悦与感性经验》，《河北师范大学学报》（哲学社会科学版）2006 年第 5 期。

8. 何光顺：《一个新的视角：从“物化”说看《庄子》——兼及解庄方法论的透视》，《江汉论坛》2005 年第 9 期。

9. 胡家祥：《庄子美学的基本特点及其现代意义》，《中南民族大学学报》（人文社会科学版）2003 年第 4 期。

10. 胡经之、王岳川：《论审美体验》，《北京大学学报》（哲学社会科学版）1986 年第 4 期。

11. 胡经之、王岳川：《中西审美体验论》，《文艺研究》1986 年第 2 期。

12. 黄克剑：《由“命”而“道”——老子、孔子前后中国古代哲学命意辨正》，《哲学研究》2002 年第 7 期。

13. 李建盛：《庄子的闻天乐与审美体验新解》，《山东师范大学学报》（社会科学版）1996 年第 5 期。

14. 李泽厚：《漫述庄禅》，《中国社会科学》1985 年第 1 期。

15. 李壮鹰：《谈谈庄子的“道进乎技”》，《学术月刊》2003 年第 3 期。

16. 刘笑敢：《从超越逍遥到足性逍遥之转化——兼论郭象〈庄子注〉之诠释方法》，《中国哲学史》2006 年第 3 期。

17. 刘笑敢：《经典诠释中的两种定向及代表作——王弼〈老子注〉与郭象〈庄子注〉》，《中国思想史研究通讯》2004 年第 3 期。

18. 龙争：《深化对审美文化研究的对象与范围的认识——“全国审美文化学术研讨会”综述》，《文艺研究》2005 年第 1 期。

19. 栾栋：《庄学札记》，《光明日报》2006 年 3 月 31 日。

20. 马作武：《庄子平等、自由观发微》，《中山大学学报》（社会科学版）2007 年第 1 期。

21. 蒙培元：《庄子的自由观》，“第三届庄子国际学术研讨会”的发言提要，http：//www. confucius2000. com/taoist/zhzzyg. htm。

22. 潘知常：《试论审美体验的逻辑结构》，《文艺理论研究》1995 年第 6 期。

23. 彭富春：《什么是物的意义——庄子、海德格尔与我们的对话》，

《哲学研究》2002 年第 3 期。

24. 皮朝纲：《中国古典美学关于审美体验的探讨》，《四川师范大学学报》（社会科学版）1984 年第 4 期。

25. 强中华：《〈庄子〉与审美高峰体验及其社会理性缺失之批判》，《天水师范学院学报》2004 年第 4 期。

26. 商原李刚：《〈逍遥游〉的主旨就是逍遥游》，《长安大学学报》（社会科学版）2002 年第 4 期。

27. 尚永亮：《矛盾的庄子与庄子的悖论——〈逍遥游〉的“小大之辩”及其它》，《苏州大学学报》（哲学社会科学版）2001 年第 1 期。

28. 史可扬：《庄子审美心胸理论析要》，《内蒙古大学学报》（人文社会科学版）1991 年第 3 期。

29. 孙津：《死而不亡》，《读书》1994 年第 8 期。

30. 涂波：《〈庄子〉审美体验论新解》，《人文杂志》1999 年第 6 期。

31. 汪振城：《论庄子之“适”及其审美观》，《邯郸大学学报》1999 年第 2 期。

32. 王苏君：《走向审美体验》，浙江大学 2003 年博士学位论文。

33. 王元骧：《何谓“审美”——兼论对康德美学思想的理解和评价问题》，《社会科学战线》2006 年第 2 期。

34. 吴建民：《庄子的审美体验理论系统》，《长春师范学院学报》2003 年第 3 期。

35. 吴汝钧：《庄子的终极关怀》，《哲学杂志》1996 年第 17 期。

36. 徐岱：《不学诗无以言——论生活世界中的人文关怀》，《东疆学刊》2005 年第 3 期。

37. 徐岱：《论神秘——审美反应的体验性阐述》，《文学评论》1997 年第 3 期。

38. 严北溟：《如何评价庄子的哲学思想》，《文汇报》1962 年 6 月 19 日。

39. 杨健民：《审美体验论——原型体验与深层体验》，《文艺理论研究》1988 年第 3 期。

40. 杨匡汉：《论情感体验的形式》，《当代文坛》1990 年第 3 期。

41. 叶华：《艺术创作中的审美体验》，《文艺研究》2004 年第 5 期。

42. 于民雄：《“道法自然”新解》，《贵州社会科学》2005 年第 5 期。

43. 于民雄：《自然与自由——庄子“相忘于江湖”解》，《贵州社会科学》2001 年第 4 期。

44. 余虹：《一个人的百年》，《南方周末》2007 年 8 月 16 日。

45. 曾繁仁：《中国古代道家与西方古代基督教生态存在论审美观之比较》，《湖南师范大学社会科学学报》2004 年第 6 期。

46. 张京华：《评近十余年出版的四部庄子研究博士论文》，《河南科技大学学报》（社会科学版）2003 年第 3 期。

47. 张松辉：《〈逍遥游〉的主旨是无为》，《齐鲁学刊》1999 年第 1 期。

48. 张再林：《“面向事物本身”与庄学精神》，《中国哲学史》2003 年第 2 期。

49. 周述成：《论“悟”及其特征——禅体验和审美体验之异同》，《四川大学学报》（哲学社会科学版）1993 年第 2 期。

50. 周通旦：《关于〈庄子〉外杂篇和内篇的作者问题》，《哈尔滨师范学院学报》1961 年第 1 期。

51. 朱良志：《庄子的悟“道”与审美体验》，《齐鲁学刊》1988 年第 4 期。

后　记

这本书是在我博士论文的基础上修订而成的。刘勰在《文心雕龙》中提及为文的甘苦："方其搦翰，气倍辞前；及乎篇成，半折心始。"这又何尝不是我的心声。

论文是在我的博导李咏吟教授的悉心指导之下完成的。在本书出版之际，我要把这第一份感激献给他。李老师仁厚谨严，博学才高，宽而有制，他指导学生的理念与方法，使得我在浙江大学求学的短短三年里，无论在思想深度上还是表达能力上都有了一个质的提升。此外，还要特别感谢我的博士后合作导师栾栋教授。栾老师致力于改造我的知识结构、提高我的学术品格，他高远的人生境界和浩瀚精深的学问需要我用一辈子去参悟。感谢暨南大学王琢教授、广西师范大学莫其逊教授、长白山书道两院院长鞠曦先生等诸位尊师对我心智的启迪，是他们领我入学术之门，为我打下为学最初的根底，并欣慰于我的点滴成长。感谢我的爸爸妈妈，他们是那么的善良勤劳、甘于奉献。感谢所有帮助过我的师长与亲朋好友，是你们的关爱，让我觉得人生如此美好。

感谢本丛书的策划人、暨南大学出版社总编史小军教授，以及本书责任编辑杜晓杰，没有他们的热心帮助，本书也不会如此顺利出版。

该书的一些章节已在《中国哲学史》、《浙江社会科学》、《浙江学刊》、《思想战线》、《内蒙古社会科学》、《青海社会科学》、《学术论坛》、《安徽师范大学学报》、《管子学刊》、《海南师范大学学报》、《贵州文史丛刊》、《东方论坛》等刊物上发表，谨向这些刊物的编辑致以深深的谢意。

最后的这份感谢要送给我的先生陈龙江博士和女儿陈怡君，谢谢他们带给我最极致的审美体验。

2012 年 3 月 16 日

于广州白云山下